金融数据挖掘与商务智能

——Python编程实践

谭 励 编著

清华大学出版社

北京

内 容 简 介

本书是金融商务领域的基础教材，以 Python 语言介绍了机器学习在商务领域的应用。全书分 12
章：第 1～3 章介绍商务智能和数据挖掘的基本概念，它们是进行商务智能应用的预备知识；第 4～11 章
系统深入地讲解现今已成熟的机器学习算法和在商务领域的实际应用；第 12 章根据具体的商业案例，
采用已介绍的算法知识，通过不同的方法进行实际的应用，可以作为学习本书内容之后的研究重点。

本书适合商务类专业和计算机类专业的本科生或研究生使用，也适合不具有机器学习或统计学背
景，但是想要从业于商务领域的人士阅读。

图书在版编目(CIP)数据

金融数据挖掘与商务智能：Python 编程实践/谭励编著. —北京：清华大学出版社，2023.9(2025.1重印)
ISBN 978-7-302-63386-0

Ⅰ.①金… Ⅱ.①谭… Ⅲ.①软件工具－程序设计－应用－金融－数据处理 Ⅳ.①F830.41-39
②TP311.561

中国国家版本馆 CIP 数据核字(2023)第 069210 号

责任编辑：袁勤勇 杨 枫
封面设计：刘 键
责任校对：韩天竹
责任印制：沈 露

出版发行：清华大学出版社
  网 址：https://www.tup.com.cn，https://www.wqxuetang.com
  地 址：北京清华大学学研大厦 A 座 邮 编：100084
  社 总 机：010-83470000 邮 购：010-62786544
  投稿与读者服务：010-62776969，c-service@tup.tsinghua.edu.cn
  质量反馈：010-62772015，zhiliang@tup.tsinghua.edu.cn
  课件下载：https://www.tup.com.cn，010-83470236
印 装 者：三河市天利华印刷装订有限公司
经 销：全国新华书店
开 本：185mm×260mm 印 张：16.75 字 数：395 千字
版 次：2023 年 11 月第 1 版 印 次：2025 年 1 月第 2 次印刷
定 价：49.80 元

产品编号：091013-01

机器学习作为人工智能领域的集大成者之一，在各个领域都发挥着关键的作用。从企业内部决策和管理到社交网络上感兴趣内容的推荐，许多商业应用都离不开机器学习。但是也有很多人对商业活动中机器学习应用不够了解，无法将二者联系起来。本书通过细致形象的解析向读者展示和说明机器学习算法在商务活动中的应用，使读者明白构建机器学习解决方案是多么容易的一件事。学完本书中的内容，读者可以自己构建解决方案，研究股票的涨跌，或者对房价做出预测。在商务活动中机器学习的应用十分广泛，在如今的大数据时代更是发挥出无可比拟的优势，其应用更是远超人们的想象。

目标读者

本书是为商务类专业和计算机类专业大学生或有志成为商务领域从业者的人准备的，他们可以为现实生活中的商务案例寻找机器学习解决方案。这是一本基础教材，不需要读者具备机器学习的相关知识。本书主要使用Python语言引导读者构建相关的机器学习解决方案。本书介绍的方法适用于初学者和从业人员，也会对开发商务智能的工程师有所帮助。如果读者对Python有所了解，将能够更好地掌握本书的内容。

本书刻意不将数学作为重点，而是将机器学习算法的原理和实践作为重点。数学（尤其是概率论）是机器学习算法的基石，但本书不会详细分析算法的细节，也不会从头讲解如何编写机器学习算法，而是将重点放在如何应用已经实现的机器学习模型上。

写作本书的原因

目前，市面上关于机器学习算法的书籍已经非常多，但是这些书籍大多是为计算机领域的大学生和研究生准备的，并且其中涉及实际商业活动的案例较少，能够完全涵盖在实践中应用机器学习算法的重要内容，而又不需要较深机器学习基础的学习资源更是少之又少。作者根据课堂教学的实际经验，为了更好地介绍在商业应用中机器学习是如何作为优秀工具来使用的撰写了本书，希望本书能够对需要的人有所帮助。

本书概览

本书分为12章，结构大致如下。

第 1～3 章介绍商务智能和数据挖掘的基本概念。

第 4～11 章分别介绍机器学习中 Apriori 关联规则算法、决策树分类算法、朴素贝叶斯分类算法、k 近邻分类算法与 k 均值聚类算法、神经网络算法、线性回归模型、逻辑回归模型、AdaBoost 算法与数据聚类模型的原理及实际应用，并分别讨论了不同算法的优缺点。

第 12 章通过 3 个综合案例，对机器学习算法的应用进行总结。

虽然第 4～11 章给出了实际算法，但对于初学者来说，并不需要理解所有这些算法。如果读者想要尽快构建一个机器学习解决方案，建议你首先阅读第 1～3 章的开始部分，了解本书的核心概念。然后根据需要选择适合的算法模型，在对应的章节中找到介绍的学习模型并阅读其详细内容。之后可以根据实际需要来使用章节中介绍的方法解决问题。

致谢

如果没有许多人的帮助和支持，本书不会得以顺利出版。

在此感谢本书的编辑，感谢他们的帮助。感谢我的学生黄小凯、贾飞阳、王舸、张宏涛、刘宇昭、蒋旭杰和尚子梁，他们花费大量时间阅读本书的早期版本，并提供宝贵的反馈意见，这些意见成为了本书最终定稿的基石，感谢他们在成书过程中给予了我很多帮助。

谭　励

2023 年 8 月于中国北京

第 1 章

商务智能概述

在如今飞速发展的信息时代中,对信息处理和利用能力的强弱成为了决定企业兴衰成败的关键。随着 Web 技术的迅速发展,越来越多的企业开始利用业务信息流和一些数据分析技术进行企业重整。随着大数据时代的到来,用户数据正以每年两倍的速度增长。事实上,在未来的三年中将会制造出比过去三十年更多的数据资料。

因此,随着数据的不断增长,给商务分析带来的困难也比以往增加了许多。在对一些数据作出分析以前,必须要先找到它们并确认它们的有效性,或者帮助用户来完成上面的步骤。也就是说,现在同样会遇到"商务分析家"在二三十年前就遇到的问题,那就是:首先要得到数据,然后再对其进行格式排列。这就决定了现如今的信息时代将是"智能"占主导地位的服务经济,也是商务智能大显身手的时代。

1.1 商务智能的概念

随着大数据技术的兴起,商务智能越来越受到学术界和产业界的青睐,逐渐成为目前国内外企业界和软件开发界备受关注的一个研究热点。作为一项新兴技术,在过去的十多年间,围绕商务智能的理论、方法、技术等的研究和应用已经取得了许多令人瞩目的成就。

目前,不少企业积累的海量数据不仅没能给企业带来财富,相反,却使企业淹没于数据之中,形成一个个信息孤岛和数据坟墓。企业面临着由于数据库变得越来越庞大而带来的对数据管理的困难。如何充分利用这些数据,为企业的经营决策服务?这就需要用到商务智能技术。

1.1.1 数据、信息与知识

在信息时代,数据是宝贵的财富,但只有充分利用这种财富,识别信息,获取知识,辅助商业决策,才能从中获得价值。接下来介绍数据、信息和知识的基本概念。

1. 数据

数据是用来记录、描述和识别事物的、按一定规则排列组合的物理符号,是一组表述数量、行动和目标的、非随机的、可鉴别的符号,是客观事物的属性、数量、位置及其相互关系等的抽象表示,它适合用人工或自然的方式进行保存、传递和处理。它既可以是数字、文字、图形、图像、声音或者味道,也可以是计算机代码。在计算机科学中,数据是指所有能输入计算机中具有一定意义的数字、字母符号和模拟量等并能够被计算机程序处理的符号介质的总称，是计算机能够识别的二进制数的形式。

数据本身是孤立的、互不关联的客观事实、文字、数字和符号，没有上下文和解释。数据表达的仅仅是一个描述，如 20140112，只知道这是一个数字，或者可以看作日期，对于这个数字来说，它就是数字，不表示别的任何含义。数据是用属性描述的，属性也称为变量、特征、字段或维。数据经过处理仍然是数据，只有经过解释，数据才有意义，才能成为信息。

2. 信息

信息是人们对数据进行系统地收集、整理、管理和分析的结果，是经过一系列的提炼、加工和集成后的数据。信息是对客观世界各种事物特征的反映。数据是信息的符号表示，或称载体，数据不经加工只是一种原始材料，其价值只在于记录了客观数据的事实。信息是数据的内涵，是对数据的解释。信息可以是完整的，也可以是片段的；可以是关于过去的，或者关于现在的，也可以是涉及未来的。目前天气很热，气温高达 35℃，这条信息描述的是现在的天气状况。参考近三年的气温记录，每年这一天的温度都高于 37℃，这是关于过去的信息。如果根据这两天的气温预测明天的气温至少为 37℃，那么这是涉及未来的信息。尽管明天高温天气是有可能的，甚至是必然的，但这种预测未来的信息多少会带有不确定性，为了减少不确定性，提高置信度，必须对信息进行提炼、加工和集成。

3. 知识

所谓知识，就它反映的内容而言，是客观事物的属性与联系的反映，是客观世界在人脑中相对正确的反映。就它反映的活动形式而言，有时表现为主体对事物的感性直觉或表象，属于感性知识，有时表现为关于事物的概念或规律，属于理性知识。知识是在实践活动中获得的关于世界的最本质的认识，是对信息的提炼、比较、挖掘、分析、概括、判断和推论。

一般而言，知识具有共享性、传递性、非损耗性（可以反复使用，其价值不会减小）及再生性等特点。

按知识的复杂性，可将知识划分为显性（explicit）知识和隐性（tacit）知识，这是知识最基本和最重要的划分结构。显性知识是用系统、正式的语言传递的知识，可以编码和度量，可以清晰地表达出来，易于传播，可以在人与人之间进行直接的交流，通常以语言文字（如书籍、文件、网页、电子邮件等）形式存在。显性知识的处理可以用计算机实现。隐性知识是存在于人脑中的、非结构化的、与特定语境相关的知识，很难编码和度量。隐性知识是人们在实践中不断摸索和反复体验形成的，通常以直觉、价值观、推断、经验、技能等形式表现出来。它难以表述，但却是个人能力的直接表现且更为宝贵。隐性知识的处理只能通过人脑实现，一般要通过言传身教和师传徒等形式传播。

数据、信息和知识之间的关系为，从数据中提取信息，从信息中挖掘知识，如图 1-1 所示。

1.1.2 商务智能的定义

商务智能（Business Intelligence，BI），是一种将存储于各种信息系统中的数据转换成

数据≠信息≠知识
数据：是信息和知识的符号表示
信息：数据中的内涵意义
知识：是一套具有前因后果关系的信息，
是人们在长期实践中总结出来的正确内容

图 1-1　数据、信息和知识的关系

有用信息的技术，起源于行政信息系统（Economic Information System，EIS），是决策支持系统（Decision Support System，DSS）的继承和拔高。它通常被理解为将企业中现有的数据转换为知识，帮助企业做出明智的业务经营决策的工具。

目前，各个行业都面对着激烈的竞争，及时、准确的决策已成为企业生存与发展的生命线。随着信息技术在企业中的普遍应用，企业产生了大量富有价值的电子数据。但这些数据大都存储在不同的系统中，数据的定义和格式也不统一，商务智能系统能从不同的数据源搜集的数据中提取有用的数据，并对这些数据进行清洗，以确保数据的正确性，然后对数据进行转换、重构等操作后，将其存入数据仓库或数据集市中，然后运用适合的查询、分析工具、数据挖掘工具、联机分析处理（Online Analtyical Processing，OLAP）工具等管理分析工具对信息进行处理，使信息变为辅助决策的知识，并将知识以适当的方式展示在决策者面前，供决策者运筹帷幄。

在企业做大做强的过程中，商务智能扮演着至关重要的角色，它使企业能精确地把握不断变化的商业环境，作出快速而准确的管理决策。

1.1.3　商务智能的特点

商务智能这种“从数字上进行管理”的能力是有效率的企业和经济制度的显著特点。具体说来，商务智能可以在以下 4 方面发挥作用。

（1）理解业务。商务智能可以用来帮助理解业务的推动力量，认识是哪些趋势、哪些非正常情况和哪些行为正对业务产生影响。

（2）衡量绩效。商务智能可以用来确立对员工的期望，帮助他们跟踪并管理其绩效。

（3）改善关系。商务智能能为客户、员工、供应商、股东和大众提供关于企业及其业务状况的有用信息，从而提高企业的知名度，增强整个信息链的一致性。利用商务智能，企业可以在问题变成危机之前很快地对它们加以识别并解决。商务智能有助于加强客户忠诚度，一个参与其中并掌握充分信息的客户更加有可能购买企业的产品和服务。

（4）创造获利机会。掌握各种商务信息的企业可以出售这些信息从而获取利润。但是，企业需要发现信息的买主并找到合适的传递方式。许多保险、租赁和金融服务公司都已经感受到了商务智能的好处。

在互联网飞速发展的背景下,商务智能化经过了一次次改革和升级,变成了现在通俗易懂、易于操作的智能化经营模式,其主要有灵活性、可配置性以及可变化性三大主要特点。

商务智能作为将企业中现有的数据和大量信息转换为知识,帮助企业经营者作出明智的业务经营和决策的工具,必须具有很强的灵活性。而在灵活性的基础之上,其可配置性和可变化性就显得尤为重要了。

1.1.4　商务智能的过程

商务智能的开发过程可以分为以下 4 个阶段 : 规划,需求分析,设计,实现。下面对每个过程进行详细讲解。

(1) 在规划阶段,主要目标是选择要实施商务智能的业务部门或业务领域,从而解决企业的关键业务决策问题,识别使用商务智能系统的人员以及相应的信息需求,规划项目的时间、成本、资源的使用。需要了解每个业务部门或业务领域的需求,收集他们当前急需解决的问题。例如,企业中哪些业务环节的支出费用太高,哪些过程耗用时间太长,哪些环节的决策质量不高? 并对每类需求,按照重要性和实现的难易程度进行划分。其中,重要性方面,可以从 3 方面进行衡量,分别是商务智能提供的信息的可操作性、实施商务智能可能给企业带来的回报、实施商务智能可以帮助企业实现短期目标。而对实现的难易程度,则是通过商务智能的实现需要涉及的范围以及数据的可获取性来进行衡量。

(2) 在需求分析阶段,针对在规划阶段最终选择要实现商务智能的业务部门或业务领域,进行详细的需求分析,收集需要的各类数据,选择需要的商务智能支撑技术,如数据仓库、在线分析数据或者数据挖掘等。

(3) 在设计阶段,如果要创建数据仓库,则进行数据仓库的模型设计,常用的是多维数据模型。而数据集市则可以从数据仓库中抽取数据进行构建。在不构建数据仓库的情况下,也可以直接为某个业务部门设计和实现数据集市。如果要实现联机分析处理(OLAP)解决问题,则要设计多维分析的聚集操作类型。如果要借助数据挖掘技术,则需要选择具体的算法。

(4) 在实现阶段,选择抽取-转换-加载(Extract-Transform-Load,ETL)工具实现源数据的抽取,构建数据仓库和(或)数据集市。并对数据仓库或数据集市的数据,选取并应用相应的查询或分析工具,包括增强型的查询、报表工具、在线分析处理工具、数据挖掘系统以及企业绩效管理工具等。在具体应用该系统之前,需要完成对系统的数据加载和应用测试,设计系统的访问控制和安全管理方法。

1.2　商务智能的产生与发展

商务智能的概念于 1996 年最早由加特纳集团提出,加特纳集团将商务智能定义为,商务智能描述了一系列的概念和方法,通过应用基于事实的支持系统来辅助商业决策的制定。商务智能技术提供使企业迅速分析数据的技术和方法,包括收集、管理和分析数据,将这些数据转换为有用的信息,然后分发到企业各处。

商务智能通常被理解为将企业中现有的数据转换为知识,帮助企业做出明智的业务经营决策的工具。

如今利用商务智能的企业已越来越多,遍及各行各业。例如,一家银行把历史遗留的资料库和各部门的资料库连接起来,使分行经理和其他使用者能够接触到商务智能应用软件,从中找出谁是最有利可图的客户,应该把新产品推销给谁。这些商务智能工具在把信息技术人员从为各部门生产分析报告的工作中解放出来的同时,也使各部门的人能自动接触到更加丰富的资料来源。再如,一家连锁旅店使用商务智能应用软件来计算客房平均利用率和平均单价,从而计算每一间客房所产生的收入;该旅店还通过分析关于市场份额的统计数据和从每一家分店的客户调查中搜集的资料来判断它在不同市场上的竞争地位。从而通过年复一年、月复一月、日复一日的趋势分析,该旅店就获得了一幅关于每一家分店经营状况的完整而准确的画面。

在欧美,商务智能已与客户关系管理(CRM)、供应链管理(SCM)和企业资源规划(ERP)等关键业务职能和流程结合起来,成为提高效率、改进效果的工具。另外,还有许多跨职能的企业战略领域也开始使用商务智能工具,这些领域包括预算和预测、以活动为基础的管理、建立获利型模型、战略规划、平衡记分卡和以价值为基础的管理,所有这些领域现在被统称为企业绩效管理,以商务智能为基础的企业绩效管理已成为欧美企业目前最热门的管理和信息技术课题之一。

随着关系数据库管理系统(RDBMS)发展得日趋成熟,各企业 ERP、EIP、CRM 等系统的多年建设和数据积累,商务智能成为数据库领域发展的重点方向。

1.3　商务智能与分析

1.3.1　商务智能应用背景

虽然国内金融行业的信息化开始得很早,并且在发展的过程中积累了庞大的数据,就像深埋在地底的宝藏,这些数据的背后通常隐藏着大量的规则和知识。但很多的金融机构或者企业明知其存在却并没有意识到其中的内涵价值。在这个全面加速发展的时期,越来越多外资引入以及互联网行业的兴起,促使多种金融业务的创新不断涌现,随之而来的是激烈的行业竞争,甚至给银行业带来了一定的冲击。同时,金融业出现了很多其他的风险与问题。这让金融业的各种机构不得不进行革新,这不仅主要注意管理上、经营上的创新,同时更要有效地进行风险的规避。因此,必须有一种强力的数据分析技术能够有效地分析大量的数据,而商务智能技术正是金融行业继信息技术之后的一种新的强大工具。它融合了多种数据统计与分析以及计算机相关的技术,能够高效、智能地将海量数据转换为有用的信息和知识。

1.3.2　商务智能关键技术分析

商务智能是一套完整的解决方案,是将数据仓库、联机分析处理(OLAP)和数据挖掘等结合起来应用到商业活动中,从不同的数据源收集数据,经过抽取(Extract)、转换(Transform)和加载(Load),送入数据仓库或数据集市,然后使用合适的查询与分析工具、数据挖掘工具和联机分析处理工具对信息进行处理,将信息转变成为辅助决策的知识,最后将知识呈现于用户面前,以实现技术服务与决策的目的。

商务智能的四大关键技术技术主要包括数据仓库技术、联机分析处理技术、数据挖掘技术和数据的发布与表示技术。

1. 数据仓库技术

实施 BI 首先要从企业内部和企业外部不同的数据源,如客户关系管理(CRM)、供应链管理(SCM)、企业资源规划(ERP)系统以及其他应用系统等搜集有用的数据,进行转换和合并,因此需要数据仓库和数据集市技术的支持。

数据仓库(data warehouse)是指从多个数据源收集的信息,以一种一致的存储方式保存所得到的数据集合。数据仓库创始人之一 W.H.Inmon 对数据仓库的定义为:"数据仓库是一个面向主题的、集成的、稳定的、包含历史数据的数据集合,它用于支持管理中的决策制定过程。"在构造数据仓库时,要经过数据的清洗、数据的抽取转换、数据集成和数据加载等过程。面向不同的需求,对数据进行清洗以保证数据的正确性,然后对数据进行抽取,转换成数据仓库所需形式,并实现加载到数据仓库。

数据仓库是一种语义上一致的数据存储,充当决策支持数据模型的物理实现,并存放企业战略决策所需信息。数据仓库的数据模型有星状模式、雪花模式。星状模式最为常见,有一个包含大批数据并且不含冗余的中心表,每维一组小的附属表。雪花模式中某些维表是规范化的,因而把数据进一步分解到附加的表中,模式图形成了类似雪花的形状。对数据仓库的研究集中在数据集成中数据模式的设计,数据清洗和数据转换、导入和更新方法等。

数据仓库通常是企业级应用,因此涉及的范围和投入的成本巨大,使一些企业无力承担。因而,企业希望在最需要的关键部门建立一种适合自身应用的、自行定制的部门数据仓库子集。正是这种需求使数据集市应运而生。数据集市(data mart)是聚焦在选定的主题上的,是部门范围的。根据数据的来源不同,数据集市分为独立的和依赖的两类。在独立的数据集市中,数据来自一个或多个操作的系统或外部信息提供者,或者来自在一个特定的部门或地域局部产生的数据。依赖的数据集市中的数据直接来自企业数据仓库。

2. 联机分析处理技术

联机分析处理(OLAP)技术又称为多维分析技术,由 E.F. Codd 在 1994 年提出。它对数据仓库中的数据进行多维分析和展现,是使分析人员、管理人员或执行人员能够从多种角度对从原始数据中转化出来的、能够真正为用户所理解的、并真实反映企业维特性的信息进行快速、一致、交互地存取,从而获得对数据更深入了解的软件技术。它的技术核心是"维"这个概念,因此,OLAP 可以说是多维数据分析工具的集合。

进行 OLAP 的前提是已有建好的数据仓库,之后即可利用 OLAP 复杂的查询能力、数据对比、数据抽取和报表来进行探测式数据分析了。称其为探测式数据分析,是因为用户在选择相关数据后,通过切片(按二维选择数据)、切块(按三维选择数据)、上钻(选择更高一级的数据详细信息以及数据视图)、下钻(展开同一级数据的详细信息)、旋转(获得不同视图的数据)等操作,可以在不同的粒度上对数据进行分析尝试,得到不同形式的知识和结果。联机分析处理研究主要集中在 ROLAP(基于关系数据库的 OLAP)的查询优化技术和 MOLAP(基于多维数据组织的 OLAP)中减少存储空间和提高系统性能的方法等。

3. 数据挖掘技术

与 OLAP 的探测式数据分析不同,数据挖掘是按照预定的规则对数据库和数据仓库中已有的数据进行信息开采、挖掘和分析,从中识别和抽取隐含的模式和有趣知识,为决策者提供决策依据。数据挖掘的任务是从数据中发现模式。模式有很多种,按功能可以分为两大类:预测型(predictive)模式和描述型(descriptive)模式。

预测型模式是可以根据数据项的值精确确定某种结果的模式。挖掘预测型模式所使用的数据也都是可以明确知道结果的。描述型模式是对数据中存在的规则做一种描述,或者根据数据的相似性把数据分组。描述型模式不能直接用于预测。在实际应用中,根据模式的实际作用,可以细分为分类模式、回归模式、时间序列模式、聚类模式、关联模式和序列模式 6 种。其中包含的具体算法有货篮分析(market analysis)、聚类检测(clustering detection)、神经网络(neural networks)、决策树方法(decision trees)、遗传分析算法(genetic analysis)、连接分析(link analysis)、基于范例的推理(case based reasoning)和粗集(roughset)以及各种统计模型。

OLAP 侧重于与用户的交互、快速的响应速度及提供数据的多维视图,而数据挖掘则注重自动发现隐藏在数据中的模式和有用信息,并且允许用户指导数据挖掘的过程。OLAP 的分析结果可以给数据挖掘提供分析信息作为挖掘的依据,数据挖掘可以拓展OLAP 分析的深度,可以发现 OLAP 所不能发现的更为复杂、细致的信息。数据挖掘的研究重点则偏向数据挖掘算法以及数据挖掘技术在新的数据类型、应用环境中使用时所出现新问题的解决上,如对各种非结构化数据的挖掘、数据挖掘语言的标准化以及可视化数据挖掘等。

4. 数据的表示和发布技术

为了使分析后的数据直观、简练地呈现在用户面前,需要采用一定的形式表示和发布出来,通常采用的是一些查询和报表工具。不过,目前越来越多的分析结果是以可视化的形式表现出来,这就需要采用信息可视化技术。

所谓信息可视化是指以图形、图像、虚拟现实等易为人们所辨识的方式展现原始数据间的复杂关系、潜在信息以及发展趋势,以便人们能够更好地利用所掌握的信息资源。随着 Web 应用的普及,商务智能的解决方案能够提供基于 Web 的应用服务,这样就扩展了商务智能的信息发布范围。作为基于 Web 的商务智能解决方案,需要一些基本的组成要素,包括基于 Web 的商务智能服务器、会话管理服务、文件管理服务、调度、分配和通知服务、负载平衡服务和应用服务等。

1.4 商务智能的系统架构及实施

1.4.1 商务智能系统架构

美国数据仓库研究院把商务智能比作"数据炼油厂",它将商务智能的应用过程描述为"数据—信息—知识—计划—行动"的过程。商务智能系统简图如图 1-2 所示。

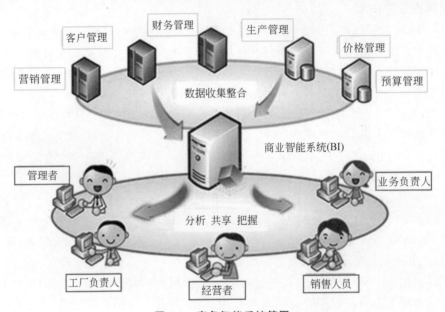

图 1-2　商务智能系统简图

根据对商务智能的理解,借鉴美国数据仓库研究院的"数据炼油厂",可以给出商务智能系统的基本层次架构。

一是数据源层,它是商务智能系统的数据来源,存储着系统所需的最原始的数据以及数据之间的关系,保持着历史的真实性。二是数据整合层,它是商务智能系统的根本要求,将来自不同数据源的信息合并为相同的信息结构,消除重复、无效和界外的数据,提取、净化和传递数据到为数据仓库设立的文件中。三是数据仓库层,它是商务智能系统的基础,是数据分析的源数据,保存着大量的、面向主题的、集成的数据。四是数据分析层,这一层体现系统智能的关键,一般采用 OLAP 技术和数据挖掘技术对数据进行分析和处理。五是数据展现层,它向商务智能环境的受益者提供实际的分析结果,同时保证系统分析结果的可视化,形式有报表、图表、数据表等。

1.4.2 商务智能系统要素

根据商务智能的概念,可以将商务智能的系统分成 6 个组成部分。

(1) 数据源部分。在企业内部即支持各业务部门日常运营的信息系统等操作型系统,在企业的外部,则包括人口统计信息、竞争对手信息等。

（2）数据仓库部分。各种数据源的数据经过抽取、转换之后需要放到一个供分析使用的环境，以便对数据进行管理，这就是数据仓库。此外还有数据集市，即针对单个部门的数据仓库，区别于企业范围内的数据仓库。通过数据仓库可以将分析数据与实现业务处理的操作型数据隔离，一方面不影响业务处理系统的性能，另一方面为数据的分析提供了一个综合的、集成的、统一的数据管理平台。

（3）在线分析处理部分。在该部分中，业务性能度量可以通过多个维度、多个层次进行多种聚集汇总，通过交互的方式发现业务运行的关键性能指标的异常之处。其中的多维数据可以进行诸如切片、切块、下钻、上卷等多种操作。

（4）数据探查部分。其中包括灵活的查询、即时报表以及统计方法等，该类被动分析方法可以借助统计上的中心性、发散性以及相关性的统计量进行分析，在多变量分析时可以借助可视化技术进行可视化。

（5）数据挖掘部分。数据挖掘是从大量数据中自动发现隐含的信息和知识的过程，属于主动分析方法，不需要分析者的先验假设，可以发现未知的知识。常用的分析方法包括分类、聚类、关联分析、数值预测、序列分析、社会网络分析等。

（6）业务绩效管理（business performance management）部分。它简称为 BPM，又称为企业绩效管理（corporate performance management），是对企业的关键性能指标（如销售、成本、利润以及可盈利性等）进行度量、监控和比较的方法和工具。这些信息通常通过可视化的工具等进行展示。

1.4.3　商务智能系统实施

商务智能的核心主线就是通过构建数据仓库平台，有效地整合数据并组织起来为分析决策提供支持并实现其价值。

随着科技和网络技术的飞速发展，大中型公司和企业的工作和管理上也有了非常大的变化，从烦琐到简单，从低效到高效。在一个高效的大环境里，工作效率如果还不提高注定要被社会淘汰，所以更多的企业选择商务智能系统来为企业整合数据进行辅助决策工作，对各种信息的搜集和工作管理的分析，那么商务智能系统实施也离不开以下正确的步骤方法。

很多未接触过商务智能的企业会认为商务智能系统只是买个技术、买个软件而已。其实不然，作为一个商务智能解决方案，从前期部署到后续维护，需要考虑各方面因素，如数据系统后端架构，企业业务需求的适应，实施技术如何融入内部工作流程等。那么，企业到底该如何建设商务智能系统呢？

商务智能系统的实施涉及企业运作管理、信息系统、数据仓库、业务数据分析、数据挖掘等知识。既需要选择合适的商务智能工具，还必须按照正确的步骤实施。接下来通过商务智能软件 Smartbi 的部署流程来了解商务智能系统的应用之道。

1. 需求分析

需求分析是商务智能实施的第一步，必须明确定义企业对商务智能的期望和需求，包括分析的主题，查看的角度（维度），业务需求和用户的要求等。

商务智能系统项目首要解决的是各业务系统之间数据整合问题，搭建一个数据整合平台,为企业管理人员提供一个全局的视图,通过强大的数据查询和报表展示功能让决策者能够将数据转换为知识进而辅助决策,为企业未来的经营状况作出准确的预测。

需求分析是商务智能项目最重要的一步,需要详细了解项目背景、业务目标、业务需求、业务范围等内容,明确企业对商务智能的期望和需要分析哪些主题。项目背景主要描述企业目前已有系统的现状,包括不同的历史时期,业务需求分别是什么。因为以往的这些独立的信息系统数据分散,业务之间无法共享信息,数据展示单一,数据存在不一致现象,导致企业领导层无法从全局的角度对业务进行综合分析。业务范围是对项目团队所有人员工作范围的界定和各层级人员之间的权限设置。业务需求是描述客户对于系统实现的总体性要求,以什么以及多少维度进行分析。功能需求可以包含各业务主题分析、关键性指标查询和监控、报表查询和数据挖掘等内容。

2. 数据仓库建模

通过需求分析,将企业中的数据按照主题归类,建立企业数据仓库的逻辑模型和物理模型,并设计商务智能系统的架构。在系统设计和开发之前,一般业务人员和设计人员要共同参与概念模型的设计,业务人员和设计人员之间要达成一致的核心业务概念。在系统设计开发时,业务人员和系统设计人员共同参与逻辑模型的设计,最后开发人员以逻辑模型为基础进行物理模型设计。

3. 数据抽取、清洗、转换、加载

必须将数据从业务数据库加载到数据仓库中,并在加载过程中进行转换、清洗,以保证数据的正确性和可用性。抽取主要负责将数据仓库需要的数据从各个业务系统中抽取出来。如果每个业务系统的数据情况各不相同,可能对每个数据源都需要建立独立的抽取流程。通过数据抽取程序,将数据从业务源系统中不断抽取出来,抽取周期可以设定为某个固定时间,也可以设定为某个时间间隔。

清洗阶段是对业务源数据的清洗和确认,检查抽取的源数据质量是否达到数据仓库的规定标准。转换是对源系统的数据做最后一步的修改,包括对源数据的聚合以及各种计算,是整个过程的核心部分。加载是将数据加载到最后的目标表中,其复杂度没有转换高,一般采用批量装载的形式。

4. 业务系统的开发

根据业务需求,对数据仓库中的数据进行各种数据分析和展示,主要包括多维数据OLAP分析和数据挖掘,以及建立商务智能分析报表系统及门户。

5. 系统改进和完善

根据系统使用情况和用户反馈信息,对商务智能系统按照上述步骤对系统进行重构或完善。商务智能平台的系统跟其他系统一样,经过不断的使用推陈出新,并且结合之前的用户体验来进行建议的整合,采纳用户指出的不足和希望改进的地方,严格地进行分析和改进,满足更多用户的具体需求,然后必须按照标准的实施步骤再次运行即可。

1.5　主流商务智能产品

新时代环境下,传统商务智能正在慢慢退出市场,取而代之的是新型自助式商务智能工具。这种易用的、人人都能用的商务智能工具降低了商务智能的门槛,正在逐渐取代传统商务智能,获得了更多的市场青睐。这里介绍几款自助式商务智能工具。

1. SAP Analytics Cloud

SAP Analytics Cloud 简称为 SAP 分析云,如图 1-3 所示,是一种现代商务智能工具,可以让企业在不同部门(从营销到财务)作出明智的决策。使用此工具,企业可以实时跟踪其关键绩效指标(KPI)。由于采用了机器学习技术,企业可以通过突出显示来洞察最重要的信息,让企业立即采取行动。此外,SAP Analytics Cloud 可以与企业的业务共同发展,因为它支持所有决策层。

图 1-3　SAP Analytics Cloud

2. Microsoft Power BI

Microsoft Power BI 是一款来自软件巨头 Microsoft 公司的免费且功能强大的商务智能工具,如图 1-4 所示。通过这个商务智能工具,企业可以使用智能手机、平板电脑、笔记本电脑在几分钟内获取数据和见解。Microsoft Power BI 将数据转换为视觉效果,让工作人员轻松浏览和分析任何数据,并与同事共享。这个工具还允许用户共享仪表板和报告,并进行协作。内置的治理和安全性允许用户在几乎任何组织中扩展服务。

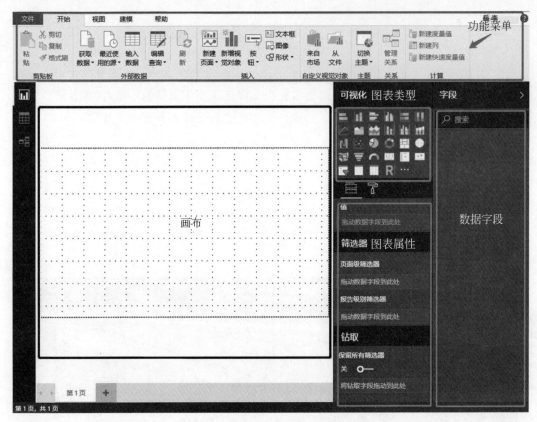

图 1-4　Microsoft Power BI 界面

3. Tableau Desktop

Tableau Desktop(如图 1-5 所示)是一种端到端解决方案,可以帮助企业更好地了解业务数据。使用此工具,企业可以获得一流的分析服务,而无须连接任何其他服务并承担任何额外费用。从免费培训到专用客户经理,Tableau Desktop 可以为用户提供大量服务。凭借其流畅的拖放功能,这款商务智能工具易于掌握。使用该工具后企业将能够立即看到数据中的趋势。

4. Smartbi

Smartbi(如图 1-6 所示)是国内顶尖的商务智能厂商,产品定位于一站式大数据服务平台,对接各种业务数据库、数据仓库和大数据平台,进行加工处理、分析挖掘与可视化展现;满足各种数据分析应用需求,如企业报表、自助探索分析、地图可视化、移动管理驾驶舱、指挥大屏幕、数据挖掘等。Smartbi 功能设计全面完整,覆盖数据管理、数据提取、数据分析、数据分享四大环节,帮助客户从数据角度描述业务现状、分析业务原因、预测业务趋势、驱动业务变革,学习资料丰富,操作方便易上手。

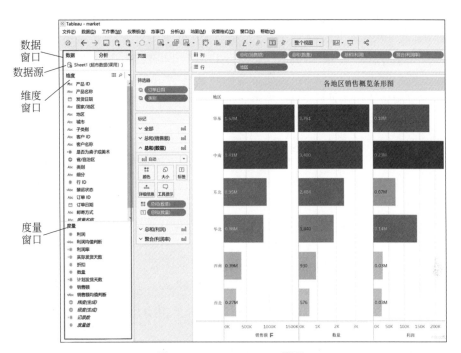

图 1-5 Tableau Desktop 界面

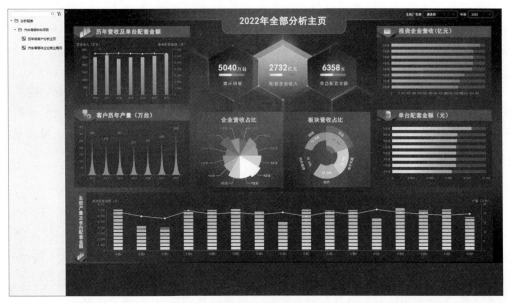

图 1-6 Smartbi

1.6　商务智能的未来发展趋势

近年来,商务智能市场持续增长,随着企业 CRM、ERP、SCM 等应用系统的引入,企业不再停留在事务处理过程,而更加注重有效利用企业的数据,通过数据为准确和更快的决策提供支持的需求越来越强烈,由此带动的对商务智能的需求是巨大的。商务智能的发展趋势可以归纳为以下几点。

（1）功能上具有可配置性、灵活性、可变化性。

商务智能系统的范围从为部门的特定用户服务扩展到为整个企业所有用户服务。同时,由于企业用户在职权、需求上的差异,商务智能系统提供广泛的、具有针对性的功能。从简单的数据获取,到利用 Web 和局域网、广域网进行丰富的交互,进行决策信息和知识的分析和使用。

（2）解决方案更开放、可扩展、可按用户定制,在保证核心技术的同时,提供客户化的界面。

针对不同企业的独特需求,商务智能系统在提供核心技术的同时,使系统更具个性化,即在原有方案的基础上加入自己的代码和解决方案,增强客户化的接口和扩展特性,可以为企业提供基于商务智能平台的定制工具,使系统具有更大的灵活性和使用范围。

（3）从单独的商务智能向嵌入式商务智能发展。

这是目前商务智能应用的一大趋势,即在企业现有的应用系统中,如财务、人力、销售等系统中嵌入商务智能组件,使普遍意义上的事务处理系统具有商务智能的特性。考虑商务智能系统的某个组件而不是整个商务智能系统,如将 OLAP 技术应用到某一个应用系统,一个相对完整的商务智能开发过程,企业问题分析、方案设计、原型系统开发、系统应用等过程是不可缺少的。

（4）从传统功能向增强型功能转变。

增强型的商务智能功能是相对于早期的用 SQL 工具实现查询的商务智能功能。目前应用中的商务智能系统除实现传统的商务智能系统功能之外,大多数已实现了数据分析层的功能。而数据挖掘、企业建模是商务智能系统应该加强的应用,以更好地提高系统性能。

1.7　商务智能的应用

过去的商务智能软件主要应用在一些高端的企业。随着一些实用派软件企业的加入,这种现状在逐渐发生改变。一些软件公司,根据企业的实际需求,把一些实用的管理模型直接集成到商务智能中去,这扩大了商务智能软件的内涵,提高了商务智能的实用功能。目前,各商务智能基础平台厂商在产品方面都有新动作,其目的是使基于其平台的商务智能系统实施过程简单化。具体体现为,提供针对性的商务智能集成开发环境,提供丰富的展示及逻辑控件,提供面向应用的支持。

从国内商务智能应用的领域来看,电信、金融、保险是需求较大的三大领域,分别占国内商务智能软件收入规模的 36%、32%、14%，合计市场份额超过 80%，代表了商务智能系统应用的主要领域。接下来介绍商务智能常见的具体应用。

1. 客户消费行为分析

客户是一个公司生存的命脉，每个公司都会有自己的一套 CRM，但是大部分的公司只是利用这个系统进行信息保存记录的操作，白白浪费了大量的客户信息价值。

利用商务智能，企业可以根据客户历年来的大量消费记录以及客户的档案资料，对客户进行分类，多维分析每类客户的消费周期、消费能力、消费习惯、需求倾向、信誉度，然后综合分析结果确定能给企业带来最大利润的是哪类客户，投入最大回报最小的又是哪类客户，然后针对不同类型的客户给予不同的服务及优惠。

2. 市场营销建模分析

在没有商务智能系统之前，市场营销策略的制定只能在市场数据分析的基础上直接实行，风险性较大。

利用商务智能的数据仓库技术，市场营销人员可以创建模型仿真，其仿真结果将提示所制定的市场营销策略是否适合，企业可以据此调整和优化市场营销策略，规避风险，增加收益。

3. 经济活动收支分析

企业运营经常需要举办一些经济活动，为了降低成本，提高收入，企业可以利用商务智能对各种类型的经济活动进行成本核算，比较可能的业务收入与各种费用之间的收支差额，分析经济活动的曲线，得到相应的改进措施，从而降低成本、减少开支、提高收入。

4. 行为分析和预防

骗费、欠费行为在商业交易中屡禁不止，利用商务智能联机分析和数据挖掘技术，可以总结出各种骗费、欠费行为的内在规律，然后在数据仓库的基础上建立一套欺骗行为和欠费行为规则库，就可以及时预警各种骗费、欠费行为，尽量减少企业损失。

1.8 本 章 小 结

通过本章的学习，读者可以了解到商务智能是一种从数据中提取信息，从信息中挖掘知识的技术，是一种将存储于各种信息系统中的数据转换成有用信息的技术。商务智能的开发过程分为规划，需求分析，设计和实现四个阶段。商务智能是可以将企业中现有的数据转换为知识，帮助企业作出明智的业务经营决策的工具。商务智能的四大关键技术分别是数据仓库技术、联机分析技术、数据挖掘技术和数据的发布与表示技术。根据商务智能的概念，可以将商务智能的系统分成数据源部分、数据仓库部分、在线分析处理部分、数据探查部分、数据挖掘部分和业务绩效管理部分。商务智能系统的实施涉及企业运作管理、信息系统、数据仓库、业务数据分析、数据挖掘等知识，既需要选择合适的商务智能工具，也要按照正确的步骤实施。

第 2 章

商务智能中的核心技术

在第 1 章商务智能的概述中,分析了商务智能所涉及的关键技术,本章将对商务智能所涉及的四大关键技术中的 ETL(数据的提取、转换与加载)技术和 OLAP 技术及其相关技术进行详细的讲解。

2.1 数据预处理

2.1.1 数据预处理概述

商务智能技术的基础技术就是对数据进行研究和分析,也就是数据挖掘技术,接下来讲解的就是数据挖掘的基石,即数据预处理。

数据预处理是指在数据挖掘之前对数据进行的一些处理,以保证数据质量能满足数据挖掘的需要。简单地说,数据预处理就是一种数据挖掘技术,本质是为了将原始数据转换为可以理解的格式或者符合挖掘的格式。

在工程实践中得到的数据会存在有缺失值、重复值等情况,在使用之前需要进行数据预处理。数据预处理没有标准的流程,通常针对任务的不同和数据集属性的不同而有所不同。

2.1.2 数据预处理的必要性

那么为什么需要进行数据预处理呢?这是因为在真实世界中,数据通常是不完整的(缺少某些感兴趣的属性值)、重复的、不一致的(包含代码或者名称的差异)、含噪声的(数据中存在着错误或异常)、高维度的问题。而且因为数据库太大,其中的数据集经常来自多个异种数据源,从而导致低质量数据的存在。

在实际的数据挖掘任务中,数据质量决定了数据挖掘任务的成与败,而数据质量涉及许多因素,主要包括准确性、完整性、一致性、时效性、可信性和可解释性。其中,时效性,反映了数据的更新程度;可信性,反映了有多少数据是用户信赖的;可解释性,反映了数据是否容易理解。因此,没有高质量的数据,就没有高质量的挖掘结果,高质量的决策必须依赖于高质量的数据,数据仓库需要对高质量的数据进行一致的集成。

数据预处理就是解决上面所提到的数据问题的可靠方法,也是构建数据仓库或者进行数据挖掘中占工作量最大的一个步骤。

2.1.3　数据预处理的基本方法

数据预处理一方面是为了提高数据的质量,另一方面是为了让数据适应数据分析的软件或者方法。一般来说,数据预处理步骤有数据清洗、数据集成、数据归约和数据变换,如图 2-1 所示。这四个步骤又有一些小的细分点。这四大步骤在做数据预处理时未必都要执行。

图 2-1　数据预处理的基本方法

从图 2-1 中可以看出,数据预处理包括 4 种方法,分别是数据清洗、数据集成、数据归约和数据变换。数据清洗通过填写缺失的值,光滑噪声数据,识别或删除离群点,解决不一致性来“清理数据”。数据集成需要使用多个数据库、数据立方体或文件。数据归约是用替代的、较小的数据表示形式替换元数据,得到信息内容的损失最小化,具体方法包括维归约、数量归约和数据压缩。数据变换是将数据变换成适合挖掘的形式。图 2-2 很形象地表现了这 4 个步骤的作用。

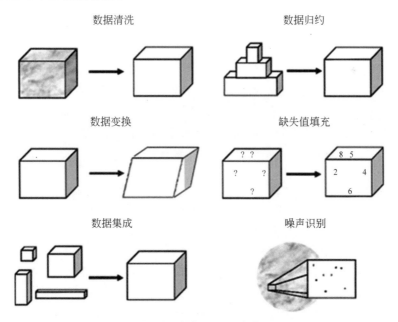

图 2-2　数据预处理步骤

2.1.4　数据清洗

现实世界的数据一般是不完整的、有噪声的和不一致的。数据清洗试图填充缺失的值、光滑噪声并识别离群点、纠正数据中的不一致。

1. 缺失值清理

如何处理缺失的属性呢？其方法如下。

（1）忽略元组。当缺少类标号时通常这样做（假设挖掘任务涉及分类）。除非元组有多个属性缺失值，否则该更改方法不是很有效。当每个属性缺失值的百分比变化很大时，该方法的性能特别差。采用忽略元组，则不能使用该元组的剩余属性值，因为这些数据可能对手头的任务是有用的。

（2）人工填写缺失值。一般来说，该方法很费事，当数据集很大、缺失很多值时，该方法可能行不通。

（3）使用一个全局填充缺失值。将缺失的属性值用同一个常量（如 Unknown 或一∞）替换。如果缺失的值都用 Unknown 替换，则挖掘程序可能误认为形成了一个有趣的概念，因为都具有相同的值——Unknown。因此，尽管该方法简单，但是并不十分可靠。

（4）使用属性的中心度量（如均值或中位数）填充缺失值。对于正常的（对称的）数据分布而言，可以使用均值，而倾斜数据分布应该使用中位数。

（5）使用与给定元组属同一类的所有样本的属性均值或中位数。

（6）使用最可靠的值填充缺失值。可以用回归、贝叶斯形式化方法的基于推理的工具或决策树归纳确定。

其中方法（3）～（6）会使数据有偏差，可能填入的数据不准确。然而，方法（6）是目前最流行的策略之一。与其他方法（除方法（2）外）相比，它使用已有数据的大部分信息来预测缺失值。

需要注意的是，在某些情况下，缺失值并不意味着数据有错误。理想情况下，每个属性都应当有一个或多个空值条件的规则。这些规则可以说明是否允许空值，并且（或者）说明这样的空值应该如何处理或转换。如果在业务处理的稍后步骤提供值，字段也可能故意留下空白。因此，尽管在得到数据后，可以尽量清洗数据，但好的数据库和数据输入设计有助于在第一现场把缺失值或者错误的数量降至最低。

2. 噪声数据检测

噪声（noise）是被测量的变量的随机误差或方差。可以使用基本的数据统计描述技术（例如，盒图或者散点图）和数据可视化方法来识别可能代表噪声的离群点。具体方法如下。

（1）分箱（binning）。分箱方法通过考查数据的"近邻"（即周围的值）来光滑有序的数据值。这些有序的值被分布到一些"桶"或箱中。由于分箱方法考查近邻的值，因此只进行局部的光滑，如图 2-3 所示。

在图 2-3 中，数据首先排序并被划分到大小为 3

排序后的数据 4,8,15,21,21,24,25,28,34

划分为(等频的)箱：
箱 1：4,8,15
箱 2：21,21,24
箱 3：25,28,34

用箱均值光滑：
箱 1：9,9,9
箱 2：22,22,22
箱 3：29,29,29

用箱边界光滑：
箱 1：4,4,15
箱 2：21,21,24
箱 3：25,25,34

图 2-3　数据光滑的分箱方法

的等频的箱中。对于用箱均值光滑,箱中每一个值都被替换为箱中的均值。类似地,可以使用箱中位数光滑或者箱边界光滑等。

(2)回归(regression)。可以用一个函数拟合数据来光滑数据,这种技术称为回归。线性回归涉及找出拟合两个属性(或变量)的"最佳"直线,使得一个属性可以用来预测另一个。多元线性回归是线性回归的扩充,其中涉及的属性多于两个,并且数据拟合到一个多维曲面。

(3)离群点分析(outlier analysis)。可以通过聚类等方法来检测离群点。聚类将类似的值组织成群或"簇"。直观地说,落在簇集合之外的值被视为离群点,如图 2-4 所示。

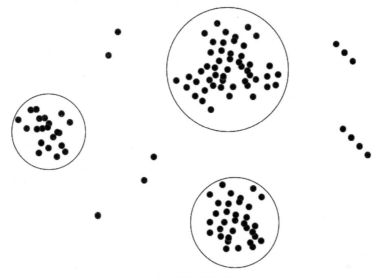

图 2-4 离群点分析方法

3. 格式内容清理

如果数据是由系统日志而来,那么通常在格式和内容方面,会与元数据的描述一致。而如果数据是由人工收集或用户填写而来,则有很大可能性在格式和内容上存在一些问题,简单来说,格式内容问题有以下几类。

(1)时间、日期、数值、全半角等显示格式不一致。

这种问题通常与输入端有关,在整合多来源数据时也有可能遇到,将其处理成一致的某种格式即可。

(2)内容中有不该存在的字符。

某些内容可能只包括一部分字符,如身份证号是数字+字母,中国人姓名通常是汉字(姓名为赵 C 这种情况还是少数)。最典型的就是头、尾、中间的空格,也可能出现姓名中存在数字符号、身份证号中出现字母等问题。这种情况下,需要以半自动校验半人工方式来找出可能存在的问题,并去除不需要的字符。

(3)内容与该字段应有内容不符。

姓名写成了性别,身份证号写成了手机号等,均属于这种问题。但该问题的特殊性在于:并不能简单地以删除来处理,因为成因有可能是人工填写错误,也有可能是前端没有校验,还有可能是导入数据时部分或全部存在列没有对齐的问题,因此要详细识别问题类型。

格式内容问题是比较细节的问题,但很多分析失误都是在这上面出的问题,如跨表关联失败(多个空格导致工具认为"陈丹奕"和"陈 丹奕"不是一个人)、统计值不全(数字里掺入个别字母时求和结果有问题)、模型输出失败或效果不好(数据对错列了,把"日期"和"年龄"列弄混等)。因此,务必注意格式内容清洗工作,尤其是在处理的数据是人工收集而来,或者产品前端校验设计不太好的时候。

4. 逻辑错误清理

这部分工作是去掉一些使用简单逻辑推理就可以直接发现问题的数据,防止分析结果走偏。主要包含以下几个步骤。

(1) 去重。有的分析师喜欢把去重放在第一步,但建议把去重放在格式内容清洗之后,原因在上一点已经提过了(多个空格导致工具认为"陈丹奕"和"陈 丹奕"不是一个人,去重失败)。而且,并不是所有的重复都能这么简单地去掉。当然,如果数据不是人工录入的,那么简单去重即可。

(2) 去除不合理值。例如,填表时将年龄填为 200 岁,年收入填为 100000 万元,这种数据要么删掉,要么按缺失值处理。

(3) 修正矛盾内容。有些字段是可以互相验证的,例如,身份证号是 1101031980××××××××,然而年龄填为 18 岁。在这种时候,需要根据字段的数据来源,来判定哪个字段提供的信息更为可靠,去除或重构不可靠的字段。

逻辑错误除了以上列举的情况,还有很多未列举的情况,在实际操作中要酌情处理。另外,这一步骤在之后的数据分析过程中有可能重复,因为即使问题很简单,也并非所有问题都能够一次找出,我们能做的是使用工具和方法,尽量减少问题出现的可能性,使分析过程更为高效。

5. 非需求数据清理

这一步说起来非常简单:把不要的字段删了。但实际操作起来,有很多问题,例如:把看上去不需要但实际上对业务很重要的字段删了;某个字段觉得有用,但又没想好怎么用,不知道是否该删。对于这两种情况,给出的建议是,如果数据量没有大到不删字段就没办法处理的程度,那么能不删的字段尽量不删。

6. 关联性验证

如果数据有多个来源,那么有必要进行关联性验证。例如,有汽车的线下购买信息,也有客服线上问卷信息,两者通过姓名和手机号关联,那么要看一下,同一个人线下登记的车辆信息和线上问卷问出来的车辆信息是不是同一辆,如果不是,那么需要调整或去除数据。

严格意义上来说,这已经脱离数据清洗的范畴了,而且关联数据变动在数据库模型中就应该涉及。但还是需要注意,多个来源的数据整合是非常复杂的工作,一定要注意数据之间的关联性,尽量在分析过程中不要出现数据之间互相矛盾,却毫无察觉的情况。

2.1.5 数据集成

数据集成就是将不同的数据源存放到同一个数据存储器中(如数据仓库),从而方便后续的数据挖掘工作。如果有多个数据源,如文本文件、Excel 文件、MySQL 数据表,为了方便数据的统计分析,需要把它们存放到同一个容器中,既可以是数据库也可以是文本文件,这样的过程叫作数据集成。

数据集成的本质是整合数据源,因此多个数据源中字段的语义差异、结构差异、字段间的关联关系,以及数据的冗余重复,都会是数据集成面临的问题。在此过程中,需要了解数据包括名字、含义、数据类型和属性的允许取值范围,以及处理空白、零或 NULL 值的空值规则。

此外,在整合数据源的过程中,很可能出现如下情况:两个数据源中都有一个字段名字叫作 Payment,但其实一个数据源中记录的是税前的薪水,另一个数据源中记录的是税后的薪水;两个数据源都有字段记录税前的薪水,但是一个数据源中字段名称为 Payment,另一个数据源中字段名称为 Salary。对此,可以整理一张专门用来记录字段命名规则的表格,使字段、表名、数据库名均能自动生成,并统一命名。一旦发生新的规则,还能对规则表实时更新。

数据结构问题是数据集成中几乎必然会产生的问题。在整合多个数据源时,这样的问题就是数据结构问题,可以分为以下几种情况。

(1) 字段数据类型不同。一个数据源中存为 INTEGER 型,另一个数据源中存为 CHAR 型。

(2) 字段数据格式不同。一个数据源中使用逗号分隔,另一个数据源中用科学记数法。

(3) 字段单位不同。一个数据源中钱款单位是人民币,另一个数据源中是美元。

(4) 字段取值范围不同。如同样是存储员工薪水的 Payment 数值型字段,一个数据源中允许空值(NULL 值),另一个数据源中不允许。以上问题都会对数据集成的效率造成影响。如果想解决这些问题,就需要在数据集成过程中尽量明确数据字段的结构。简单来说,可以通过表 2-1 来确定字段的格式。

表 2-1 字段格式定义表

ID	是否主键	字段名称	字段说明	字段类型	空值	拼写	格式	单位
1	是	Employee_id	员工编号	VARCHAR(20)	NOT NULL	UPPERCASE	6 位数字+大写字母	—
2	否	Employee_Birthday	员工生日	DATE	NULL ALLOWED	—	YYYYMMDD	—
3	否	Employee_Salary	员工薪水	DECIMAL(20,2)	NOT NULL	—	千位符分割	人民币

表 2-1 就是一个简单的数据源中字段的格式定义表。通过这个表,可以从业务上确定字段的基本属性。在后续进行数据集成时,可以通过此表对数据格式进行约束,从而避

免因格式不同对集成带来的困扰。

冗余是数据集成的另一个重要问题。一个属性(如年收入)如果能由另一个或另一组属性"导出",则这个属性可能是冗余的。属性或维命名的不一致可能导致数据集成的冗余。冗余可以被相关分析检测到。例如,给定两个属性,根据可用的数据,这种分析可以度量一个属性能在多大程度上蕴含另一个属性。对于标称数据,可以使用卡方检验;对于数值属性,可以使用相关系数和协方差,它们都评估一个属性的值如何随另一个属性变化。

数据集成除了检测属性间的冗余外,还应当在元组级检测重复(如对于给定的唯一数据实体,存在两个或多个相同的元组)。此外,还应涉及数据值冲突的检测与处理。例如,对于同一实体,来自不同数据源的属性值可能不同。属性也可能在不同的抽象层,相同的属性在一个系统中记录的抽象层可能比在另一个系统中记录的低。

2.1.6 数据变换

数据变换就是把数据变为合适的形式,常见方法有用于区分属性的二值化方法、连续型特征离散化的特征分箱方法、对于定类变量的哑编码方法、标准化方法和规范化方法。

1. 二值化

二值化(binarization),就是将一个字段转换为仅有两个可能值。二值化通过设定一个阈值,原字段大于阈值的被设定为 1,否则为 0,即转换函数为指示函数如式(2-1)所示。

$$I(x) = \begin{cases} 1, & x > \text{threshold} \\ 0, & x \leqslant \text{threshold} \end{cases} \tag{2-1}$$

对于如图 2-5 所示的示例数据集,其中的 IMEI 字段是手机串码(原本为 15 位),一部移动设备对应一个 IMEI,是全球唯一的,这样的字段与 ID 字段一样无法进入模型。通过观察,发现大量记录的 IMEI 为空值(现已填补为 0),因此可以将有 IMEI 的值设置为 1,没有 IMEI 的值设置为 0。在 Python 的 scikit-learn 机器学习库的 preprocessing 中,使用 Binarizer 可以将字段二值化,示例如下。

```
from sklearn.preprocessing import Binarizer

binarizer = Binarizer(threshold=0, copy=True)
data['has_IMEI'] = binarizer.fit_transform(data.IMEI.reshape(-1, 1))
data.head()
```

	ID	churn	join_time	vip	product	...	IMEI	log_expd	log_call	log_traffic	has_IMEI
0	1	1	2014/8/19	0	99114783	...	0	0.000000	0.000000	0.000000	0
1	2	0	2014/6/16	0	99002147	...	35405402	3.780615	3.608483	5.541499	1
2	3	0	2014/8/2	0	99002138	...	35246506	4.837852	5.738924	5.097180	1
3	4	0	2012/9/13	0	99005934	...	86399002	4.649627	6.020149	4.791650	1
4	5	0	2012/12/20	0	99005044	...	0	0.000000	0.000000	0.000000	0

图 2-5 字段二值化

除了使用 Binarizer,还可以使用 Python 中 pandas 库的 cut 函数对数据进行离散化,这种方式通过传入一个用于表示阈值的 bins 参数,将数据进行分割,如图 2-6 所示。

```
pd.cut(data.IMEI, bins=[-float('inf'), 0, float('inf')],
       labels=False).head()
0    0
1    1
2    1
3    1
4    0
dtype: int64
```

图 2-6　数据离散化

需要注意的是,传入的阈值列表是包含了上下界的,切割的区间为左开右闭,即切割后的两个区间为$(-\infty, 0]$和$(0, +\infty)$。如果要切割成多个区域,只需把所有阈值以列表形式传入 bins 参数即可。

2. 离散化

连续型特征经常成为模型不稳定的来源,此外,连续型特征可能与目标变量呈现复杂的相关性,而将连续型特征根据一定方法转换为离散特征后可能带来模型效果的提升。常用的离散化方法有等宽离散、等分离散和人工离散等。二值化可以看作离散化的特殊情况。

离散化(discretization)的基本原理是将连续数据划分至不同的区间(也称为"分箱"),使用区间的编码来代替原始数据即可。例如,等宽离散的区间是按照数据的极差进行平均划分的,其每个区间的宽度相等;等分离散是按照数据的分位数划分的,其每个区间内的样本量相等(或接近相等);人工离散则是根据业务理解进行区间划分的。一个针对年龄进行不同离散化的例子如图 2-7 所示。

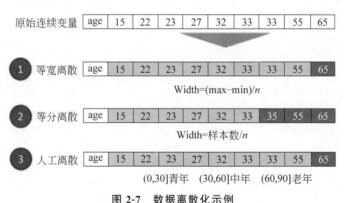

图 2-7　数据离散化示例

为了演示离散化,这里将如图 2-5 所示的数据集中的"入网时间"(join_time)转换为"在网时长"(duration),其代码如图 2-8 所示。

```
from datetime import datetime

dura_col = datetime(2015, 1, 1) - pd.to_datetime(data['join_time'])
data['duration'] = dura_col.map(lambda x: x.days / 30.)
```

图 2-8　离散化演示

至此,"在网时长"属于连续型特征,可以对其进行离散化。

1)等宽离散

使用 Python 的 pandas 库进行等宽离散的例子如图 2-9 所示。

```
equal_width = pd.cut(data['duration'], 5)
data['churn'].groupby(equal_width).agg(['count', 'mean','sum'])
```

duration	count	mean	sum
(1.892, 36.913]	2634	0.277145	730
(36.913, 71.76]	271	0.177122	48
(71.76, 106.607]	41	0.097561	4
(106.607, 141.453]	30	0.066667	2
(141.453, 176.3]	21	0.000000	0

图 2-9 等宽离散示例

离散化后,可以看到(1.892,36.913]内的样本量最多,(141.453,176.3]内的样本量最少,在不同的区间内用户离网率(mean 字段)呈现有规律的变化。这里需要注意,pandas库等宽离散的每个区间都是左开右闭的。

pandas 库提供的 cut 方法可以通过传输 label 参数,将每个离散化后的区间用指定的编码进行表示,并且新生成的编码是有序的。例如,使用 0~4 的整数来表示等宽离散的每个区间,示例如图 2-10 所示。

```
sample_labels, retbins = pd.cut(data['duration'], 5, labels=range(5),
                                retbins=True)
print(sample_labels[:5])
print(retbins)

0    0
1    0
2    0
3    0
4    0
Name: duration, dtype: category
Categories (5, int64): [0 < 1 < 2 < 3 < 4]
[   1.89243333    36.91333333    71.76          106.60666667  141.45333333
  176.3       ]
```

图 2-10 等宽离散示例

从示例代码可见,原始的在网时长字段可以被 0~4 来替代,函数同时返回了划分区间的每个阈值。

2)等分离散

定义一个 qcut 函数用于进行等分离散,如图 2-11 所示。

```
def qcut(col, n):
    col1 = col[~col.isnull()]
    cut = list(set(col1.quantile([i / n for i in range(n + 1)]).values))
    res = pd.cut(col, sorted(cut), include_lowest=True)
    return(res)
```

图 2-11 等分离散示例

　　该函数使用分位数确定某一列特征的划分区间,再使用 pandas.cut 将数据按照划分区间进行离散,这里的 pandas.cut 函数因为指定了区间,将不再按照默认的等宽方式离散。

　　使用自定义的函数可以方便地对数据进行等分离散,如图 2-12 所示。

```
equal_depth = qcut(data['duration'], 14)
discretization_dura = data['churn'].groupby(equal_depth).agg(
    ['count', 'mean','sum'])
discretization_dura.head()
```

duration	count	mean	sum
[2.0667, 3.867]	222	0.094595	21
(3.867, 4.433]	209	0.416268	87
(4.433, 5.233]	215	0.302326	65
(5.233, 6.1]	214	0.102804	22
(6.1, 6.933]	216	0.032407	7

图 2-12　自定义等分离散

　　从以上示例可以看到,离散化后每个区间内的样本量基本相等,各区间内的用户离网率呈现出一定的规律。也正是因为每个区间的样本量基本相等,这个离网率显得更有可信度。如果采用其他离散化方法,可能造成某些区间的样本量过少,该区间的离网率自然很难有说服力。本例中将离网率按等分离散的区间绘制的柱状图如图 2-13 所示。

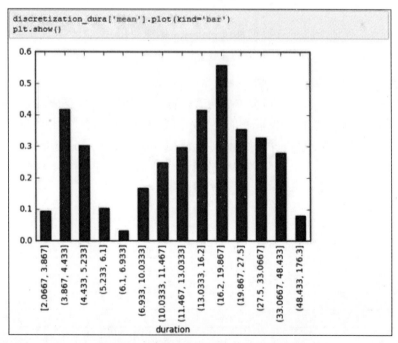

图 2-13　按等分离散的区间绘制的柱状图

3）人工离散

仅需要人工指定区间划分的阈值就可以很容易地使用 pandas.cut 进行人工离散化，如图 2-14 所示。

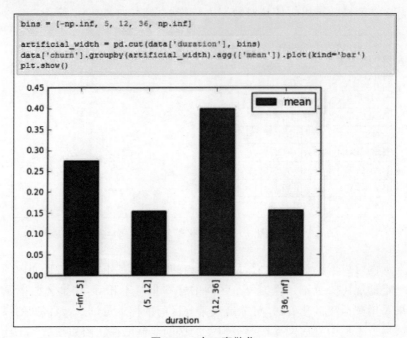

图 2-14　人工离散化

本例中，为了保证能将所有数据都包含进来，分别使用正、负无穷大作为最大值与最小值。

3. 哑编码

对于无序的分类变量，许多模型不支持其运算，可以先生成哑变量（dummy coding），再进行深入分析。哑变量被认为是量化了的分类变量，因此应用非常广泛。

哑变量又称为虚拟变量或虚设变量，一般使用 0 和 1 来表示分类变量的值是否处于某一分类水平。账户 ID1～ID4 的办理渠道及进行哑编码后用 0 和 1 来表示各记录的具体取值情况如图 2-15 所示。

图 2-15　哑编码示例

m 个分类水平的变量经过哑编码之后，通常会生成 m 个哑变量，各个哑变量之间两两互斥,应用中一般仅保留其中 $m-1$ 个进入模型,留下一个作为对照组,对照组可以通过其他 $m-1$ 个哑变量完全还原出来。在使用哑变量建模时,一般需要保证由这 $m-1$ 个哑变量都能进入模型,或者都不进入模型。

在 pandas 库中可以使用 get_dummies 函数来对分类变量进行哑编码,新生成的哑变量与原变量的分类水平数相等,对照组可以自行选择,get_dummies()函数的使用方法如图 2-16 所示。

```
dummies = pd.get_dummies(data.state, prefix='s')
data.join(dummies).head()
```

	ID	churn	join_time	vip	product	...	s_3.0	s_4.0	s_5.0	s_6.0	s_7.0
0	1	1	2014/8/19	0	99114783	...	0	0	0	0	0
1	2	0	2014/6/16	0	99002147	...	0	0	0	0	0
2	3	0	2014/8/2	0	99002138	...	0	0	0	0	0
3	4	0	2012/9/13	0	99005934	...	0	0	0	0	0
4	5	0	2012/12/20	0	99005044	...	0	0	0	0	0

图 2-16　get_dummies()函数的使用方法示例

另外,在 scikit-learn 库的 preprocessing 中,可以使用 OneHotEncoder 对数据进行哑编码,同样会生成与原变量水平数相等的哑变量,其代码如图 2-17 所示。

```
from sklearn.preprocessing import OneHotEncoder

OneHotEncoder().fit_transform(data.state.reshape(-1, 1)).toarray()

array([[ 1.,  0.,  0., ...,  0.,  0.,  0.],
       [ 1.,  0.,  0., ...,  0.,  0.,  0.],
       [ 1.,  0.,  0., ...,  0.,  0.,  0.],
       ...,
       [ 0.,  0.,  0., ...,  1.,  0.,  0.],
       [ 0.,  0.,  0., ...,  0.,  1.,  0.],
       [ 0.,  0.,  0., ...,  0.,  1.,  0.]])
```

图 2-17　OneHotEncoder 代码示例

4. 标准化

在商业分析中,不同的变量存在单位不同的问题,如流量使用 MB 作为单位,而金额使用元作为单位,因此流量、金额无法直接进行比较。同时,单一指标采用不同单位也无法直接比较,如收入用元作单位和用万元作单位会在数值上相差很大。这样的差异性会强烈影响模型的结果,详见图 2-18 所示的聚类方案。

同样的样本点,如果流量采用 MB 为单位,则 A 和 B 为一个簇,C 和 D 为一个簇;如果使用 GB 为单位,则 A 和 C 为一个簇,B 和 D 为一个簇。可见因为单位不同对模型的结果会产生颠覆性的影响。

为了消除字段间因为单位差异而导致模型不稳定的情况,需要将变量的单位消除,使得它们都是在一个"标准"的尺度上进行比较分析。因此需要采用标准化(Standardization)的技术,常用的方法包括极值标准化与零-均值规范化(z-score 标准化)。

极值标准化公式是把每个字段值减去字段最小值后除以该字段极差,将值域限定在

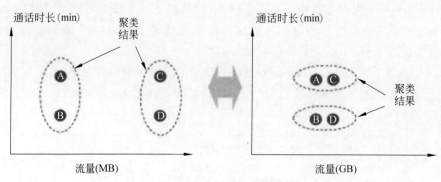

图 2-18　聚类方案

[0,1]，如式(2-2)所示。

$$v' = \frac{v - \min}{\max - \min} \tag{2-2}$$

零-均值规范化公式是把每个字段值减去字段均值后除以字段标准值，使新字段均值为 0，标准差为 1，如式(2-3)所示。

$$z' = \frac{v - 均值}{标准差} \tag{2-3}$$

极值标准化将数据映射到[0,1]，受极端值影响较大；零-均值规范化更多地应用在对称分布的字段上（因为对称分布的均值有代表性），受极端值的影响较小，是多数模型的默认标准化方法。另外，这两种标准化方法都不会改变原字段分布图形的形态，仅对数据进行了线性缩放而已。

使用 pandas 库提供的函数可以很方便地对字段进行标准化，使用 scikit-learn 库也可以达到同样的效果，而且在应用中可能更加方便。对已经进行了对数转换的收入、通话时长、流量消费（接近正态分布）进行零-均值规范化的示例如图 2-19 所示。

```
from sklearn.preprocessing import StandardScaler

consumptions = data.ix[:, 'log_expd':'log_traffic']
std_scaler = StandardScaler()
std_data = std_scaler.fit_transform(consumptions)
```

图 2-19　零-均值规范化示例

使用 preprocessing.StandardScaler 可以对多个字段一次性进行零-均值规范化，而且 fit 之后的转换器 std_scaler 可以重复使用。例如，使用训练集数据 fit 的转换器可以对测试集进行相同的转换（使用训练集的均值和标准差进行零-均值规范化）。

将标准化后的数据添加到数据集中，如图 2-20 所示。

将极值标准化的数据添加到数据集中的方法和标准化后的数据添加到数据集中的方法类似，如图 2-21 所示。

在很多软件中，会在建模前默认对数据进行标准化，但并不是所有软件都如此。在 scikit-learn 库中，部分模型会有用于标准化的参数选项（如各种降维），另一些模型则需

```
std_df = pd.DataFrame(std_data,
                      columns=['s_expd','s_call','s_traffic'],
                      index=data.index)

data1 = data.join(std_df)
data1.head()
```

	ID	churn	join_time	vip	product	...	has_IMEI	duration	s_expd	s_call	s_traffic
0	1	1	2014/8/19	0	99114783	...	0.0	4.500000	-1.033838	-0.858726	-0.736602
1	2	0	2014/6/16	0	99002147	...	1.0	6.633333	0.826886	0.444322	1.506040
2	3	0	2014/8/2	0	99002138	...	1.0	5.066667	1.347232	1.213640	1.326225
3	4	0	2012/9/13	0	99005934	...	1.0	28.000000	1.254592	1.315192	1.202577
4	5	0	2012/12/20	0	99005044	...	0.0	24.733333	-1.033838	-0.858726	-0.736602

图 2-20　将标准化后的数据添加到数据集中

```
from sklearn.preprocessing import MinMaxScaler

range_scaler = MinMaxScaler()
range_scaler.fit_transform(consumptions)[:5]

array([[ 0.        ,  0.        ,  0.        ],
       [ 0.70271184,  0.43909355,  0.65562565],
       [ 0.89922298,  0.69833362,  0.6030574 ],
       [ 0.86423716,  0.7325541 ,  0.56690953],
       [ 0.        ,  0.        ,  0.        ]])
```

图 2-21　将极值标准化的数据添加到数据集中

要手动进行标准化(如逻辑回归、SVM 等)。此外,并不是所有模型都需要预先进行数据标准化(如决策树),而即便是同样的模型,运用在不同业务问题上也会有不同的标准化要求,这就要求我们对业务与模型都要深入了解。

5. 规范化

标准化方法应用于列,规范化(normalization)或称归一化,一般应用于行。规范化是为了数据样本向量在做点乘运算或其他核函数计算相似性时,拥有统一的标准。如果将表中的每一行作为向量来看,规范化就是将其缩放成单位向量。

对于有 n 条记录 m 个字段的数据集,使用 x 代表行记录形成的 m 维向量,使用 L2 范数(这里的 L2 范数就是欧几里得距离)进行规范化的公式如下。

$$v' = \frac{r - \min}{\max - \min} x'_i = \frac{x_i}{\sqrt{\sum_{j-1}^{m} x_j^2}}, \quad i = 1, 2, \cdots, n \tag{2-4}$$

scikit-learn 库中可以使用 preprocessing.Normalizer 对每行进行规范化,为了演示代码,将图 2-5 的数据集的后 3 列提取出来,使用规范化方法进行转换的代码如图 2-22 所示。

从图中代码可以发现转换后每个行向量都是单位长度,只是具有不同的角度。需要再次强调的是,本例仅为演示代码,因为对行执行规范化后,每列的分布形态会发生改变,因此不适用于本数据集。

```
from sklearn.preprocessing import Normalizer

Normalizer().fit_transform(data1.ix[:, -3:])

array([[-0.67457179, -0.56031252, -0.48062748],
       [ 0.46594788,  0.25037431,  0.84864909],
       [ 0.59969873,  0.5402324 ,  0.59034768],
       ...,
       [-0.67457179, -0.56031252, -0.48062748],
       [-0.67457179, -0.56031252, -0.48062748],
       [-0.67457179, -0.56031252, -0.48062748]])
```

图 2-22   使用 preprocessing.Normalizer 对每行进行规范化

2.1.7   数据归约

数据归约方法类似数据集的压缩,它通过维度的减少或者数据量的减少,来达到降低数据规模的目的。对于小型或中型数据集,一般的数据预处理步骤已经足够。但数据集非常大的时候在海量数据上进行复杂的数据分析和挖掘需要很长的时间,使得这种分析不现实或者不可行。所以对真正大型的数据集来说,在应用数据挖掘技术以前,要采取一个中间的、额外的步骤,即数据归约。

数据归约包括维归约、数量归约和数据压缩 3 种方式。

1. 维归约

维归约(dimensionality reduction),是指减少所考虑的随机变量或者属性的个性。维归约的方法包括小波变换和主成分分析,它们把原数据变换或投影到较小的空间。离散小波变换(DWT)是一种线性信号处理技术。用于数据向量 X 时,将变换成不同的数值小波系数向量 X',两个向量具有相同的长度。当这种技术用于数据归约时,每个元组看作一个 n 维数据向量,描述 n 个数据库属性在元组上的 n 个测量值。主成分分析(PCA)则是搜索 K 个最能代表数据的 n 维正交向量,其中 $K \leqslant n$。这样,元数据投影到一个小得多的空间上,导致维归约。基本过程如下:首先对输入数据规范化,使得每个属性都落入相同的区间,此步有助于确保具有较大定义域的属性不会支配较小的定义域的属性;然后用 PCA 法计算 K 个标准正交向量,作为规范化输入数据的基;再对主成分按重要性或强度降序排列;最后去掉较弱的成分(即方差较小的那些)来归约数据。使用最强的主成分,应当能够使重构数据与原数据很好地近似。

此外,属性子集选择也是一种维归约方法,通过删除不相关的或者冗余的属性(或维)减少数据量。属性子集的选择目标是找出最小属性集,使得数据类的概率分布尽可能接近使用所有属性得到的原分布。

2. 数量归约

数量归约是用替代的、较小的数据表示形式替换原数据。归约技术可以是参数的或非参数的。其中参数方法是指使用模型估计数据,使得一般只需要存放模型参数,而不是实际数据(离群点可能也要存放),例如回归、对数线性模型,可以用来近似给定的数据。在简单线性回归中,对数据建模,使之拟合到一条直线,如 $y = wx + b$。其中,系数可以用最小二乘法求解,该方法的核心思想是使得估计出的直线与实际直线之间误差的平方和最小(趋于 0)。而多元回归是简单线性回归的扩展,允许用两个或者多种自变量的线性函数对因数 y 建模。对数线性模型则近似离散的多维概率分布。回归和对数线性模型都可以用于稀疏数据,虽然两种方法都可以处理倾斜数据,但是回归的性能更好。

　　数量归约的非参数方法包括直方图、聚类、抽样、数据立方体聚集等。其中,直方图使用分箱来近似数据分布,是一种流行的数据归约形式。属性 A 的直方图将 A 的数据分布划分为不相交的子集或桶。如果每个桶只代表单个属性值、频率对,则该桶称为单值桶。通常,桶表示给定属性的一个连续区间。而聚类技术将对象划分为群或簇,使得在一个簇中的对象互相"相似",而与其他簇中的对象"相异"。通常,相似性基于距离函数,用对象在控件中的接近程度定义。簇中的质量可以用直径表示,直径是簇中的两个对象的最大距离。抽样可以作为一种数据归约技术使用,因为它允许用比数据小得多的随机样本(子集)表示大型数据集。数据立方体聚集,则是每个单元存放一个聚集值,对应多维空间的一个数据点。每个属性都可能存在概念分层,允许在多个抽象层进行数据分析。数据立方体提供对预计算的汇总数据进行快速访问,因此适合联机数据分析和数据挖掘。

3. 数据压缩

　　数据压缩分为无损压缩和有损压缩两种。使用变换,以便得到原数据的归约或"压缩"表示。如果原数据能够从压缩后的数据重构,而不丢失信息,则该数据归约称为无损的。如果只能近似重构原数据,则该数据归约称为有损的。

2.2　数据抽取—转换—装载

2.2.1　相关概念

　　随着企业的发展,各业务线、产品线、部门都会承建各种信息化系统以方便开展自己的业务。随着信息化建设的不断深入,由于业务系统之间各自为政、相互独立造成的信息孤岛现象尤为普遍,业务不集成、流程不互通、数据不共享,这给企业进行数据的分析利用、报表开发、分析挖掘等带来了巨大困难,如图 2-23 所示。

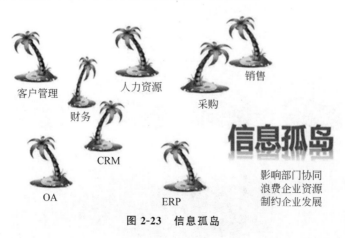

图 2-23　信息孤岛

在这种情况下，为了实现企业全局数据的系统化运作管理(信息孤岛、数据统计、数据分析、数据挖掘)，为决策支持系统(DSS)、商务智能(BI)、经营分析系统等深度开发应用奠定基础，挖掘数据价值，企业会开始着手建立数据仓库、数据中台，如图 2-24 所示。将相互分离的业务系统的数据源整合在一起，建立一个统一的数据采集、处理、存储、分发、共享中心。

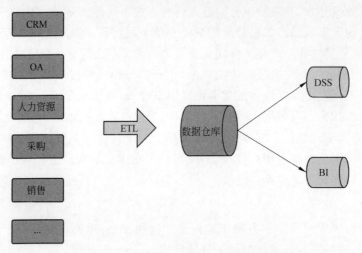

图 2-24　企业全局数据的系统化运作管理

ETL 是将业务系统的数据经过抽取(Extract)、转换(Transform)之后装载(Load)到数据仓库的过程，目的是将企业中的分散、零乱、标准不统一的数据整合到一起，为企业的决策提供分析依据，如图 2-25 所示。

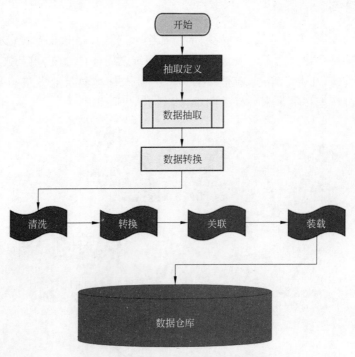

图 2-25　为企业决策提供分析依据

2.2.2　数据抽取—转换—装载建模过程

ETL 架构,按其字面含义理解就是按照 E—T—L 这个顺序进行处理的架构:先抽取,然后转换,完成后装载到目标数据库中。在 ETL 架构中,如图 2-26 所示,数据的流向是从源数据流到 ETL 工具,ETL 工具是一个单独的数据处理引擎,一般会在单独的硬件服务器上,实现所有数据转换的工作,然后将数据装载到目标数据仓库中。如果要提高整个 ETL 过程的效率,只能增强 ETL 工具服务器的配置,优化系统处理流程(一般可调的东西非常少)。

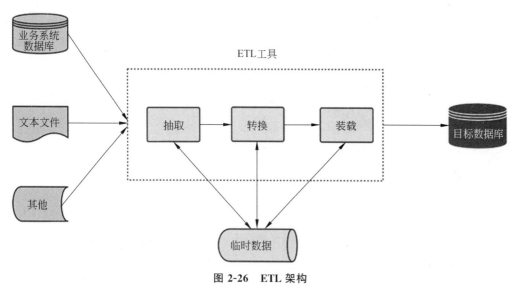

图 2-26　ETL 架构

2.2.3　数据抽取—转换—装载模式介绍

ETL 有 4 种主要实现模式:触发器、增量字段、全量同步、日志比对。

1. 触发器

触发器方式是普遍采取的一种增量抽取机制。该方式是根据抽取要求,在要被抽取的源表上建立插入、修改、删除 3 个触发器,每当源表中的数据发生变化,就被相应的触发器将变化的数据写入一个增量日志表,ETL 的增量抽取则是从增量日志表中而不是直接在源表中抽取数据,与此同时,增量日志表中抽取过的数据要及时被标记或删除。

为了简单起见,增量日志表一般不存储增量数据的所有字段信息,而只是存储源表名称、更新的关键字值和更新操作类型(insert、update 或 delete),ETL 增量抽取进程首先根据源表名称和更新的关键字值,从源表中提取对应的完整记录,再根据更新操作类型,对目标表进行相应的处理。

该方式的优点是数据抽取的性能高,ETL 装载规则简单,速度快,不需要修改业务系统表结构,可以实现数据的递增加载。缺点是,要求业务表建立触发器,对业务系统有一定的影响,容易对源数据库构成威胁。

2. 增量字段

用增量字段方式来捕获变化数据,原理就是在源系统业务表数据表中增加增量字段,增量字段可以是时间字段,同时也可以是自增长字段(如 Oracle 的序列),设计要求就是源业务系统中数据新增或者被修改时,增量字段就会产生变化,时间戳字段就会被修改为相应的系统时间,自增长字段就会增加。

每当 ETL 工具进行增量数据获取时,只需比对最近一次数据抽取的增量字段值,就能判断出哪些是新增数据,哪些是修改数据。这种数据抽取方式的优点就是抽取性能比较高,判断过程比较简单,最大的局限性就是由于某些数据库在进行设计的时候,未考虑到增量字段,需要对业务系统进行改造,基于数据库其他方面的原因,还有可能出现漏数据的情况。

该方式的优点同触发器方式一样,时间戳方式的性能比较好,ETL 系统设计清晰,源数据抽取相对清楚、简单,可以实现数据的递增装载。缺点则是时间戳维护需要由业务系统完成,对业务系统有很强的侵入性(加入额外的时间戳字段),特别是对不支持时间戳的自动更新的数据库,还要求业务系统进行额外的更新时间戳操作;另外,无法捕获对时间戳以前数据的删除和更新操作,在数据准确性上受到了一定的限制。

3. 全量同步

全量同步又叫作全表删除插入方式,是指每次抽取前先删除目标表数据,抽取时重新加载数据。该方式实际上将增量抽取等同于全量抽取。对于数据量不大,全量抽取的时间代价小于执行增量抽取的算法和条件代价时,可以采用该方式。全量同步过程如图 2-27 所示。

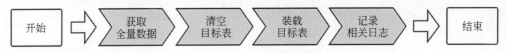

图 2-27　全量同步过程

该方式的优点是对已有系统表结构不产生影响,不需要修改业务操作程序,所有抽取规则由 ETL 完成,管理维护统一,可以实现数据的递增加载,没有风险。缺点则是 ETL 比对较复杂,设计较复杂,速度较慢。与触发器和时间戳方式中的主动通知不同,全表比对方式是被动地进行全表数据的比对,性能较差。当表中没有主键或唯一列且含有重复记录时,全表比对方式的准确性较差。

4. 日志比对

日志比对的方式是通过获取数据库层面的日志来捕获变化的数据,不需要改变源业务系统数据库相关的表结构,数据同步的效率比较高,同步的及时性也比较快,最大的问题就是不同的数据库日志文件结构存在较大的差异性,实施分析起来难度比较大,同时需要具备访问源业务库日志表文件的权限,存在一定的风险性,所以这种方式有很大的局限性。

日志比对方式中比较成熟的技术是 Oracle 的 CDC(Changed Data Capture)技术,作用同样是能够捕获上一次抽取之后产生的相关变化数据,当 CDC 对源业务表进行新增、更新和删除等相关操作时就可以捕获到相关变化的数据。相对于增量字段方式,CDC 方式能够较好地捕获到删除的数据,并写入相关数据库日志表,然后再通过视图或者别的某种可操作的方式将捕获到的变化同步到数据仓库。

该方式的优点是,ETL 同步效率较高,不需要修改业务系统表结构,可以实现数据的递增加载。缺点则是业务系统数据库版本与产品不统一,难以统一实现,实现过程相对复杂,并且需深入研究方能实现。或者通过第三方工具实现,一般都是商业软件,而且费用较高。

4 种实现模式的比较如表 2-2 所示。

表 2-2　4 种实现模式的比较

增量机制	兼　容　性	完备性	抽取性能	源库压力	源库改动量	实现难度
触发器	关系数据库	高	优	高	高	容易
增量字段	关系数据库,具有"字段"结构的其他数据格式	低	较优	低	高	容易
全量同步	任何数据格式	高	极差	中	无	容易
日志比对	关系数据库(Oracle/MySQL)	高	较优	中	中	较难

2.3　多维数据模型

2.3.1　多维数据模型的概念

多维数据模型是数据仓库的一大特点,也是数据仓库应用和实现的一个重要方面,通过对数据的组织和存储上的优化,使其更适用于分析型的数据查询和获取。

多维数据模型是为了满足用户从多角度、多层次进行数据查询和分析的需要而建立起来的基于事实和维的数据库模型,其基本的应用是为了实现 OLAP。

通过多维数据模型的数据展示、查询和获取就是其作用的展现,但其主要作用的实现在于,通过数据仓库可以根据不同的数据需求建立各类多维模型,并组成数据集市开放给不同的用户群体使用,也就是根据需求定制的各类数据商品摆放在数据集市中供不同的数据消费者采购。

2.3.2　多维数据模型的构建方法

接下来通过具体的多维数据模型示例,来了解多维数据模型的构建方法。

在看示例前,需要先了解两个概念:事实表和维表。事实表是用来记录具体事件的,包含了每个事件的具体要素,以及具体发生的事情;维表则是对事实表中事件的要素的描述信息。例如,一个事件可以包含时间、地点、人物、事件,事实表记录了整个事件的信息,但对时间、地点和人物等要素只记录了一些关键标记,如事件的主角叫作 Michael,那么 Michael 到底"长什么样",就需要到相应的维表里面去查询 Michael 的具体描述信息了。基于事实表和维表就可以构建出多种多维模型,包括星状模型、雪花模型和星座模型。

1. 星状模型

星状模型(star schema)的核心是一个大的中心表(事实表),一组小的附属表(维表)。星状模型是一种非正规化的结构,多维数据集的每一个维度都直接与事实表相连接,不存在渐变维度,所以数据有一定的冗余。星状模型示例如图 2-28 和图 2-29 所示。

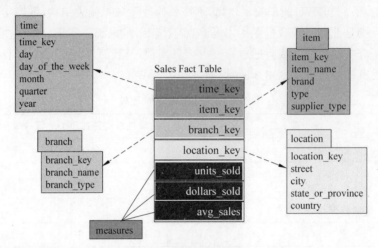

图 2-28   星状模型示例(1)

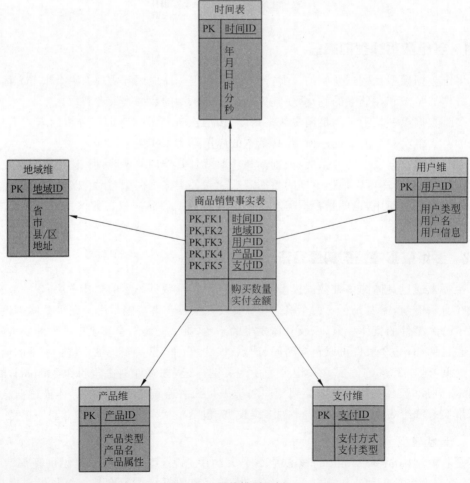

图 2-29   星状模型示例(2)

以上是一个最简单的星状模型的示例。事实表里面主要包含两方面的信息：维和度量，维的具体描述信息记录在维表，事实表中的维属性只是一个关联到维表的键，并不记录具体信息；度量一般都会记录事件的相应数值，如产品的销售数量、销售额等。维表中的信息一般是可以分层的，如时间维的年、月、日，地域维的省、市、县等，这类分层的信息就是为了满足事实表中的度量可以在不同的粒度上完成聚合，如 2021 年商品的销售额，来自北京市的销售额等。

还有一点需要注意的是，维表的信息更新频率不高或者保持相对的稳定，例如一个已经建立了十年的时间维在短期是不需要更新的，地域维也是；但是事实表中的数据会不断地更新或增加，因为事件一直在不断地发生，用户在不断地购买商品、接受服务。

2. 雪花模型

雪花模型（snowflake schema）是星状模型的扩展，其中某些维表被规范化，进一步分解到附加表（维表）中。雪花模型示例如图 2-30 所示。

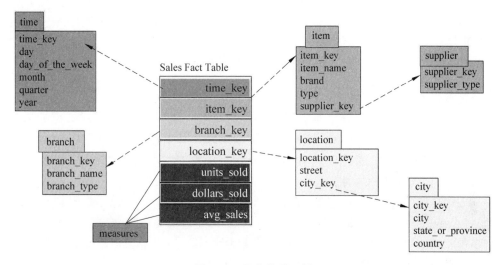

图 2-30　雪花模型示例

原有的各维表可能被扩展为小的事实表，形成一些局部的"层次"区域，这些被分解的表都连接到主维度表而不是事实表，通过最大限度地减少数据存储量以及联合较小的维表来改善查询性能。雪花模型去除了数据冗余。从图 2-30 中可以看到，地址表被进一步细分出了城市（city）维。

3. 星座模型

星座模型（Fact Constellation）的数据仓库由多个主题构成，包含多个事实表，而维表是公共的，可以共享，这种模型可以看作星状模型的汇集，因而称作星系模型（galaxy schema）或者事实星座模型。本模型示例如图 2-31 所示。

星座模型包含两个事实表：sales 和 shipping，二者共享维表。

多维模型是指基于关系数据库的多维数据模型，其与传统的关系模型相比有着自身的优、缺点。

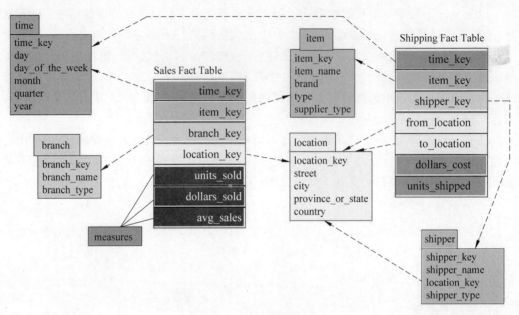

图 2-31　星座模型示例

多维数据模型最大的优点就是其基于分析优化的数据组织和存储模式。举个简单的例子，电子商务网站的操作数据库中记录的可能是某个时间点、某个用户购买了某个商品，并寄送到某个具体的地址的记录的集合。商家无法马上获取 2021 年的 12 月份到底有多少用户购买了商品，或者 2021 年的 12 月份有多少的北京市用户购买了商品。但是在基于多维模型的基础上，此类查询就变得简单了，只要在时间维上将数据聚合到 2021 年的 12 月份，同时在地域维上将数据聚合到北京市的粒度就可以实现，这就是 OLAP 的概念，将会在 2.4 节进行详细介绍。

多维模型的缺点就是与关系模型相比其灵活性不够，一旦模型构建就很难进行更改。例如一个订单中用户可能购买了多种商品，包括了时间、用户维和商品数量、总价等度量。对于关系模型而言，如果需要进一步区分订单中包含了哪些商品，只需要另外再建一张表记录订单号和商品的对应关系即可，但在多维模型里面一旦事实表构建起来后，就无法将事实表中的一条订单记录再进行拆分，于是无法建立一个新的维度——产品维，只能另外再建立一张以产品为主题的事实表。

在建立多维模型之前，一般会根据需求详细地设计模型，模型应该包含哪些维和度量，应该让数据保持在哪个粒度上才能满足用户的分析需求。

2.4　联机分析处理

2.4.1　联机分析处理简介

随着数据库技术的发展和应用，数据库存储的数据量从 20 世纪 80 年代的兆（M）字节及千兆（G）字节过渡到现在的兆兆（T）字节和千兆兆（P）字节，同时，用户的查询需求也越来越复杂,涉及的已不仅是查询或操纵一张关系表中的一条或几条记录,而是要对多张表中千万条记录的数据进行数据分析和信息综合,关系数据库系统已不能全部满足这一要求。操作型应用和分析型应用,特别是在性能上难以两全,人们常常在关系数据库中放宽了对冗余的限制,引入了统计及综合数据,但这些统计及综合数据的应用逻辑是分散而杂乱的、非系统化的,因此分析功能有限,不灵活,维护困难。在国外,不少软件厂商采取了发展其前端产品来弥补关系数据库管理系统支持的不足,他们通过专门的数据综合引擎,辅之以更加直观的数据访问界面,力图统一分散的公共应用逻辑,在短时间内响应非数据处理专业人员的复杂查询要求。1993 年,E.F.Codd(关系数据库之父)将这类技术定义为"联机分析处理",英文名称为 OnLine Analysis Processing,简写为 OLAP。

联机分析处理是共享多维信息的、针对特定问题的联机数据访问和分析的快速软件技术。它通过对信息的多种可能的观察形式进行快速、稳定一致和交互性的存取,允许管理决策人员对数据进行深入观察。决策数据是多维数据,多维数据就是决策的主要内容。OLAP 专门设计用于支持复杂的分析操作,侧重对决策人员和高层管理人员的决策支持,可以根据分析人员的要求快速、灵活地进行大数据量的复杂查询处理,并且以一种直观而易懂的形式将查询结果提供给决策人员,以便他们准确掌握企业(公司)的经营状况,了解对象的需求,制定正确的方案。

联机分析处理具有灵活的分析功能、直观的数据操作和可视化表示的分析结果等突出优点,从而使用户对基于大量复杂数据的分析变得轻松而高效,以利于用户迅速作出正确判断。它可以用于证实人们提出的复杂的假设,其结果是以图形或者表格的形式来表示的对信息的总结。它并不将异常信息标记出来,只是一种知识证实的方法。

2.4.2 联机分析处理的分类

OLAP 系统按照其存储器的数据存储格式可以分为关系 OLAP(Relational OLAP,ROLAP)、多维 OLAP(Multidimensional OLAP,MOLAP)和混合型 OLAP(Hybrid OLAP,HOLAP)3 种类型。

1. ROLAP

ROLAP 将分析用的多维数据存储在关系数据库中,并根据应用的需要有选择地定义一批实视图作为表也存储在关系数据库中。无须将每一个 SQL 查询都作为实视图保存,只定义那些应用频率比较高、计算工作量比较大的查询作为实视图。对每个针对OLAP 服务器的查询,优先利用已经计算好的实视图来生成查询结果以提高查询效率。同时用作 ROLAP 存储器的 RDBMS 也针对 OLAP 作相应的优化,如并行存储、并行查询、并行数据管理、基于成本的查询优化、位图索引、SQL 的 OLAP 扩展(cube、rollup)等。

2. MOLAP

MOLAP 将 OLAP 分析所用到的多维数据,物理上存储为多维数组的形式,形成"立方体"的结构。维的属性值被映射成多维数组的下标值或下标的范围,而总结数据作为多维数组的值存储在数组的单元中。由于 MOLAP 采用了新的存储结构,从物理层实现起,因此又称为物理 OLAP(physical OLAP);而 ROLAP 主要通过一些软件工具或中间软件实现,物理层仍采用关系数据库的存储结构,因此称为虚拟 OLAP(virtual OLAP)。

3. HOLAP

由于 MOLAP 和 ROLAP 有着各自的优点和缺点,且它们的结构迥然不同,这给分析人员设计 OLAP 结构提出了难题。为此一个新的 OLAP 结构,混合型 OLAP(HOLAP)被提出,它能把 MOLAP 和 ROLAP 两种结构的优点结合起来。迄今为止,对 HOLAP 还没有一个正式的定义。但很明显,HOLAP 结构不应该是 MOLAP 与 ROLAP 结构的简单组合,而是这两种结构技术优点的有机结合,能满足用户各种复杂的分析请求。

2.4.3 联机分析处理的基本概念和典型操作

在过去的二十年中,大量的企业利用关系数据库来存储和管理业务数据,并建立相应的应用系统来支持日常业务运作。这种应用以支持业务处理为主要目的,被称为联机事务处理(On-Line Transaction Processing,OLTP)应用,它所存储的数据被称为操作数据或者业务数据。

随着市场竞争的日趋激烈,近年来,企业更加强调决策的及时性和准确性,这使得以支持决策管理分析为主要目的的应用迅速崛起,这类应用被称为联机分析处理,它所存储的数据被称为信息数据。

联机分析处理的用户是企业中的专业分析人员及管理决策人员,他们在分析业务经营的数据时,从不同的角度来审视业务的衡量指标是一种很自然的思考模式。如分析销售数据,可能会综合时间周期、产品类别、分销渠道、地理分布、客户群类等多种因素来考量。这些分析角度虽然可以通过报表来反映,但每一个分析的角度可以生成一张报表,各个分析角度的不同组合又可以生成不同的报表,使得 IT 人员的工作量相当大,而且往往难以跟上管理决策人员思考的步伐。

联机分析处理的主要特点,是直接仿照用户的多角度思考模式,预先为用户组建多维的数据模型,在这里,维指的是用户的分析角度。例如对销售数据的分析,时间周期是一个维度,产品类别、分销渠道、地理分布、客户群类也分别是一个维度。一旦多维数据模型建立完成,用户可以快速地从各个分析角度获取数据,也能动态地在各个角度之间切换或者进行多角度综合分析,具有极大的分析灵活性。这也是联机分析处理在近年来被广泛关注的根本原因,它从设计理念和真正实现上与旧的管理信息系统有着本质的区别。

OLAP 展现在用户面前的是一幅幅多维视图。其中,维(dimension)是人们观察数据的特定角度,是考虑问题时的一类属性,属性集合构成一个维(如时间维、地理维等)。维的层次(level)是人们观察数据的某个特定角度(即某个维),还可以存在细节程度不同的各个描述方面(如时间维的日期、月份、季度、年)。维的成员(member)是指维的一个取值,是数据项在某维中位置的描述(如"某年某月某日"是在时间维上位置的描述)。而度量(measure)则是多维数组的取值(如 2021 年 12 月,北京,笔记本电脑,0000)。

OLAP 的基本多维分析操作有钻取(drill-up 和 drill-down)、切片(slice)和切块(dice)以及旋转(pivot)等。其中钻取是改变维的层次,变换分析的粒度。它包括向下钻取(drill-down)和向上钻取(drill-up)或上卷(roll-up)。drill-up 是在某一维上将低层次的细节数据概括到高层次的汇总数据,或者减少维数;而 drill-down 则相反,它从汇总数据深入到细节数据进行观察或增加新维。而切片和切块则是在一部分维上选定值后,关心度量数据在剩余维上的分布。如果剩余的维只有两个,则是切片;如果有 3 个或以上,则是切块。旋转就是变换维的方向,即在表格中重新安排维的放置(如行列互换)。

2.4.4　联机分析处理系统的实现途径及实施过程

仿照用户的多角度思考模式,联机分析处理有 3 种不同的实现方法:关系型联机分析处理(Relational OLAP,ROLAP)、多维联机分析处理(Multi-Dimensional OLAP,MOLAP)和前端展示联机分析处理(desktop OLAP)。

其中,前端展示联机分析需要将所有数据下载到客户机上,然后在客户机上进行数据结构/报表格式重组,使用户能在本机实现动态分析。该方式比较灵活,然而支持的数据量非常有限,严重地影响了使用的范围和效率。因此,随着时间的推移,这种方式已退居次要地位,在此不作讨论。

以下就 ROLAP 和 MOLAP 的具体实施方法进行讨论。

1. 关系型联机分析处理的具体实施方法

关系型联机分析处理是以关系数据库为基础的。唯一特别之处在于联机分析处理中数据结构组织的方式。

假设要进行产品销售的财务分析,分析的角度包括时间、产品类别、市场分布、实际发生与预算 4 方面内容,分析的财务指标包括销售额、销售支出、毛利(销售额-销售支出)、费用、纯利(毛利-费用)等内容,则可以建立一个数据结构。

该数据结构的中心是主表,里面包含了所有分析维度的外键,以及所有的财务指标,可计算、推导的财务指标不计在内,称为事实表。周围的表分别是对应于各个分析角度的维表,每个维表除了主键以外,还包含了描述和分类信息。无论原来的业务数据的数据结构为何,只要原业务数据能够整理成为以上模式,则无论业务人员据此提出任何问题,都可以用 SQL 语句进行表连接或汇总实现数据查询和解答。这种数据模型是星状模型,可应用于不同的联机分析处理应用中。

有时候,维表的定义会变得复杂,如产品维,既要按产品种类进行划分,对某些特殊商品,又要另外进行品牌划分,商品品牌和产品种类划分方法并不一样。因此,单张维表不是理想的解决方案,可以采用雪花模型来解决,这种数据模型是星状模型的拓展。

无论采用星状模型还是雪花模型,关系型联机分析处理都具有以下特点:数据结构和组织模式需要预先设计和建立;数据查询需要进行表连接,在查询性能测试中往往是影响速度的关键;数据汇总查询(如查询某个品牌的所有产品销售额),需要进行 Group by 操作,虽然实际得出的数据量很少,但查询时间变得更长;为了改善数据汇总查询的性能,可以建立汇总表,但汇总表的数量与用户分析的角度数目和每个角度的层次数目密切相关。例如,用户从 8 个角度进行分析,每个角度有 3 个汇总层次,则汇总表的数目高达 3 的 8 次方。可以采取对常用汇总数据建立汇总表,对不常用的汇总数据进行 Group by 操作,这样来取得性能和管理复杂度之间的均衡。

2. 多维联机分析处理的具体实施方法

多维联机分析处理实际上是用多维数组的方式对关系型数据表进行处理。

MOLAP 首先对事实表中的所有外键进行排序,并将排序后的具体数值一一写进虚拟的多维立方体中。当然,虚拟的多维立方体只是为了便于理解而构想的,MOLAP 实际的数据存储放在数据文件(data file)中,其数据放置的顺序与虚拟的多维立方体按 x、y、z 坐标展开的顺序是一致的。同时,为了数据查找的方便,MOLAP 需要预先建立维度的索引,这个索引被放置在 MOLAP 的概要文件(outline)中。

概要文件是 MOLAP 的核心,相当于 ROLAP 的数据模型设计。概要文件包括所有维的定义(包括复杂的维度结构)以及各个层次的数据汇总关系(如在时间维,日汇总至月,月汇总至季,季汇总至年),这些定义往往从关系型维表中直接引入即可。概要文件还包括分析指标的定义,因此可以在概要文件中包含丰富的衍生指标,这些衍生指标由基础指标计算推导出来(如 ROLAP 例子中的纯利和毛利)。

一旦概要文件定义好,MOLAP 系统可以自动安排数据存储的方式和进行数据查询。从 MOLAP 的数据文件与 ROLAP 的事实表的对比可以看出,MOLAP 的数据文件完全不需要记录维度的外键,在维度比较多的情况下,这种数据存储方式节省了大量空间。

但是,如果数据相当稀疏,虚拟的多维立方体中很多数值为空时,MOLAP 的数据文件需要对相关的位置留空,而 ROLAP 的事实表却不会存储这些记录。为了有效地解决这种情况,MOLAP 采用了稀疏维和密集维相结合的处理方式。

在实际应用中,不可能所有分析的维度都是密集的,也极少存在所有分析的维度都是稀疏的情况,因此稀疏维和密集维并用的模式几乎主导了所有的 MOLAP 应用。而稀疏维和密集维的定义全部集中在概要文件中,因此,只要预先定义好概要文件,所有的数据分布就自动确定了。

在这种模式中,密集维的组合组成了数据块(data block),每个数据块是 I/O 读写的基础单位,所有的数据块组成了数据文件。稀疏维的组合组成了索引文件,索引文件的每一个数据记录的末尾都带有一个指针,指向要读写的数据块。因此,进行数据查询时,系统先搜索索引文件记录,然后直接调用指针指向的数据块进行 I/O 读写(如果该数据块尚未驻留内存),将相应数据块调入内存后,根据密集维的数据放置顺序直接计算出要查询的数据与数据块头的偏移量,直接提取数据下传到客户端。因此,MOLAP 方式基本上是索引搜索与直接寻址的查询方式相结合,速度比 ROLAP 的表/索引搜索和表连接方式快得多。

多维联机分析处理有以下特点:需要预先定义概要文件;数据查询采用索引搜索与直接寻址的方式相结合,不需要进行表连接,在查询性能测试中比起 ROLAP 有相当大的优势;在进行数据汇总查询之前,MOLAP 需要预先按概要文件中定义的数据汇总关系进行计算,这个计算通常以批处理方式运行。计算结果会存在数据文件中,当用户查询时,直接调用计算结果,速度非常快。无论是数据汇总还是计算衍生数据,预先计算的方式实际上是用空间来换时间。当然,用户也可以选择动态计算的方式,用查询时间来换取存储空间。MOLAP 可以灵活调整时空的取舍平衡。用户难以使用概要文件中没有定义的数据汇总关系和衍生指标。在大数据环境下,关系数据库可以达到 TB 级的数据量,现有的

MOLAP 应用局限于基于文件系统的处理和查询方式,其性能会在 100GB 级别开始下降,需要进行数据分区处理,因此扩展性不如 ROLAP。因此,MOLAP 多用于部门级的主题分析。

2.4.5　联机分析处理的主流工具

Hyperion Essbase OLAP Server。其上有超过 100 个应用程序,有 300 多个用 Essbase 作为平台的开发商;具有几百个计算公式,支持过程的脚本语言,以及统计和基于维的计算;具有强大的 OLAP 查询能力,利用 Essbase Query Designer,商业用户可以不用 IT 人员的帮助自己构建复杂的查询;应用支持广泛,可以扩展数据仓库和 ERP 系统的价值,建立对电子商务、CRM、金融、制造业、零售等应用的分析程序;Speed-of-Thought 的响应时间短,支持多用户同时读写;具有丰富的前端工具,有 30 多个前端工具可供选择。

Hyperion Enterprise。这是跨国公司提供的财务整合、报告和分析的解决方案。有 3000 多个组织在使用此套系统;其功能丰富,支持多种财务标准,国际会计标准(ISA);易用,可通过 Excel、Lotus1-2-3 和各种浏览器访问系统;支持公司结构的调整;支持跨国公司使用,可同时支持 6 种语言及各个不同国家的法律和税收要求;完整的过程控制和审计跟踪及安全等级的设置;能与 ERP 或其他数据源集成。

Hyperion Pillar。预算和计划工具,全球用户超过 1500 家,提供基于活动的预算,基于项目的计划、集中式计划、销售预测和综合计划;分布式的体系结构,允许一线经理制订详细的计划,并具有复杂的建模和分析能力。

Oracle Express Server。提供全面的 OLAP 能力,有全球超过 3000 家用户。用户可通过 Web 和电子表格使用其功能。灵活的数据组织方式,数据可以存放在 Express Server 内,也可直接在 RDB 上使用。

Cognos Power Play。为商务效率评价 BPM 提供全面的报告和分析环境。向决策者提供企业运行效率的各种关键数据,进行各种各样的分析;只用鼠标点击、拖曳就可以浏览多维数据;自动利用 Web 发布得到的分析报告;支持多种 OLAP Server。

BusinessObjects。这是易用的 BI 工具,允许用户存取、分析和共享数据,可应用多种数据源(RDB、ERP、OLAP、Excel 等),可应用 VBA 和开放式对象模型来进行开发定制。

DB2OLAPServer。强大的多维分析工具,把 HyperionEssbase 的 OLAP 引擎和 DB2 的关系数据库集成在一起。与 EssbaseAPI 完全兼容,数据用星状模型存放在关系数据库 DB2 中 Brio.Enterprise。强大的、易用的 BI 工具,具有查询、OLAP 分析和报告的能力,支持多种语言,包括中文。

2.5　数据可视化

2.5.1　数据可视化简介

数据可视化,是指将相对晦涩的数据通过可视的、交互的方式进行展示,从而形象、直观地表达数据蕴含的信息和规律。

早期的数据可视化作为咨询机构、金融企业的专业工具,其应用领域较为单一,应用形态较为保守。步入大数据时代,各行各业对数据的重视程度与日俱增,随之而来的是对数据进行一站式整合、挖掘、分析、可视化的需求日益迫切,数据可视化呈现出愈加旺盛的生命力,表现之一就是视觉元素越来越多样,从朴素的柱状图、饼图、折线图,扩展到地图、气泡图、树图、仪表盘等各式图形。表现之二是可用的开发工具越来越丰富,从专业的数据库、财务软件,扩展到基于各类编程语言的可视化库,相应的应用门槛也越来越低。

数据可视化,不仅是统计图表。从本质上说,任何能够借助于图形的方式展示事物原理、规律、逻辑的方法都叫作数据可视化。其不仅是一门包含各种算法的技术,还是一个具有方法论的学科。

一般而言,完整的可视化流程包括以下内容:可视化输入,包括可视化任务的描述,数据的来源与用途,数据的基本属性、概念模型等;可视化处理,对输入的数据进行各种算法加工,包括数据清洗、筛选、降维、聚类等操作,并将数据与视觉编码进行映射;可视化输出,基于视觉原理和任务特性,选择合理的生成工具和方法,生成可视化作品。

实际上,从"数据可视化"的流程,便可以看出数据可视化从业者如何开始可视化设计,那便是处理数据,设计视觉,完成从数据空间到可视空间的映射,必要时重复数据处理和图形绘制的循环组合。

2.5.2　数据可视化的优势

数据可视化工具为技术、管理人员和其他知识工作者提供了新方法,可以显著地提高他们掌握隐藏在数据中的信息的能力。总体来说,数据可视化为决策者及其组织提供的十大优势如下。

1. 加强商业信息传递效率

人眼通过视觉和图像比文本和数字更容易吸收和掌握信息。尽管如此,为高级管理人员编制的大多数商业智能报告通常都填充了静态表格和图表,这些表格和图表无法为查看它的人提供生动的信息。相比之下,数据可视化使用户能够接收有关运营和业务条件的大量信息。数据可视化允许决策者查看多维数据集之间的连接,并通过使用热图、地理图和其他丰富的图形表示提供解释数据的新方法。

2. 快速访问相关业务见解

通过数据可视化,业务组织可以提高他们在需要时查找所需信息的能力,并且比其他公司更高效地完成这些工作。根据最近进行的一项研究,使用可视化数据发现工具的组织,其业务经理比仅依靠托管报告和仪表板的业务经理及时找到信息的可能性高 28%。此外,使用可视化数据发现产品的公司中,48% 的商业智能用户能够在没有 IT 员工帮助的情况下找到所需信息。

3. 更好地理解运营和业务活动

数据可视化的一个重要优势,是它使用户能够更有效地查看在操作条件和业务性能之间发生的连接。在当今竞争激烈的商业环境中,在数据中找到这些相关性从未如此重要。例如,通过提供业务和运营动态的多角度视图,数据可视化允许高级领导团队了解,最近远程客户呼叫中心的首次联系解决率如何? 从而显著影响客户满意度。

4. 快速识别最新趋势

在这个时代,公司能够收集的有关客户和市场状况的数据,可以为企业领导者提供对新收入和商业机会的洞察力,他们可以从大量的数据中发现机会。使用数据可视化,决策者能够更快地掌握跨多个数据集的客户行为和市场条件的变化。

5. 准确的客户情感分析

利用数据可视化,公司可以更深入地了解客户情绪和其他数据,从而揭示他们向客户推出新服务的新机遇。这些有用的见解使企业能够采取新的商机,以保持领先于竞争对手。

6. 与数据直接交互

数据可视化还可以帮助公司以直接方式操纵和交互数据。数据可视化的最大优势之一是它如何为数据表带来可操作的洞察力。与只能查看的一维表格和图表不同,数据可视化工具使用户能够与数据进行直接交互。

7. 预测销售分析

借助实时数据可视化,销售主管可以根据销售数据进行高级预测分析,查看最新销售数据,了解某些产品表现不佳的原因以及销售滞后的原因。例如,竞争对手提供的折扣可能是其中一个原因。

8. 深入销售分析

使用热图数据可视化,业务主管可以说明哪些产品组表现良好或表现不佳,并深入研究数据以确定影响销售的因素。例如,数据可能显示宠物护理产品表现不佳,但高收入客户占销售额的大部分。这些见解可用于定位此客户群的促销活动,以提高此类别的转化率和收入增长率。

9. 轻松理解数据

利用数据可视化,公司可以处理大量数据并使其易于理解,无论是娱乐、时事、财务问题还是政治事务。它还在其中构建了深刻的洞察力,促使他们在需要时做出正确的决策,并立即采取行动。

10. 定制数据可视化

数据可视化的另一个重要优势在于,它不仅提供数据的图形表示,还允许更改表单,省略不需要的内容,以及更深入地浏览以获取更多详细信息。这能更好地吸引企业高管的注意力,并利于更好地沟通。此外,它提供了优于传统数据呈现方法的巨大优势。

2.5.3　数据可视化工具

新型的数据可视化产品层出不穷,基本上各种语言都有自己的可视化库,传统数据分析及 BI 软件也都扩展出一定的可视化功能,再加上专门的用于可视化的成品软件,可选范围实在是太多了。那么,要选择的可视化工具,必须满足互联网爆发的大数据需求,必须快速地收集、筛选、分析、归纳、展现决策者所需要的信息,并根据新增的数据进行实时更新。

实时性:数据可视化工具必须适应大数据时代数据量的爆炸式增长需求,必须快速地收集、分析数据,并对数据信息进行实时更新。

简单操作:数据可视化工具满足快速开发、易于操作的特性,能满足互联网时代信息多变的特点。

更丰富的展现:数据可视化工具需具有更丰富的展现方式,能充分满足数据展现的多维度要求。

多种数据集成支持方式:数据的来源不仅局限于数据库;很多数据可视化工具都支持团队协作数据、数据仓库、文本等多种方式,并能够通过互联网进行展现。

数据可视化主要通过编程和非编程两类工具实现。主流编程工具包括以下 3 种类型:从艺术的角度创作的数据可视化,比较典型的工具是 Processing,它是为艺术家提供的编程语言;从统计和数据处理的角度,既可以做数据分析,又可以做图形处理,如 R、SAS;介于二者之间的工具,既要兼顾数据处理,又要兼顾展现效果,D3.js、ECharts 都是很不错的选择,这种基于 JavaScript 的数据可视化工具更适合在互联网上互动地展示数据。

1. Excel

Excel 不只是会处理表格,可以把它当成数据库,也可以把它当成 IDE,甚至可以把它当成数据可视化工具来使用。它可以创建专业的数据透视表和基本的统计图表,但由于设置了默认颜色、线条和风格,使其难以创建用于看上去"高、大、上"的视觉效果。尽管如此,仍然推荐使用 Excel,如图 2-32 所示。

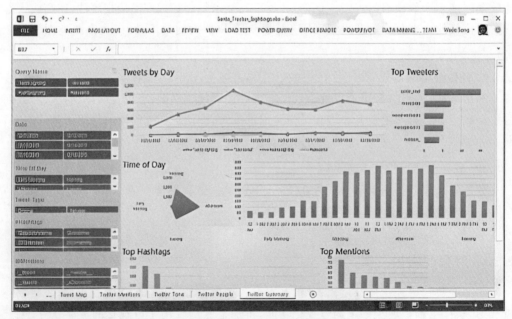

图 2-32　Excel 数据可视化示例

2. Tableau

相信每一个接触到数据可视化的人都听说过 Tableau，它需要结构化的数据，也需要用户懂一些 BI 知识。它不需要编程，而仅通过简单的拖曳操作即可达到较好的效果。对比 Excel，它是专业应对数据可视化方案的利器，主要表现在数据可视化、聚焦/深挖、灵活分析、交互设计等功能，如图 2-33 所示。

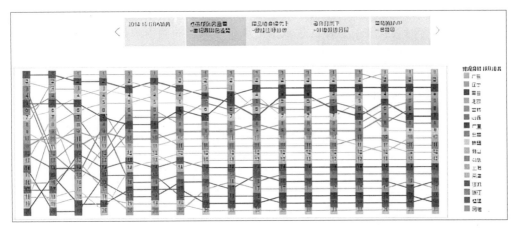

图 2-33　Tableau 数据可视化示例

3. Google Charts

Google Charts 是一个免费的开源 JS 库，使用起来非常简单，只需要在 script 标签中将 src 指向 https://www.gstatic.com/charts/loader.js，然后即可开始绘制。它支持 HTML5/SVG，可以跨平台部署，并特意为兼容旧版本的 IE 采用了 vml，如图 2-34 所示。

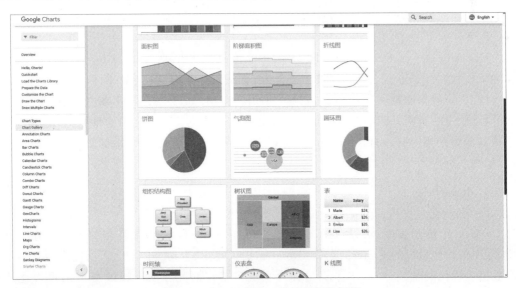

图 2-34　Google Charts 数据可视化示例

在新版 Google Charts 发布之前，Google 公司有个类似的产品叫作 Google Charts API，不同之处在于后者使用 http 请求的方式将参数提交到 API，而后接口返回一张 PNG 图片。

4. Flot

Flot 是一个优秀的线图和条形图创建工具，可以运用于支持 Canvas 的所有浏览器，即大多数主流浏览器。它是一个 jQuery 库，如果已经熟悉 jQuery，就可以容易地对图像进行回调、风格和行为操作。悬浮的优点是可以访问大量的调用函数，这样就可以运行自己的代码。设定一种风格，可以让用户在悬停鼠标、点击、移开鼠标时展示不同的效果。比起其他制图工具，悬浮给予用户更灵活的操作空间。悬浮提供的选项不多，但它可以很好地执行常见的功能，如图 2-35 所示。

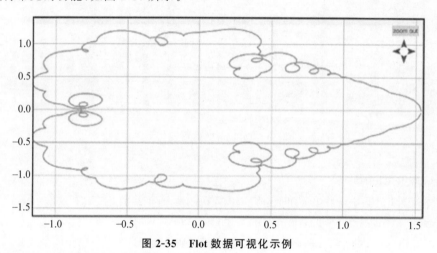

图 2-35 Flot 数据可视化示例

5. D3

D3（Data Driven Documents）是支持 SVG 渲染的另一种 JavaScript 库。D3 能够提供大量线性图和条形图之外的复杂图表样式，如 Voronoi 图、树状图、圆形集群和单词云等。D3.js 是数据驱动文件的缩写，它通过使用 HTML\CSS 和 SVG 来渲染精彩的图表和分析图。D3 对网页标准的强调足以满足在所有主流浏览器上使用的可能性，使用户免于被其他类型架构捆绑的苦恼，它可以将视觉效果较好的组件和数据驱动方法结合在一起，如图 2-36 所示。

6. ECharts

ECharts 是百度出品的优秀产品之一，也是国内目前开源项目中少有的精品。一个纯 JavaScript 的图表库，可以流畅地运行在 PC 和移动设备上，兼容当前绝大部分浏览器，底层依赖轻量级的 Canvas 类库 ZRender，提供直观、生动、可交互、可高度个性化定制的数据可视化图表。3.0 版本中更是加入了更多丰富的交互功能以及更多的可视化效果，并且对移动端做了深度的优化。ECharts 最显著的优点是它丰富的图表类型，以及极低的上手难度，如图 2-37 所示。

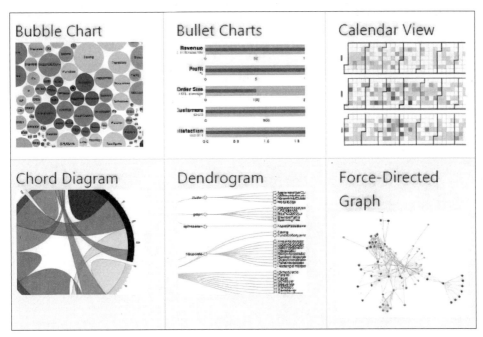

图 2-36　D3 数据可视化示例

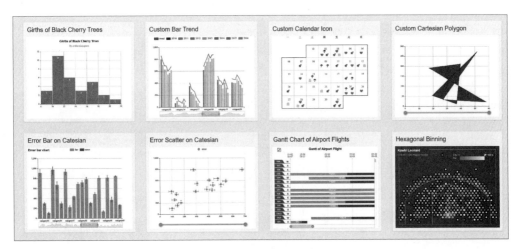

图 2-37　ECharts 数据可视化示例

7. Highcharts

在 ECharts 出现之初,功能还不是那么完善,可视化工作者往往会选择 Highcharts。Highcharts 系列软件包含 Highcharts JS、Highstock JS 和 Highmaps JS 三款软件,均为纯 JavaScript 编写的 HTML5 图表库。Highcharts 是一个用纯 JavaScript 编写的图表库,能够很简单、便捷地在 Web 网站或是 Web 应用程序添加有交互性的图表。Highstock 是用纯 JavaScript 编写的股票图表控件,可以开发股票走势或大数据量的时间轴图表,Highmaps 是一款基于 HTML5 的优秀地图组件,如图 2-38 所示。

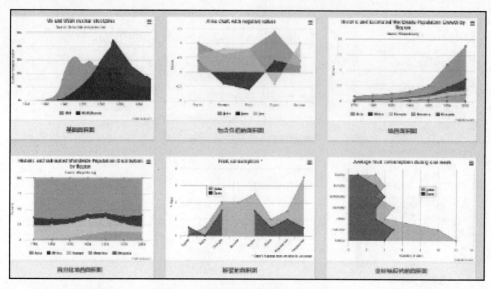

图 2-38　Highcharts 数据可视化示例

8. R

严格来说，R 是一种数据分析语言，与 Matlab、GNU Octave 并列。然而 ggplot2 的出现让 R 成功跻身于可视化工具的行列，作为 R 中强大的作图软件包，ggplot2 胜在其自成一派的数据可视化理念。它将数据、数据相关绘图、数据无关绘图分离，并采用图层式的开发逻辑，且不拘泥于规则，各种图形要素可以自由组合。当熟悉了 ggplot2 的基本套路后，数据可视化工作将变得非常轻松而有条理，如图 2-39 所示。

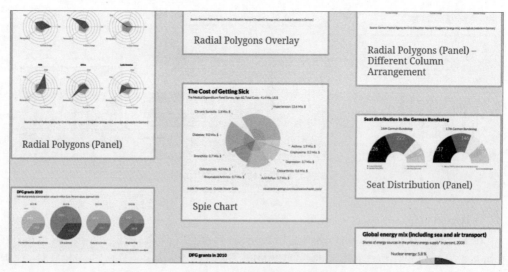

图 2-39　R 数据可视化示例

9. DataV

DataV 是阿里集团出品的数据可视化解决方案。DataV 支持多种数据源，尤其是和阿里系各种数据库完美衔接,如果数据本身就存在阿里云上,那选用 DataV 肯定是个省时省力的好办法。图表方面,DataV 内置了丰富的图表模板,支持实时数据采集和解析,如图 2-40 所示。

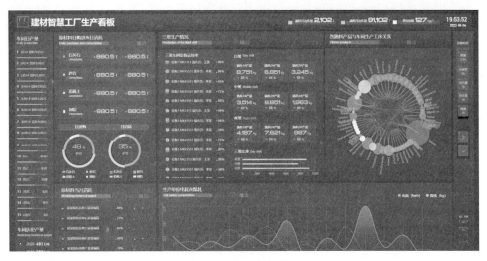

图 2-40　DataV 数据可视化示例

10. Crossfilter

Crossfilter 是一个用来展示大数据集的 JavaScript 库,它可以把数据可视化和 GUI 控件结合起来,将按钮、下拉和滑块演变成更复杂的界面元素,以便扩展内容,同时改变输入参数和数据。Crossfilter 交互速度超快,甚至在上百万或者更多数据下都很快。Crossfilter 也是一种 JavaScript 库,它可以在几乎不影响速度的前提下对数据创建过滤器,将过滤后的数据用于展示,且涉及有限维度,因此可以完成对海量数据集的筛选与加载,如图 2-41 所示。

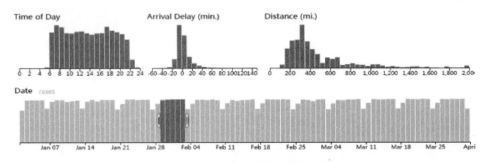

图 2-41　Crossfilter 数据可视化示例

11. Processing

Processing 是用 Java 语言编写的,并且 Java 语言也是在语言树中最接近 Processing 的。所以,如果熟悉 C 或 Java 语言,Processing 将很容易学。Processing 并不包括 Java 语言的一些较为高级的特性,但这些特性中的很多特性均已集成到了 Processing。如今,围绕它已经形成了一个专门的社区(https://www.openprocessing.org),致力于构建各种库以供用这种语言和环境进行动画、可视化、网络编程以及很多其他的应用。

　　Processing 是一个优秀的进行数据可视化的环境,具有一个简单的接口、一个功能强大的语言以及一套丰富的用于数据以及应用程序导出的机制,如图 2-42 所示。

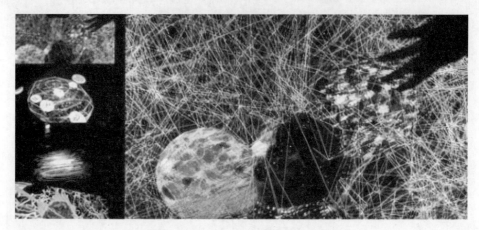

图 2-42　Processing 数据可视化示例

12. Weka

　　Weka 是一个能根据属性分类和集群大量数据的优秀工具,Weka 不但是数据分析的强大工具,还能生成一些简单的图表。Weka 首先是一个数据挖掘的利器,它能够快速导入结构化数据,然后对数据属性做分类、聚类分析,帮助用户理解数据。其次,它的可视化功能同样不逊色,选择界面中的 visualization 命令,可以帮助用户理解数据,然后让数据可视化给用户,如图 2-43 所示。

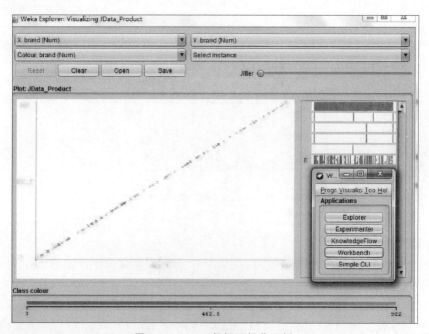

图 2-43　Weka 数据可视化示例

2.6　本章小结

通过本章的学习,可以了解到商务智能中的几种关键技术。了解到在数据预处理阶段进行数据处理的必要性,所需要使用的数据清理、数据集成、数据变换和数据归约方法,以及数据抽取-转换-装载的相关概念,模型建造过程和几种模型的分类。了解到多维数据模型的构建方法,并且构建多维模型可以分为星状模型、雪花模型和星座模型三种方法。了解到联机分析处理是共享多维信息的、针对特定问题的联机数据访问和分析的快速软件技术。它通过对信息的多种可能的观察形式进行快速、稳定、一致和交互性的存取,允许管理决策人员对数据进行深入观察,并且以一种直观而易懂的形式将查询结果提供给决策人员,了解对象的需求,制定正确的方案。联机分析处理具有灵活的分析功能、直观的数据操作和分析结果可视化表示等突出优点,从而使用户对基于大量复杂数据的分析变得轻松而高效,以利于迅速做出正确判断。此外,利用数据可视化,公司决策者可以处理大量数据并使其易于理解,并在其中构建了深刻的洞察力,促使决策者在需要时做出正确的决策,并立即采取行动。

第 3 章

数据挖掘概述

随着信息技术的迅猛发展,商业、企业、科研机构和政府部门等都积累了海量的、不同形式存储的数据资料。这些海量数据中往往隐含着各种各样有用的信息,仅仅依靠数据库的查询检索机制和统计学方法很难获得这些信息,迫切需要能自动地、智能地将待处理的数据转换为有价值的信息,从而达到为决策服务的目的。在这种情况下,一种新的技术——数据挖掘(Data Mining,DM)技术应运而生。

数据挖掘是一门涉及多学科领域的技术,它融合了数据库技术、人工智能、机器学习、统计学、知识工程、信息检索等最新技术的研究成果,其应用非常广泛。只要是有分析价值的数据库,都可以利用数据挖掘工具来挖掘有用的信息。数据挖掘典型的应用领域包括市场、工业生产、金融、医学、科学研究、工程诊断等。

3.1 数据挖掘的起源与发展

3.1.1 数据挖掘的起源

现在已经是一个网络化的时代,通信、计算机和网络技术正改变着整个人类和社会。如果用芯片集成度来衡量微电子技术,用 CPU 处理速度来衡量计算机技术,用信道传输速率来衡量通信技术,那么摩尔定律告诉我们,它们都是以每 18 个月翻一番的速度在增长,这一势头已经维持了十多年。在美国,广播用户达到 5000 万用了 38 年,电视用了 13 年,而 Internet 拨号上网仅用了 4 年。全球 IP 网发展速度达到每 6 个月翻一番,国内情况亦然。有人提出,对待一个跨国企业也许比对待一个国家还要重要。回顾往昔,人们不禁要问:就推动人类社会进步而言,历史上能与网络技术相比拟的是什么技术呢? 有人甚至提出要把网络技术与火的发明相比拟。火的发明区别了动物和人,种种科学技术的重大发现扩展了自然人的体能、技能和智能,而网络技术则大大提高了人的生存质量和人的素质,使人成为社会人、全球人。

问题是:网络之后的下一个技术热点是什么? 让我们来看一些身边俯拾即是的现象:《纽约时报》由 20 世纪 60 年代的 10~20 版扩张至现在的 100~200 版,最高曾达 1572 版;《北京青年报》已是 16~40 版;《市场营销报》已达 100 版。然而在现实社会中,人均日阅读时间通常为 30~45 分钟,只能浏览一份 24 版的报纸。大量信息在给人们带来方便的同时也带来了一些问题:一是信息过量,难以消化;二是信息真假难以辨识;三是信息安全难以保证;四是信息形式不一致,难以统一处理。人们开始提出一个新的口号："要学会抛弃信息。"人们开始考虑："如何才能不被信息淹没,而是从中及时发现有用的知识、提高信息利用率?"面对这一挑战,数据开采和知识发现(DMKD)技术应运而生,并显示出强大的生命力。

随着数据库技术的迅速发展以及数据库管理系统的广泛应用,人们积累的数据越来越多。激增的数据背后隐藏着许多重要的信息,人们希望能够对其进行更高层次的分析,以便更好地利用这些数据。目前的数据库系统可以高效地实现数据的录入、查询、统计等功能,但无法发现数据中存在的关系和规则,无法根据现有的数据预测未来的发展趋势。缺乏挖掘数据背后隐藏知识的手段,导致了"数据爆炸但知识贫乏"的现象。

数据挖掘技术是人们长期对数据库技术进行研究和开发的结果。起初各种商业数据是存储在计算机的数据库中的,然后发展到可对数据库进行查询和访问,进而发展到对数据库的即时遍历。数据挖掘使数据库技术进入了更高级的发展阶段,它不仅能对过去的数据进行查询和遍历,并且能够找出过去数据之间的潜在联系,从而促进信息的传递。

商业数据库现在正在以空前的速度增长,并且数据仓库正在广泛地应用于各种行业;对计算机硬件性能越来越高的要求,也可以用现在已经成熟的并行多处理机的技术来满足;另外,数据挖掘算法经过了多年的发展已经成为一种成熟、稳定且易于理解和操作的技术。

从商业数据到商业信息的进化过程中,每一步前进都是建立在上一步的基础上的,如表 3-1 所示。从表 3-1 中可以看到,第四阶段的进化是革命性的,因为从用户的角度来看,这一阶段的数据库技术已经可以快速地回答商业上的很多问题了。

表 3-1 商业数据的进化过程及各要素比较

进化阶段	商业问题	支持技术	产品厂家	产品特点
数据搜集(20世纪60年代)	"过去五年中我的总收入是多少?"	计算机、磁带和磁盘	IBM、CDC	提供历史性的、静态的数据信息
数据访问(20世纪80年代)	"上海分部去年三月的销售额是多少?"	关系数据库(RDBMS)、结构化查询语言(SQL)、ODBC Oracle、Sybase、Informix、Microsoft SQL Servel	Oracle、Sybase、IBM、Microsoft	在记录级提供历史性的、动态数据信息
数据仓库决策支持(20世纪90年代)	"上海分部去年三月的销售额是多少?北京总部据此可得出什么结论?"	联机分析处理(OLAP)、多维数据库、数据仓库	Pilot、Comshare、Arbor、Cognos、MicroStrategy	在各种层次上提供回溯的、动态的数据信息
数据挖掘(正在流行)	"下个月上海的销售额会怎么样,为什么?"	高级算法、多处理器计算机、海量数据库	Pilot、Lockheed、IBM、SGI 等	提供预测性的信息

数据挖掘的核心模块技术历经了数十年的发展,其中包括数理统计、人工智能、机器学习。今天,这些成熟的技术,加上高性能的关系数据库引擎以及广泛的数据集成,让数据挖掘技术在当前的数据仓库环境中进入了实用的阶段。

　　数据挖掘其实是一个逐渐演变的过程,电子数据处理的初期,人们就试图通过某些方法来实现自动决策支持,当时机器学习成为人们关心的焦点。机器学习的过程就是将一些已知的并已被成功解决的问题作为范例输入计算机,机器通过学习这些范例总结并生成相应的规则,这些规则具有通用性,使用它们可以解决某一类的问题。之后,随着神经网络技术的形成和发展,人们的注意力转向知识工程,知识工程不同于机器学习那样给计算机输入范例,让它生成出规则,而是直接给计算机输入已被代码化的规则,而计算机是通过使用这些规则来解决某些问题。专家系统就是这种方法所得到的成果,但它有投资大、效果不甚理想等不足。20 世纪 80 年代,人们又在新的神经网络理论的指导下,重新回到机器学习的方法上,并将其成果应用于处理大型商业数据库。20 世纪 80 年代末出现了一个术语——数据库中的知识发现(Knowledge Discovery in Database,KDD)。它泛指所有从源数据中发掘模式或联系的方法,人们接受了这个术语,并用 KDD 来描述整个数据发掘的过程,包括最开始的制定业务目标到最终的结果分析,而用数据挖掘来描述使用挖掘算法进行数据挖掘的子过程。并且数据挖掘中有许多工作可以由统计方法来完成,并认为最好的策略是将统计方法与数据挖掘有机地结合。

　　数据仓库技术的发展与数据挖掘有着密切的关系。数据仓库的发展是促进数据挖掘越来越热的原因之一。但是,数据仓库并不是数据挖掘的先决条件,因为有很多数据挖掘可直接从操作数据源中挖掘信息。

3.1.2　数据挖掘的发展

　　目前,国外数据挖掘的最新发展主要有对发现知识的方法的进一步研究,如近年来注重对 Bayes(贝叶斯)方法以及 Boosting 方法的研究和改进提高;KDD 与数据库的紧密结合;传统的统计学回归方法在 KDD 中的应用。在应用方面主要体现在 KDD 商业软件工具从解决问题的孤立过程转向建立解决问题的整体系统,主要用户有保险公司、大型银行和销售业等。许多计算机公司和研究机构都非常重视数据挖掘的开发应用,IBM 和 Microsoft 公司都相继成立了相应的研究中心。美国是全球数据挖掘研究最繁荣的地区,并占据着研究的核心地位。

　　由于数据挖掘软件市场需求量的增大,包括国际知名公司在内的很多软件公司都纷纷加入到数据挖掘工具研发的行列中来,到目前已开发了一系列技术成熟、应用价值较高的数据挖掘软件。以下为目前最主要的数据挖掘软件。

　　(1) Knowledge Studio。由 Angoss 软件公司开发的能够灵活地导入外部模型和产生规则的数据挖掘工具。最大的优点:响应速度快,且模型、文档易于理解,SDK 中容易加入新的算法。

　　(2) IBM Intelligent Miner。该软件能自动实现数据选择、转换、发掘和结果呈现一整套数据挖掘操作;支持分类、预测、关联规则、聚类等算法,并且具有强大的 API 函数库,可以创建定制的模型。

　　(3) SPSS Clementine。SPSS 是世界上最早的统计分析软件之一,Clementine 是 SPSS 的数据挖掘应用工具,可以把直观的用户图形界面与多种分析技术,如神经网络、关联规则和规则归纳技术结合在一起。该软件首次引入了数据挖掘流概念,用户可以在同一个工作流环境中清理数据、转换数据和构建模型。

（4）Cognos Scenario。该软件是基于树的高度视图化的数据挖掘工具,可以用最短的响应时间得出最精确的结果。此外,还有由美国 Insightful 公司开发的 I-Miner、SGI 公司和美国 Standford 大学联合开发的 Minset、Unica 公司开发的 Affinium Model、加拿大 Simon Fraser 大学开发的 DBMiner、HNC 公司开发的用于信用卡诈骗分析的 Database MiningWorkstation、Neo Vista 开发的 Decision Series 等。

与国外相比,国内对数据挖掘的研究起步稍晚且不成熟,目前正处于发展阶段。最新发展为在分类技术研究中,试图建立其集合理论体系,实现海量数据处理;将粗糙集和模糊集理论二者融合用于知识发现;构造模糊系统辨识方法与模糊系统知识模型;构造智能专家系统;研究中文文本挖掘的理论模型与实现技术;利用概念进行文本挖掘。我国新兴的数据挖掘软件介绍如下。

（1）MSMiner,由中国科学院计算技术研究所智能信息处理重点实验室开发的多策略通用数据挖掘平台。该平台对数据挖掘策略的组织有很好的灵活性。

（2）DMiner,由上海复旦德门软件有限公司(以下简称复旦德门公司)开发的具有自主知识产权的数据挖掘系统。该系统提供了丰富的数据可视化控件来展示分析结果,实现了数据查询结果可视化、数据层次结构可视化、多维数据结构可视化、复杂数据可视化。

（3）Scope Miner,由东北大学开发的面向先进制造业的综合数据挖掘系统。

（4）iDMiner,由青岛海尔青大软件有限公司研发的具有自主知识产权的数据挖掘平台。该平台大胆采用了国际通用业界标准,对该软件今后的发展有很大的促进作用,同时也为国内同类软件的开发提供了一条新的思路。

除此之外,还有复旦德门公司开发的 CIAS 和 AR Miner、东北大学软件中心开发的基于 SAS 的 Open Miner 以及南京大学开发的一个原型系统 Knight 等。

3.2　数据挖掘所要解决的问题

一般来说,数据挖掘主要侧重解决 4 类问题:分类、聚类、关联、预测。数据挖掘非常清晰地界定了它所能解决的几类问题。这是一个高度的归纳,数据挖掘的应用就是把这几类问题演绎的一个过程。下面介绍数据挖掘解决的 4 类问题是如何界定的。

1. 分类问题

分类问题属于预测性的问题,但是它跟普通预测问题的区别在于其预测的结果是类别(如 A、B、C 三类),而不是一个具体的数值(如 55,65,75…)。

举个例子,你和朋友在路上走着,迎面走来一个人,你对朋友说“我猜这个人是个上海人”,那么这个问题就属于分类问题;如果你对朋友说“我猜这个人的年龄在 30 岁左右”,那么这个问题就属于后面要说到的预测问题。

在商业案例中,分类问题可谓是最多的,如给你一个客户的相关信息,预测一下他未来一段时间是否会离网,信用度是好/一般/差,是否会使用你的某个产品,将来会成为你的高/中/低价值的客户,是否会响应你的某个促销活动等等。

有一种很特殊的分类问题,那就是“二分”问题,显而易见,“二分”问题意味着预测的分类结果只有两类：如是/否,好/坏,高/低……这类问题也称为 0/1 问题。之所以说它很特殊,主要是因为解决这类问题时,只需关注预测属于其中一类的概率即可,因为两个类的概率可以互相推导。如预测 $X=1$ 的概率为 $P(X=1)$,那么 $X=0$ 的概率 $P(X=0)=1-P(X=1)$,这一点是非常重要的。

可能很多人已经在关心数据挖掘方法是怎么预测 $P(X=1)$ 这个问题的了,其实并不难。解决这类问题的一个大前提就是通过历史数据的收集,已经明确知道了某些用户的分类结果。

例如,已经收集到了 10000 个用户的分类结果,其中 7000 个是属于 1 这类,3000 个属于 0 这类。伴随着收集到分类结果的同时,还收集了这 10000 个用户的若干特征(指标、变量)。这样的数据集一般在数据挖掘中被称为训练集,顾名思义,分类预测的规则就是通过这个数据集训练出来的。

训练的思路大概是这样的：对所有已经收集到的特征/变量分别进行分析,寻找与目标 0/1 变量相关的特征/变量,然后归纳出 $P(X=1)$ 与筛选出来的相关特征/变量之间的关系(不同方法归纳出来的关系的表达方式是各不相同的,如回归的方法是通过函数关系式,决策树方法是通过规则集)。

常见的分类算法有 k 均值、决策树、逻辑回归等。

2. 聚类问题

聚类问题不属于预测性的问题,它主要解决的是把一群对象划分成若干组的问题。划分的依据是聚类问题的核心。所谓“物以类聚,人以群分”,故得名聚类。

聚类问题容易与分类问题混淆,主要是语言表达的原因,因为我们常说这样的话："根据客户的消费行为,我们把客户分成三类,第一类的主要特征是……"实际上这是一个聚类问题,但是在表达上容易误解为这是个分类问题。

分类问题与聚类问题是有本质区别的：分类问题是预测一个未知类别的用户属于哪个类别(相当于做单选题),而聚类问题是根据选定的指标,对一群用户进行划分(相当于做开放式的论述题),它不属于预测问题。

聚类问题在商业案例中是非常常见的,如需要选择若干指标(如价值、成本、使用的产品等)对已有的用户群进行划分：特征相似的用户聚为一类,特征不同的用户分属于不同的类。

聚类的方法层出不穷,基于用户间彼此距离的长短来对用户进行聚类划分的方法依然是当前最流行的方法。大致的思路是这样的：首先确定选择哪些指标对用户进行聚类；然后在选择的指标上计算用户彼此间的距离,距离的计算公式很多,最常用的就是直线距离(把选择的指标当作维度、用户在每个指标下都有相应的取值,可以看作多维空间中的一个点,用户彼此间的距离就可理解为两者之间的直线距离)；最后聚类方法把彼此距离比较短的用户聚为一类,类与类之间的距离相对比较长。

常见的聚类算法有 k 均值聚类、层次聚类、DBSCAN 等。

3. 关联问题

说起关联问题,最经典的就是“啤酒和尿布”。有人说啤酒和尿布是沃尔玛超市的一个经典案例,也有人说,是为了宣传数据挖掘/数据仓库而编造出来的虚构的"托"。不管如何,"啤酒和纸尿裤"给了我们一个启示:世界上的万事万物都有着千丝万缕的联系,我们要善于发现这种关联。

关联分析要解决的主要问题是:一群用户购买了很多产品之后,哪些产品同时购买的概率比较高?买了 A 产品的同时买哪个产品的概率比较高?可能是由于最初关联分析主要是在超市应用比较广泛,所以又叫作"购物篮分析",英文简称为 MBA,意为 Market Basket Analysis。

如果在研究的问题中,一个用户购买的所有产品假定是同时一次性购买的,分析的重点就是所有用户购买的产品之间的关联性;如果假定一个用户购买的产品的时间是不同的,而且分析时需要突出时间先后上的关联,如先买了什么,然后买了什么?那么这类问题称为序列问题,它是关联问题的一种特殊情况。从某种意义上来说,序列问题也可以按照关联问题来操作。

关联分析有 3 个非常重要的概念,那就是"三度":支持度、可信度、提升度。假设有 10000 个人购买了产品,其中购买 A 产品的人是 1000 个,购买 B 产品的人是 2000 个,A、B 同时购买的人是 800 个。

支持度指的是关联的产品(假定 A 产品和 B 产品关联)同时购买的人数占总人数的比例,即 $800/10000=8\%$,有 8% 的用户同时购买了 A 和 B 两个产品。

可信度指的是在购买了一个产品之后购买另外一个产品的可能性,例如购买了 A 产品之后购买 B 产品的可信度为 $800/1000=80\%$,即 80% 的用户在购买了 A 产品之后会购买 B 产品。

提升度就是在购买 A 产品这个条件下购买 B 产品的可能性与没有这个条件下购买 B 产品的可能性之比,没有任何条件下购买 B 产品的可能性为 $2000/10000=20\%$,那么提升度=$80\%/20\%=4$。

4. 预测问题

此处说的预测问题指的是狭义的预测,并不包含前面阐述的分类问题,因为分类问题也属于预测。一般来说,预测问题主要指预测变量的取值为连续数值型的情况。例如,天气预报预测明天的气温,国家预测下一年度的 GDP 增长率,电信运营商预测下一年的收入、用户数等。

预测问题的解决更多的是采用统计学的技术,如回归分析和时间序列分析。回归分析是一种非常古典而且影响深远的统计方法,最早是由达尔文的表弟高尔顿在研究生物统计中提出来的方法,它的主要目的是研究目标变量与影响它的若干相关变量之间的关系,通过拟和类似 $y=ax_1+bx_2+\cdots$ 的关系式来揭示变量之间的关系。通过这个关系式,在给定一组 x_1、$x_2\cdots$ 的取值之后就可以预测未知的 y 值。

相对来说,用于预测问题的回归分析在商业中的应用要远远少于在医学、心理学、自然科学中的应用。最主要的原因是后者更偏向于自然科学的理论研究,需要有理论支持的实证分析,而在商业统计分析中,更多地使用描述性统计和报表去揭示过去发生了什么,或者是应用性更强的分类、聚类问题。

3.3 数据挖掘的定义

1. 技术上的定义

数据挖掘就是从大量的、不完全的、有噪声的、模糊的、随机的实际应用数据中,提取隐含在其中的、人们事先不知道的但又是潜在有用的信息和知识的过程。

这个定义包括好几层含义:数据源必须是真实的、大量的、含噪声的;发现的是用户感兴趣的知识;发现的知识要可接受、可理解、可运用;并不要求发现放之四海皆准的知识,仅支持特定的发现问题。

何为知识? 从广义上理解,数据、信息也是知识的表现形式,但是人们更把概念、规则、模式、规律和约束等看作知识。人们把数据看作形成知识的源泉,好像从矿石中淘金一样。原始数据可以是结构化的,如关系数据库中的数据;也可以是半结构化的,如文本、图形和图像数据;甚至是分布在网络上的异构型数据。发现知识的方法可以是数学的,也可以是非数学的;可以是演绎的,也可以是归纳的。发现的知识可以被用于信息管理、查询优化、决策支持和过程控制等,还可以用于数据自身的维护。因此,数据挖掘是一门交叉学科,它把人们对数据的应用从低层次的简单查询,提升到从数据中挖掘知识,提供决策支持。在这种需求牵引下,汇聚了不同领域的研究者,尤其是数据库技术、人工智能技术、数理统计、可视化技术、并行计算等方面的学者和工程技术人员,投身到数据挖掘这一新兴的研究领域,形成新的技术热点。

这里所说的知识发现,不是要去发现放之四海而皆准的真理,也不是要去发现崭新的自然科学定理和纯数学公式,更不是什么机器定理证明。实际上,所有发现的知识都是相对的,是有特定前提和约束条件的,面向特定领域的,同时还要能够易于被用户理解。最好能用自然语言表达所发现的结果。

2. 商业角度的定义

数据挖掘是一种新的商业信息处理技术,其主要特点是对商业数据库中的大量业务数据进行抽取、转换、分析和其他模型化处理,从中提取辅助商业决策的关键性数据。

简而言之,数据挖掘其实是一类深层次的数据分析方法。数据分析本身已经有很多年的历史,只不过在过去数据收集和分析的目的是用于科学研究。另外,由于当时计算能力的限制,对大量数据进行分析的复杂数据分析方法受到很大限制。现在,由于各行业业务自动化的实现,商业领域产生了大量的业务数据,这些数据不再是为了分析的目的而收集的,而是由于纯机会的(opportunistic)商业运作而产生。分析这些数据也不再是单纯为了研究的需要,更主要是为商业决策提供真正有价值的信息,进而获得利润。但所有企业面临的一个共同问题是,企业数据量非常大,而其中真正有价值的信息却很少,因此从大量的数据中经过深层分析,获得有利于商业运作、提高竞争力的信息,就像从矿石中淘金一样,数据挖掘也因此而得名。

因此,数据挖掘可以描述为:按企业既定业务目标,对大量的企业数据进行探索和分析,揭示隐藏的、未知的或验证已知的规律性,并进一步将其模型化的先进、有效的方法。

数据挖掘与传统的数据分析(如查询、报表、联机应用分析)的本质区别在于数据挖掘是在没有明确假设的前提下去挖掘信息、发现知识。数据挖掘所得到的信息应具有先前未知，有效和可实用 3 个特征。

先前未知的信息是指该信息是预先未曾预料到的，即数据挖掘是要发现那些不能靠直觉发现的信息或知识，甚至是违背直觉的信息或知识，挖掘出的信息越是出乎意料，就可能越有价值。在商业应用中最典型的例子就是一家连锁超市通过数据挖掘发现了小孩纸尿裤和啤酒之间有着惊人的联系。

那么，数据挖掘和 OLAP 到底有何不同呢？它们是完全不同的工具，基于的技术也大相径庭。

OLAP 是决策支持领域的一部分。传统的查询和报表工具是告诉你数据库中都有什么（What happened），OLAP 则更进一步告诉你下一步会怎么样（What next）和如果采取这样的措施又会怎么样（What if）。用户首先建立一个假设，然后用 OLAP 检索数据库来验证这个假设是否正确。例如，一个分析师想找到什么原因导致了贷款拖欠，他可能先做一个初始的假定，认为低收入的人信用度也低，然后用 OLAP 来验证这个假设。如果这个假设没有被证实，他可能去察看那些高负债的账户，如果还不行，他也许要把收入和负债一起考虑，一直进行下去，直到找到他想要的结果或放弃验证。

也就是说，OLAP 分析师是建立一系列的假设，然后通过 OLAP 来证实或推翻这些假设来最终得到结论。OLAP 分析过程在本质上是一个演绎推理的过程。但是如果分析的变量达到几十或上百个，那么用 OLAP 手动分析验证这些假设将是一件非常困难和痛苦的事情。

数据挖掘与 OLAP 不同的地方是，数据挖掘不是用于验证某个假定的模式（模型）的正确性，而是在数据库中自己寻找模型。它在本质上是一个归纳的过程。例如，一个用数据挖掘工具的分析师想找到引起贷款拖欠的风险因素。数据挖掘工具可能帮他找到高负债和低收入是引起这个问题的因素，甚至还可能发现一些分析师从来没有想过或试过的其他因素，如年龄。

数据挖掘和 OLAP 具有一定的互补性。在利用数据挖掘出来的结论采取行动之前，也许要验证一下如果采取这样的行动会给公司带来什么样的影响，那么 OLAP 工具能回答这些问题。

数据挖掘利用了人工智能（AI）和统计分析的进步所带来的好处。这两门学科都致力于模式发现和预测。

数据挖掘不是为了替代传统的统计分析技术。相反，它是统计分析方法学的延伸和扩展。大多数的统计分析技术都基于完善的数学理论和高超的技巧，预测的准确度还是令人满意的，但对使用者的要求很高。而随着计算机计算能力的不断增强，人们有可能利用计算机强大的计算能力只通过相对简单和固定的方法完成同样的功能。

数据挖掘就是利用了统计和人工智能技术的应用程序，把这些高深复杂的技术封装起来，使人们不用自己掌握这些技术也能完成同样的功能，并且更专注于自己所要解决的问题。

3.4　数据挖掘的过程

数据挖掘的过程可以分为以下 6 个阶段,如图 3-1 所示。

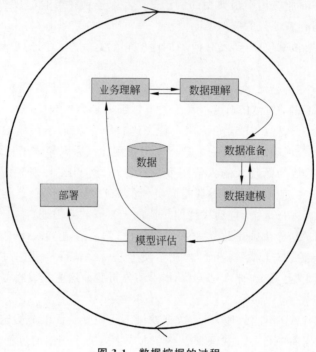

图 3-1　数据挖掘的过程

（1）业务理解。数据挖掘不是最终目的,最终目的是更好地帮助业务,所以第一步要从商业的角度理解项目需求,深刻理解业务需求,在这个基础上,再对数据挖掘的目标进行定义,制订数据挖掘的目标和实现目标的计划。

（2）数据理解。尝试收集部分数据,然后对数据进行探索,包括数据描述、数据质量验证等,熟悉数据,识别数据的质量问题,并搜索引起兴趣的子集。

（3）数据准备。从收集来的数据中选择必要的属性,并按关联关系将其连成一个数据集。再进行数据清洗,即空值和异常值处理、离群值剔除和数据标准化等,进行数据集成等操作,完成数据挖掘前的准备工作。

（4）数据建模。使用不同的数据挖掘技术,选择和应用各种数据挖掘模型,并进行优化,确定模型最佳的参数,以便得到更好的分类结果。

（5）模型评估。对建立的模型进行可靠性评估和合理性解释,对模型进行评估,未经过评估的不能进行应用,并检查构建模型的每个步骤,确认模型是否实现了预定的商业目标。

（6）部署。模型的作用是从数据中找到金矿,也就是我们所说的"知识",获得的知识需要转化成用户可以使用的方式,呈现的形式可以是一份报告,也可以是实现一个比较复杂的、可重复的数据挖掘过程。数据挖掘结果如果是日常运营的一部分,那么后续的监控和维护就会变得重要。

3.5 数据挖掘系统

数据挖掘是一个交叉学科领域,受多个学科影响,包括数据库系统、统计学、机器学习、可视化和信息科学。此外,依赖于所用的数据挖掘方法,可以使用其他学科的技术,如神经网络、模糊和(或)粗糙集合论、知识表示、归纳逻辑程序设计或高性能计算。依赖于所挖掘的数据类型或给定的数据挖掘应用,数据挖掘系统也可能集成空间数据分析、信息检索、模式识别、图像分析、信号处理、计算机图形学、Web 技术、经济学、商业、生物信息学或心理学领域的技术。

由于数据挖掘源于多个学科,因此数据挖掘研究期望产生大量的、各种类型的数据挖掘系统。这样,就需要对数据挖掘系统给出一个清楚的分类。这种分类可以帮助用户区分数据挖掘系统,确定最适合其需要的数据挖掘系统。

根据不同的标准,数据挖掘系统可以分类如下。

(1)根据挖掘的数据库类型分类。数据库系统本身可以根据不同的标准(如数据模型、数据类型或所涉及的应用)分类,每一类可能需要自己的数据挖掘技术。这样,数据挖掘系统就可以相应分类。例如,根据数据模型分类,可以有关系的、事务的、对象-关系的或数据仓库的挖掘系统。如果根据所处理数据的特定类型分类,可以有空间的、时间序列的、文本的、流数据的、多媒体的数据挖掘系统,或万维网挖掘系统。

(2)根据挖掘的知识类型分类。数据挖掘系统可以根据所挖掘的知识类型分类,即根据数据挖掘的功能分类,如特征化、区分、关联和相关分析、分类、预测、聚类、离群点分析和演变分析。一个综合的数据挖掘系统通常提供多种和/或集成的数据挖掘功能。

此外,数据挖掘系统还可以根据所挖掘的知识的粒度或抽象层进行区分,包括广义知识(高抽象层)、原始层知识(原始数据层)或多层知识(考虑若干抽象层)。一个高级数据挖掘系统应当支持多抽象层的知识发现。数据挖掘系统还可以分类为挖掘数据的规则性(通常出现的模式)与挖掘数据的奇异性(如异常或离群点)。一般地,概念描述、关联和相关分析、分类、预测和聚类挖掘数据的规则性,将离群点作为噪声排除。这些方法也能帮助检测离群点。

(3)根据所用的技术类型分类。这些技术可以根据用户交互程度(如自动系统、交互探查系统、查询驱动系统),或所用的数据分析方法(如面向数据库或面向数据仓库的技术、机器学习、统计学、可视化、模式识别、神经网络等)描述。复杂的数据挖掘系统通常采用多种数据挖掘技术,或采用有效的、集成的技术,结合一些方法的优点。

(4)根据应用分类。例如,可能有些数据挖掘系统特别适合金融、电信、DNA、股票市场、E-mail 等。不同的应用通常需要集成对于该应用特别有效的方法。因此,泛化的、全能的数据挖掘系统可能并不适合特定领域的挖掘任务。

3.6 数据挖掘的功能和方法

3.6.1 数据挖掘的功能

数据挖掘是利用各种技术与统计方法,对大量的历史数据进行分析、归纳与整合,找出感兴趣的特征且有意义的数据,因此其并不属于某一个单一领域,而是许多学科综合而成,其涉及统计学、机器学习、数据库、领域知识及模式识别等领域。

数据挖掘通过预测未来趋势及行为,做出前摄的、基于知识的决策。数据挖掘的目标是从数据库中发现隐含的、有意义的知识,主要有以下 6 类功能。

(1) 数据分类,即按照分析对象的属性分门别类加以定义,建立类组,如将信用申请者风险属性,区分为高度风险申请者、中度风险申请者及低度风险申请者。

(2) 数据估计,即根据已有连续性数值的相关属性数据,以获取某一属性未知的值。如按照信用申请者的教育程度、行为来推估信用卡消费额。

(3) 数据预测,根据对象属性的过去观察值来推估该属性未来之值。如由顾客过去的刷卡消费额预测其未来的刷卡消费额。

(4) 数据关联分组,即判断哪些相关对象应该放在一起,设计出吸引人的产品群组,且购买的概率将会大幅提升。如一个顾客购买了低脂奶酪和低脂酸奶,那么这个顾客同时也买低脂牛奶的概率是 85%,因此将低脂牛奶放在低脂奶酪与低脂酸奶旁边有利于销售。

(5) 数据群集,将异质总体区隔为较具同质性的群组,同质分组相当于营销术语中的区隔化。但是假定事先未对于区隔加以定义,而数据中自然产生区隔。换句话说,群集与分组不同的是,不知道它会以何种方式或根据什么来分类,所以必须要有一个分析师来解读这些分类的意义。如一群住在附近的人,驾驶相同的汽车,使用相同的家电,并且食用相同的食物。而另一群从事相同行业的人,家庭成员人数接近,年收入接近,出国次数也很接近。通过观察数据为何被群集在一起的,可以了解数据间的关系,以及这些关系将会如何影响预测的结果。

(6) 时序数据序列模式挖掘,即在时间序列的数据库中,找出数据和时间相关的行为模式,并分析此序列的状态改变,进而达到预测未来的效果。如预测未来的股市走向、股价的波动。

数据挖掘是一种决策支持过程,它通过高度自动化地分析企业的数据,做出归纳性的推理,从中挖掘出潜在的模式,帮助决策者调整市场策略,减少风险,做出正确的决策。这对于一个企业的发展十分重要。

3.6.2 数据挖掘的方法

利用数据挖掘进行数据分析,常用的方法主要有分类、回归分析、聚类、关联规则、特征分析、偏差分析、Web 挖掘等,它们分别从不同的角度对数据进行挖掘。

1. 分类

分类是找出数据库中一组数据对象的共同特点,并按照分类模式将其划分为不同的类,其目的是通过分类模型,将数据库中的数据项映射到某个给定的类别,用于预测数据对象的离散类别。

分类技术在很多领域都有应用,它可以应用到客户的分类、客户的属性和特征分析、客户满意度分析、客户的购买趋势预测等。

当前的市场营销中很重要的一个特点是强调客户细分。客户类别分析的功能也在于此,采用数据挖掘中的分类技术,可以将客户分成不同的类别。例如,设计呼叫中心时可以分为:呼叫频繁的客户、偶然大量呼叫的客户、稳定呼叫的客户、其他,这样的分类模型可以帮助呼叫中心寻找这些不同种类客户之间的特征,让用户了解不同行为类别客户的分布特征。

其他分类应用,如文献检索和搜索引擎中的自动文本分类技术;安全领域中基于分类技术的入侵检测等。而主要分类方法有决策树、k 近邻法(K-Nearest Neighbor)、SVM 法、Bayes 法、神经网络等。

2. 回归分析

一个统计预测模型,用以描述和评估应变量与一个或多个自变量之间的关系,反映的是事务数据库中属性值在时间上的特征,产生一个将数据项映射到一个实值预测变量的函数,发现变量或属性间的依赖关系。其主要研究问题包括数据序列的趋势特征、数据序列的预测以及数据间的相关关系等。

回归分析方法被广泛地用于解释市场占有率、销售额、品牌偏好及市场营销效果。它可以应用到市场营销的各方面,如客户寻求、保持和预防客户流失活动、产品生命周期分析、销售趋势预测及有针对性的促销活动等。主要表现为,判别自变量是否能解释因变量的显著变化,即关系是否存在;判别自变量能够在多大程度上解释因变量,即关系的强度;判别关系的结构或形式,即反映因变量和自变量之间关系数学表达式;预测自变量的值,当评价一个特殊变量或一组变量对因变量的贡献时,对其自变量进行控制。

3. 聚类

聚类,就是按照相似性和差异性,把一组对象划分成若干类,并且每个类里面对象之间的相似度较高,不同类里面对象之间相似度较低或差异明显。与分类不同的是,聚类不依靠给定的类别对对象进行划分。

聚类算法可以按照划分方法、层次的方法、基于密度的方法、基于网格的方法、基于模型的方法 5 种类别分类。它可以应用到客户群体的分类、客户背景分析、客户购买趋势预测、市场的细分等,如分析谁经常光顾商店,谁买什么东西,买多少;按刷卡记录分析客户的光临次数、光临时间、年龄、职业等;按储蓄额、刷卡消费金额和诚信度等界定银行信用卡的黄金客户。

4. 关联规则

关联规则是用来描述数据库中数据项之间所存在的关系的规则,可以从一件事情的发生,来推测另外一件事情的发生,即隐藏在数据间的关联或相互关系,从而更好地了解和掌握事物的发展规律等。

关联规则的实际应用包括交叉销售、邮购目录的设计、商品摆放、流失客户分析、基于购买模式进行客户区隔等。

在客户关系管理中,通过对企业的客户数据库里的大量数据进行挖掘,可以从大量的记录中发现有趣的关联关系,找出影响市场营销效果的关键因素,为产品定位、定价,定制客户群、客户寻求、细分与保持,市场营销与推销,营销风险评估和诈骗预测等决策支持提供参考依据。

5. 特征分析

特征分析,即从数据库中的一组数据中提取出关于这些数据的特征式,这些特征式表达了该数据集的总体特征。特征选择的目的在于从海量数据中提取出有用信息,从而提高数据的使用效率。其中,特征有效性的选择评价有概率论、数理统计、信息论、IR 领域相关的度量等。如营销人员通过对客户流失因素的特征提取,可以得到导致客户流失的一系列原因和主要特征,利用这些特征可以有效地预防客户的流失。

6. 偏差分析

偏差是数据集中的小比例对象。通常,偏差对象被称为离群点、例外、野点等。偏差分析是一个有趣的数据挖掘任务,其目的是发现与大部分其他对象不同的对象,如分类中的反常实例,模式的例外,观察结果对期望的偏差等。

在企业危机管理及其预警中,管理者更感兴趣的是那些意外规则。意外规则的挖掘可以应用到各种异常信息的发现、分析、识别、评价和预警等方面。而其成因有数据源于不同的类、自然变异、数据测量或收集误差等。

7. Web 挖掘

Web 的挖掘,可以利用 Web 的海量数据进行分析,收集政治、经济、政策、科技、金融、各种市场、竞争对手、供求、客户等有关的信息,集中精力分析和处理那些对企业有重大或潜在重大影响的外部环境信息和内部经营信息,并根据分析结果找出企业管理过程中出现的各种问题和可能引起危机的先兆,对这些信息进行分析和处理,以便识别、分析、评价和管理危机。

Web 数据挖掘的研究对象是以半结构化和无结构化文档为中心的 Web,这些数据没有统一的模式,数据的内容和表示互相交织,数据内容基本上没有语义信息进行描述,仅仅依靠 HTML 语法对数据进行结构上的描述。

通过这种方法,可以完成:网络流量分配情况、随时间变化情况分析;网站广告点击率、投资收益比分析;用户从哪里进入网站、跳出网站,进入感兴趣的页的方式等出入口分析;用户来源分析;访问站点的用户的浏览器和平台分析;经常被用户一起访问的页面集合(作为优化站点的参照);聚类行为模式相似的用户(形成智能推荐模式);聚类同一群用户访问的页面(帮助发现站点不合理之处);预测用户可能访问的页面,行为趋势分析和用户分类等多项任务。

3.7　数据挖掘的典型应用领域

在大数据时代下,数据挖掘已经广泛地应用到生活中各种各样的领域中,成为当今高科技发展的热点问题。无论在软件开发、医疗卫生方面,还是在金融、教育等方面都可以随处看到数据挖掘的影子,使用数据挖掘技术可以发现大数据的内在的巨大价值。

1. 恶意软件的智能检测

在大数据时代,数据挖掘技术在恶意软件检测中得到广泛的应用。恶意软件严重损害到网络和计算机,恶意软件的检查依赖于签名数据库(Signature Database,SD),通过SD对文件进行比较和检查,如果字节数相等,则可疑文件将被识别为恶意文件。有些基于有标签的恶意软件检测的主题,集中在一个模糊的环境下,进而无法进行恶意软件行为的动态修改,无法识别隐藏的恶意软件。相反地,基于行为的恶意软件检测就可以找到恶意文件的真实行为。而如果采用基于数据挖掘技术的分类方法,就可以根据每个恶意软件的特征和行为进行检测,从而检测到恶意软件的存在。

2. 生物信息学中的广泛应用

生物信息学是一门交叉学科,融合了生命科学、计算机科学、信息科学和数学等众多学科。随着科技的快速发展、技术的提升及结果的优化,将高科技信息技术拓展到生物研究领域。但是,单纯凭借原有的计算机技术是远远不够的,需要以计算机科学做辅助,将生命科学、信息科学和数学等交叉学科融合在一起,通过数据挖掘技术进行处理,仔细分析生物数据之间的内在联系,挖掘生物数据内部的潜在信息。生物信息数据的特点有很多,孙勤红总结了当前生物信息数据的特点,包括数量大、种类多、维度高、形式广及序列性等。当前生物信息学的热点包括:从以序列分析为代表的组成分析向功能分析的转变;从单个生物分析的研究到基因调控的转变;对基因组数据进行整体分析等。人类目前在生物基因组计划中的研究仅仅是冰山一角,未来在差异基因表达、癌症基因检测、蛋白质和RNA基因的编码等生物基因方面的研究工作都与数据挖掘技术密不可分,只有更好地利用数据挖掘技术,才可以挖掘出生物基因组中的非凡价值。

3. 信用卡的违约预测

如今,随着科技的高速发展,信息量急剧增加,内容变得越来越丰富,信用卡在人们的生活中具有不可忽视的地位。信用卡是由银行发放,银行需要对申请人的个人信息进行核实,确认无误后再进行信用卡发放。信用卡在办理之前,银行首先需要对申请人进行细致调查,根据申请人的实际情况判断是否有能力来偿还所贷金额。采用有效的数据挖掘技术,针对信用卡客户属性和消费行为的海量数据进行分析,可以更好地维护优质客户,消除违约客户的风险行为,为信用卡等金融业务价值的提升提供了技术上的保障。

4. 疾病的智能诊断

(1) 宫颈癌的诊断。宫颈癌是国际上最普遍的妇科恶性肿瘤之一。2012年统计数字显示,宫颈癌在全球的新发病例数为52.8万,死亡数26.6万,居女性生殖道恶性肿瘤发病率的首位。按照有关数据统计,发展中国家占83%,其中死亡病例占85%,由于宫颈癌的筛查工作不够完善,导致高发病率和高死亡率。相反地,在发达国家,很大程度上宫颈癌的低发病率源于有效的筛查和诊断。

(2) 乳腺癌的诊断。乳腺肿瘤是女性恶性肿瘤中最常见的肿瘤之一,影响妇女的身体和精神健康,甚至威胁生命。20世纪以来,全世界范围内乳腺癌的患病率均有所增加,特别是欧洲和北美地区,分别占欧洲和北美女性恶性肿瘤发病率的第一和第二位。目前,世界女性乳腺癌在癌症中的发病率最高,据美国疾病预防中心统计,早期乳腺癌的治愈率可高达 97%,进展期的治愈率仅为 40%。因此,越早发现乳腺癌,治愈效果越好,即"早发现,早治疗"。

(3) 冠心病的诊断。近年来,心血管疾病已成为威胁人类的最严重疾病之一,冠心病是心血管疾病中常见的疾病。因此,研究冠心病的有效诊断方法是必要的,有助于进一步采取预防措施和及时治疗。目前,冠状动脉造影是观察冠状动脉形态的唯一直接途径,被医学界称为"金标准"。然而,这是一项创伤性诊断,需要高水平的医疗条件,否则不慎操作会引起严重并发症甚至死亡,这限制了诊断技术的发展。因此,许多专家专注于研究国内外冠心病的有效和非创伤性诊断。

在大数据时代,医疗方面的数据呈现出数量大、类型多、处理方法复杂等特点,数据挖掘技术对这些问题的处理起到了至关重要的作用。针对疾病的智能诊断,数据挖掘具有 4 个应用角度:在医院信息系统中的应用、在疾病辅助诊断中的应用、在药物开发中的应用、在遗传学方面的应用。

5. 地质灾害的风险评估

地质灾害研究具有悠久的历史,地质灾害风险评估是一个新兴的研究领域。近年来,在某些领域已经开发出更准确的预测和分析的方法,这些领域涉及坍塌、地震、山体滑坡和泥石流等地质灾害。可以将数据挖掘技术与地质灾害风险实际问题融合在一起,这种混合计算方法促进了对地质灾害风险的准确评估。混合智能算法包括粒子群优化、遗传算法和反向传播神经网络等。随着混合方式得到更广泛的应用,将促进更有效的应急响应、环境管理、土地利用和开发规划。

6. 污水的成因分析

在大数据时代的背景下,当研究水环境和污水处理时,生物膜的组成和活性是两个非常重要的参数。而处理污水问题时,面对的海量数据,单一的传统数学方法解决效果不够理想,引入数据挖掘技术进行分析,问题优化的结果将会更令人满意。

研究水环境的重点在于对污水处理、运行和控制方面的实际需要,通过数据挖掘技术可以准确找到生物膜的表征和活性,并进行估计,进而对于参数不足以描述生物膜活性的问题得以解决。

在给定的限度内,随着生物膜的厚度增加,生物膜的活性也随之增强。测量或估计生物膜厚度和活性的方法是评估生物膜废水处理效率的重要因素,然而目前用于预测生物膜厚度和空间分布适应性的工具较差。

7. 国内图书情报的研究

目前,数据挖掘技术在图书情报领域的研究可分为 6 方面:数字图书馆及个性化服务,Web 和信息服务,信息资源及参考咨询,图书馆及信息检索,高校图书馆及图书馆采购,情报学领域。

在大数据时代背景下,基于中国知网数据库中图书情报领域的相关研究论文对数据挖掘的研究现状进行研讨,进一步强调了数据挖掘技术在图书情报领域研究的热点和重点。而且中国知网等在线图书机构采用数据挖掘技术研发的"学术不端文献检测系统"有效地避免了学术舞弊行为,保证了中国科研工作的正常发展。

3.8 数据挖掘的发展趋势

无论是研究领域,还是商业应用,数据挖掘都是热点问题,得到越来越多的关注,人们逐渐了解、学习并加以运用,相关领域日益成熟。在利用数据挖掘技术处理和解决实际问题时,有 3 个值得注意的角度:用数据挖掘技术解决问题的类型、解决数据挖掘的数据准备工作及数据挖掘的理论基础。在大数据时代背景下,数据挖掘的发展趋势将会围绕数据价值的发展体现在以下 5 方面。

(1)多媒体数据挖掘。视频、音频、图像等都属于多媒体的范畴,随着时代的发展,海量的数据结构变得复杂化和动态化,而通过单独的传统数学方法去管理现实生活中的问题,得到的效果往往不能满足人们的期待。无人机和无人车的实际应用、公安天网工程的展开、智慧医疗项目的全面发展都要求对多媒体数据进行快速处理,为了得到更理想、最优化的效果,需要开发和设计数据挖掘的新智能算法。

(2)金融领域潜在数据的挖掘。在信用卡业务中,违约预测的数据挖掘具有预言性、有效性、实用性的优势。在信用卡交易的过程中,数据挖掘的应用类型也比较多,如在信用卡异常行为检测、高端信用客户的维护和信用卡风险控制等方面,均可以展开深入研究。

(3)数据挖掘算法的改进和可视化。当采用数据挖掘的算法分析和处理海量数据时,算法的改进主要取决于算法的精度和速度,即算法的准确度和效率。如今,学术研究主要集中在精度和效率之间设定适当的临界值和对数据挖掘的结果进行可视化两方面。针对数据挖掘算法中的一系列深度学习算法的研究,将成为引领大数据研究方法的风向标。

(4)数据挖掘和隐私保护。在解决实际问题时,难免会涉及隐私的数据,例如在研究信用卡和用户之间的关系时,数据中难免会有用户的个人信息;在研究宫颈癌(危险因素)与人的年龄、怀孕次数、性伴侣数等关系时,会有部分隐私信息不便向外界透露。在进行数据挖掘过程中,不泄露用户的个人隐私问题,对数据进行脱敏处理,将成为数据挖掘研究的另一个重要方面。

(5)数据挖掘技术与其他系统的集成。数据挖掘是一个完整的过程,而不是单纯地将某一个算法或者其中的几个算法简单混合就可以的。将数据挖掘应用到实战演练的过程中,还是需要将数据挖掘与其他领域和系统有条理地集成,而不能理解成单独的一个算法就足以解决一个问题,进而最大化地体现了数据挖掘的优势。

3.9 本 章 小 结

通过本章的学习,读者可以了解到数据挖掘技术的相关概念,了解到数据挖掘就是从大量的、不完全的、有噪声的、模糊的、随机的实际应用数据中,提取隐含在其中的、人们事先不知道的、但又是潜在有用的信息和知识的过程。数据挖掘是一种新的商业信息处理技术,其主要特点是对商业数据库中的大量业务数据进行抽取、转换、分析和其他模型化处理,从中提取辅助商业决策的关键性数据。数据挖掘主要侧重解决分类、聚类、关联和预测这四类问题。数据挖掘的过程可以分为业务理解、数据理解、数据准备、数据建模、部署 6 个阶段。数据挖掘是通过预测未来趋势及行为,做出前摄的、基于知识的决策。数据挖掘的目标是从数据库中发现隐含的、有意义的知识,主要有数据分类、数据估计、数据预测、数据关联分组、数据群集、时序数据序列模式挖掘 6 大功能。而且数据挖掘常用的方法主要有分类、回归分析、聚类、关联规则、特征分析、偏差分析和 Web 挖掘等,它们分别从不同的角度对数据进行挖掘。

第 4 章

Apriori 关联规则算法

4.1　Apriori 算法原理

有这样一个案例：美国的妇女经常会嘱咐她们的丈夫下班后为孩子买纸尿裤，而丈夫在买完纸尿裤后又会顺手买回自己爱喝的啤酒，因此啤酒和纸尿裤一起被购买的机会较多。把纸尿裤和啤酒摆放在一起这个举措使纸尿裤和啤酒的销量双双增加，并一直为众商家津津乐道。"纸尿裤和啤酒"是关联规则的非常有名的案例之一。关联规则就是在一个数据集中找出项与项之间的关系，也被称为购物篮分析。

本章要介绍的 Apriori 算法是经典的挖掘频繁项集和关联规则的关联规则算法。Apriori 在拉丁语中指"来自以前"。当定义问题时，通常会使用先验知识或者假设，这被称作"一个先验"（apriori）。Apriori 算法的名字正是基于这样的事实：算法使用频繁项集性质的先验性质，即频繁项集的所有非空子集也一定是频繁的。Apriori 算法使用一种称为逐层搜索的迭代方法，其中 k 项集用于探索 $(k+1)$ 项集。首先，通过扫描数据库，累计每个项的计数，并收集满足最小支持度的项，找出频繁 1 项集的集合，该集合记为 L1。然后，使用 L1 找出频繁 2 项集的集合 L2，使用 L2 找出 L3，以此类推，直到不能再找到频繁 k 项集。每找出一个 Lk 需要一次数据库的完整扫描。Apriori 算法使用频繁项集的先验性质来压缩搜索空间。

Apriori 算法是常用的用于挖掘出数据关联规则的算法，它用来找出数据值中频繁出现的数据集合，找出这些集合的模式有助于人们做一些决策。例如，在常见的超市购物数据集中，或者电商的网购数据集中，如果找到了频繁出现的数据集：对于超市，可以优化产品的摆放位置；对于电商，可以优化商品所在的仓库位置，达到节约成本，增加经济效益的目的。

4.1.1　频繁项集的评估标准

什么样的数据才是频繁项集呢？通常会认为，肉眼一扫，一起出现次数多的数据集就是频繁项集。但是有两个问题：一是当数据量非常大时，无法直接用肉眼发现频繁项集，这产生了关联规则挖掘的算法，如 Apriori、Prefix Span、CBA；二是缺乏一个频繁项集的标准，如 10 条记录，里面 A 和 B 同时出现了 3 次，那么能不能说 A 和 B 一起构成频繁项集呢？因此，需要一个评估频繁项集的标准。

常用的频繁项集的评估标准有支持度，置信度和提升度 3 个。

支持度就是几个关联的数据在数据集中出现的次数占总数据集的比重，或者几个数据关联出现的概率。

如果有两个需要分析关联性的数据 X 和 Y,则对应的支持度为

$$\text{Support}(X,Y) = P(XY) = \frac{\text{number}(XY)}{\text{number}(\text{All Samples})} \tag{4-1}$$

以此类推,如果有 3 个需要分析关联性的数据 X,Y 和 Z,则对应的支持度为

$$\text{Support}(X,Y,Z) = P(XYZ) = \frac{\text{number}(XYZ)}{\text{number}(\text{All Samples})} \tag{4-2}$$

一般来说,支持度高的数据不一定构成频繁项集,但是支持度太低的数据肯定不构成频繁项集。

置信度体现了一个数据出现后,另一个数据出现的概率,或者说数据的条件概率。如果有两个需要分析关联性的数据 X 和 Y,X 对 Y 的置信度为

$$\text{Confidence}(X \Leftarrow Y) = P(X \mid Y) = \frac{P(XY)}{P(Y)} \tag{4-3}$$

也可以以此类推到多个数据的关联置信度,如对于 3 个数据 X,Y,Z,则 X 对于 Y 和 Z 的置信度为

$$\text{Confidence}(X \Leftarrow YZ) = P(X \mid YZ) = \frac{P(XYZ)}{P(YZ)} \tag{4-4}$$

举个例子,在购物数据中,纸巾对应鸡爪的置信度为 40%,支持度为 1%。则意味着在购物数据中,总共有 1% 的用户既买鸡爪又买纸巾;同时,买鸡爪的用户中有 40% 的用户购买纸巾。

提升度表示含有 Y 的条件下,同时含有 X 的概率,与 X 总体发生的概率之比,即:

$$\text{Lift}(X \Leftarrow Y) = \frac{P(X \mid Y)}{P(X)} = \frac{\text{Confidence}(X \Leftarrow Y)}{P(X)} \tag{4-5}$$

提升度体现了 X 和 Y 之间的关联关系,提升度大于 1 则 $X \Leftarrow Y$ 是有效的强关联规则,提升度小于或等于 1 则 $X \Leftarrow Y$ 是无效的强关联规则。有一种特殊的情况,如果 X 和 Y 独立,则有 $\text{Lift}(X \Leftarrow Y) = 1$,因为此时 $P(X \mid Y) = P(X)$。

一般来说,要选择一个数据集合中的频繁数据集,则需要自定义评估标准。最常用的评估标准是用自定义的支持度,或者是自定义支持度和置信度的一个组合。

4.1.2　Apriori 算法思想

对于 Apriori 算法,可以使用支持度来作为判断频繁项集的标准。Apriori 算法的目标是找到最大的 k 项频繁集。这里有两层意思,首先要找到符合支持度标准的频繁集,但是这样的频繁集可能有很多。第二层意思就是要找到最大个数的频繁集。找到符合支持度的频繁集 AB 和 ABE,那么可以抛弃 AB,只保留 ABE,因为 AB 是 2 项频繁集,而 ABE 是 3 项频繁集。那么 Apriori 算法是如何做到挖掘 k 项频繁集的呢?

Apriori 算法采用了迭代的方法,先搜索出候选 1 项集及对应的支持度,剪枝去掉低于支持度的 1 项集,得到频繁 1 项集。然后对剩下的频繁 1 项集进行连接,得到候选的频繁 2 项集,筛选去掉低于支持度的候选频繁 2 项集,得到真正的频繁 2 项集,以此类推,迭代下去,直到无法找到频繁 $k+1$ 项集为止,对应的频繁 k 项集的集合即为算法的输出

结果。

　　这个算法还是很简洁的,第 i 次的迭代过程包括扫描计算候选频繁 i 项集的支持度,剪枝得到真正频繁 i 项集和连接生成候选频繁 $i+1$ 项集三步。

　　下面用一个简单的例子(见图 4-1)来具体讲解 Apriori 算法。

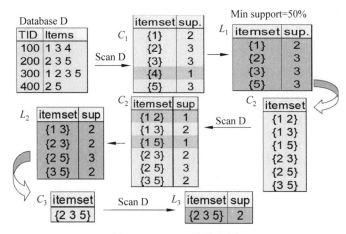

图 4-1　Apriori 算法示例

　　图 4-1 所示的数据集 D 有 4 条记录,分别是 134,235,1235 和 25。接下来用 Apriori 算法来寻找频繁 k 项集,最小支持度设置为 50%。首先生成候选频繁 1 项集,包括所有的 5 个数据并计算 5 个数据的支持度,计算完毕后进行剪枝,数据 4 由于支持度只有 25% 而被剪掉。最终的频繁 1 项集为 1235,现在链接生成候选频繁 2 项集,包括 12,13,15,23,25,35 共 6 组。此时,第一轮迭代结束。

　　进入第二轮迭代,扫描数据集计算候选频繁 2 项集的支持度,接着进行剪枝,由于 12 和 15 的支持度只有 25% 而被剪掉,得到真正的频繁 2 项集,包括 13,23,25,35。现在链接生成候选频繁 3 项集,123,125,135 和 235 共 4 组,这部分在图 4-1 中没有画出。通过计算候选频繁 3 项集的支持度,可以发现 123,125 和 135 的支持度均为 25%,因此接着被剪枝,最终得到的真正频繁 3 项集为 235 一组。由于此时无法再进行数据连接,进而得到候选频繁 4 项集,最终的结果即为频繁 3 项集 235。

4.1.3　Apriori 算法流程

　　本节对 Apriori 算法流程做一个总结。

　　输入:数据集合 D,支持度阈值 α。输出:最大的频繁 k 项集。

　　(1)扫描整个数据集,得到所有出现过的数据,作为候选频繁 1 项集。$k=1$,频繁 0 项集为空集。

　　(2)挖掘频繁 k 项集。

　　① 扫描数据计算候选频繁 k 项集的支持度。

　　② 去除候选频繁 k 项集中支持度低于阈值的数据集,得到频繁 k 项集。如果得到的频繁 k 项集为空,则直接返回频繁 $k-1$ 项集的集合作为算法结果,算法结束。如果得到

的频繁 k 项集只有一项,则直接返回频繁 k 项集的集合作为算法结果,算法结束。

③ 基于频繁 k 项集,连接生成候选频繁 $k+1$ 项集。

(3) 令 $k=k+1$,转入步骤(2)。

从算法的步骤可以看出,Apriori 算法每轮迭代都要扫描数据集,因此在数据集很大,数据种类很多的时候,算法效率很低。

Apriori 算法是一个非常经典的频繁项集的挖掘算法,很多算法都是基于 Apriori 算法而产生的,包括 FP-Tree、GSP、CBA 等。这些算法利用了 Apriori 算法的思想,但是对算法做了改进,数据挖掘的效率更好,因此现在一般很少直接用 Apriori 算法来挖掘数据了,但是由于理解 Apriori 算法是理解其他 Apriori 类算法的前提,同时算法本身也不复杂,因此值得好好研究。

4.2　Python 代码实现

Apriori 算法的 Python 代码实现步骤如下。

(1) 通过 loadDataSet()函数创建一个数据集。

```
def loadDataSet():
    dataSet_book=[[1,3,4],[2,3,5],[1,2,3,5],[2,5]]
    dataSet=[[1, 2, 3, 4], [1, 2, 3, 4, 5], [1, 2, 3, 4, 5], [2, 3, 4],
            [2, 4], [1, 2, 3, 4, 5], [1, 2, 3], [1, 2, 3],
            [2, 3, 4, 5], [1, 2, 3, 4, 5]]
    return dataSet_book
```

(2) 通过 createC1()函数创建集合 C1。其中,dataSet 为原始数据集,遍历所有的元素,如果没在 C1 出现过,那么就添加(append)到数组中,并对数组进行排序,函数返回一个 frozenset 格式的 list,frozenset 表示冻结的 set 集合,元素未改变,可以把它当作字典的 key 来使用。

```
def createC1(dataSet):
    C1 = []
    for transaction in dataSet:
        for item in transaction:
            if not [item] in C1:
                C1.append([item])
    C1.sort()
    print(C1)
    return map(frozenset, C1)
```

(3) 通过 scanD()函数计算候选数据集 CK 在数据集 D 中的支持度,并返回支持度大于最小支持度 minSupport 的数据。其中,D 表示数据集,Ck 表示候选项集列表,minSupport 表示最小支持度。其中,ssCnt 临时存放候选数据集 Ck 的频率,例如:a→10,b→5,c→8。通过 s.issubset(t)来测试 s 中的每一个元素是否都在 t 中。并在

retList 的首位插入元素，只存储支持度满足频繁项集的值，存储所有的候选项(key)和对应的支持度(support)。函数返回值中 retList 表示支持度大于 minSupport 的集合，supportData 表示候选项集支持度数据。

```python
def scanD(D, D_len, Ck, minSupport):
    ssCnt = {}
    for tid in D:
        print(tid)
        for can in Ck:
            print(tid,can)
            #s.issubset(t)
            if can.issubset(tid):
#                 if not can in ssCnt: ssCnt[can]=1
#                 else: ssCnt[can] += 1
                ssCnt[ can ] = ssCnt.get( can, 0) + 1
#     numItems = float(len(D))
    print(ssCnt)
    numItems = float(D_len)
    retList = []
    supportData = {}
    for key in ssCnt:
        support = ssCnt[key]/numItems
        if support >= minSupport:
            retList.insert(0,key)
        supportData[key] = support
    return retList, supportData
```

(4) 在 aprioriGen() 函数中，输入频繁项集列表 Lk 与返回的元素个数 k，然后输出候选项集 Ck。例如：以{0},{1},{2}为输入且 $k=2$ 则输出{0,1},{0,2},{1,2}；以{0,1},{0,2},{1,2}为输入且 $k=3$ 则输出{0,1,2}。仅需要计算一次，不需要将所有的结果计算出来，然后进行去重操作，是一个更高效的算法。其中，Lk 表示频繁项集列表，k 表示返回的项集元素个数(若元素的前 $k-2$ 项相同，就进行合并)。返回值中的 retList 表示元素两两合并的数据集。

```python
def aprioriGen(Lk, k):
    retList = []
    lenLk = len(Lk)
    for i in range(lenLk):
        for j in range(i+1, lenLk):
            L1 = list(Lk[i])[:k-2]; L2 = list(Lk[j])[:k-2]
            L1.sort(); L2.sort()
            if L1==L2:
                retList.append(Lk[i] | Lk[j])
    return retList
```

（5）在 apriori() 函数中，首先构建集合 C1，然后扫描数据集来判断这些只有一个元素的项集是否满足最小支持度的要求。将满足最小支持度要求的项集构成集合 L1。然后 L1 中的元素相互组合成 C2，C2 再进一步过滤变成 L2，L3…以此类推，直到 CN 的长度为 0 时结束，即可找出所有频繁项集的支持度。其中，dataSet 表示原始数据集，minSupport 表示支持度的阈值。返回值中，L 表示频繁项集的全集，supportData 表示所有元素和支持度的全集。在函数开始时，C1 对 dataSet 进行去重，排序，并放入 list 中，然后转换所有的元素为 frozenset，再对每一行进行 set 转换，然后存放到集合中。计算候选数据集 C1 在数据集 D 中的支持度，并返回支持度大于 minSupport 的数据。判断 L 的第 $k-2$ 项的数据长度是否大于 0，满足时，计算候选数据集 CK 在数据集 D 中的支持度，并返回支持度大于 minSupport 的数据。保存所有候选项集的支持度，如果字典没有，就追加元素，如果有，就更新元素。Lk 表示满足频繁子项的集合。

```python
def apriori(dataSet, minSupport = 0.5):
    C1 = createC1(dataSet)
    D = map(set, dataSet)
    L1, supportData = scanD(D, C1, minSupport)
    L = [L1]
    k = 2
    while (len(L[k-2]) > 0):
        Ck = aprioriGen(L[k-2], k)
        Lk, supK = scanD(D, Ck, minSupport)
        supportData.update(supK)
        L.append(Lk)
        k += 1
    return L, supportData
```

（6）在 generateRules() 函数中生成关联规则。其中，supportData 表示频繁项集支持度的字典，minConf 表示最小置信度。返回值中，bigRuleList 表示可信度规则列表（关于（A→B＋置信度）3 个字段的组合）。在函数开始时，获取频繁项集中每个组合的所有元素、组合总的元素并遍历子元素，并转换为 frozenset 集合，再存放到 list 列表中。

```python
def generateRules(L, supportData, minConf=0.7):
    bigRuleList = []
    for i in range(1, len(L)):
        for freqSet in L[i]:
            H1 = [frozenset([item]) for item in freqSet]
            if (i > 1):
                rulesFromConseq(freqSet, H1, supportData, bigRuleList, minConf)
            else:
                calcConf(freqSet, H1, supportData, bigRuleList, minConf)
    return bigRuleList
```

（7）在 calcConf() 函数中对两个元素的频繁项计算可信度，并记录可信度大于最小

可信度(minConf)的集合。其中,freqSet 表示频繁项集中的元素,如 frozenset([1,3]),
H 表示频繁项集中的元素的集合,如[frozenset([1]),frozenset([3])],supportData 表示所有元素的支持度的字典,brl 表示关联规则列表的空数组,minConf 表示最小可信度。返回值中,prunedH 表示记录的可信度大于阈值的集合。在函数开始时,获取频繁项集中每个组合的所有元素,组合总的元素并遍历子元素,并转换为 frozenset 集合,再存放到 list 列表中。

```python
def calcConf(freqSet, H, supportData, brl, minConf=0.7):
    prunedH = []
    for conseq in H:
        conf = supportData[freqSet]/supportData[freqSet-conseq]
        if conf >= minConf:
            print (freqSet-conseq,'-->',conseq,'conf:',conf)
            brl.append((freqSet-conseq, conseq, conf))
            prunedH.append(conseq)
    return prunedH
```

(8) 在 rulesFromConseq()函数中通过递归计算频繁项集的规则。其中,freqSet 表示频繁项集中的元素,如 frozenset([2,3,5]),H 表示频繁项集中的元素的集合,如 [frozenset([2]),frozenset([3]),frozenset([5])],supportData 表示所有元素的支持度的字典,brl 表示关联规则列表的数组,minConf 表示最小可信度。在函数开始时,生成 $m+1$ 个长度的所有可能的 H 中的组合,然后返回可信度大于最小可信度的集合。在计算可信度后,如果还有数据大于最小可信度的话,那么继续递归调用,否则跳出递归。

```python
def rulesFromConseq(freqSet, H, supportData, brl, minConf=0.7):
    m = len(H[0])
    if (len(freqSet) > (m + 1)):
        Hmp1 = aprioriGen(H, m+1)
        Hmp1 = calcConf(freqSet, Hmp1, supportData, brl, minConf)
        if (len(Hmp1) > 1):
            rulesFromConseq(freqSet, Hmp1, supportData, brl, minConf)
```

(9) 通过 pntRules()函数输出计算得到的关联规则结果。

```python
def pntRules(ruleList, itemMeaning):
    for ruleTup in ruleList:
        for item in ruleTup[0]:
            print (itemMeaning[item])
        print ("           -------->")
        for item in ruleTup[1]:
            print (itemMeaning[item])
        print ("confidence: %f" % ruleTup[2])
        print (    )
```

4.3　案例 4-1：信用卡消费推荐

北京计开公司是一家致力于提供贷款、金融债券、个人财务顾问服务、买卖股票及银行卡业务的金融领域的新兴公司,拥有广泛的业务来源,面向不同的企业及机构客户,包括金融公司、基金公司、投资银行及公关公司,以及具有商业需求的个人客户。

信用卡可以方便人们的生活,省去了携带现金的麻烦,而且使用信用卡没有地域的限制,不管在国内任何地方刷卡,只要有银行标识,都可以刷,且不收手续费。信用卡用户能参加商家和银行合作的各种优惠打折活动,刷卡消费获得的积分可以兑换礼品。而且刷完卡及时还款能使个人银行信誉度得到提升。因此,信用卡在购物消费、小额信贷、节省开支、购物省钱、保险和旅游方面都发挥出了极大的作用。

因此,公司的销售部门,为了更好地向客户销售信用卡产品,制订符合客户的销售计划,对 5000 名客户在一个月内的信用卡消费情况进行统计,得到的数据如表 4-1 所示。

表 4-1　客户信用卡消费情况统计

客户 ID	服装	家庭用品	保健品	汽车	数码产品	计算机	园艺	礼品	珠宝
000011569	0	1	1	1	1	0	0	1	0
000013714	0	1	1	1	1	0	1	1	1
000046391	0	1	1	1	1	0	1	1	1
000067264	0	0	1	1	1	0	1	1	0
000067363	0	0	1	0	1	0	1	1	0
000072553	0	1	1	1	1	0	1	1	1
000013714	0	1	1	1	1	0	1	1	1
000046391	0	1	1	1	1	0	1	1	1
000067264	0	1	1	1	1	0	1	1	0
000067363	0	1	1	0	1	0	1	1	0
000072553	0	1	1	1	1	0	1	1	1
⋮									

其中,客户 ID 列为客户识别号,其他列的取值规则为 0 表示未进行消费,1 表示已进行消费。需要根据现有的数据集,找出频繁项集与关联规则,从而协助制定合适的信用卡产品推销方案。

4.3.1　实验步骤

该实验的步骤如下。

（1）加载数据集；

（2）拆分数据集；

（3）创建模型；

（4）在训练集学习得到关联规则。

4.3.2　实验结果

1. 源程序清单

```
import numpy as np
import pandas as pd

def loadDataSet(datanum=1000):
    '''
    函数说明:
        将"消费目录.xls"中的数据存在名为 sampledata 的 list 中,调用则返回该数据
    ---------------
    参数:
        datanum:int 类型,规定用来训练的数据数量,默认值是 1000
    ---------------
    返回值:
        sampledata:list 类型,存储用来训练的数据
    '''
    #将"消费目录.xls"中的数据读取到 database 中
    database = pd.read_excel("消费目录.xls")
    #将 database 中无用的元素剔除,"客户 ID"这一列的元素无用,只留下表示商品购买情况
    #的元素
    database = database.loc[:, ["服装", "家庭用品", "保健品", "汽车", "数码产品",
"计算机", "园艺", "礼品", "珠宝"]]
    #将 database 转换成 NumPy 矩阵类型,方便进行 type 转换
    database = np.array(database)
    #将 database 转换成 list 类型
    database = database.tolist()
    #初始化训练数据集 sampledata
    sampledata = []
    #初始化记录处理数据数量 count
    count = 0
    #将 database 中的数据进行改写,存储为购入商品 pditem,存入 sampledata 中
    for i in range(len(database)):
        #每处理一项数据,记录处理数据数量 count 就加 1
        count += 1
        #如果处理数据数量达到规定用来训练的数据数量 datanum,则终止循环,不再写入新
        #数据
        if count >= datanum:
            break
        #用 item 临时存储一项数据的内容
        item = database[i]
```

```
            #初始化用来临时存储改写后的数据 pditem
            pditem = []
            #.xls 文件中用'0'或'1'表示某产品是否购买,这里将其改写成购买的产品,用不同的
            #数字表示
                    for tran in range(len(item)):
                #如果某产品的值为'1',则意味着该客户购买了该产品,将该产品的数字表示写入
                #pditem 中
                if item[tran] == 1:
                    pditem.append(tran)
            #将 pditem 的数据存储到 sampledata 中
            sampledata.append(pditem)
        return sampledata


def createC1(sampledata):
    '''
    函数说明:
        构建集合大小为 1 的所有候选项集的集合,调用则返回候选项集 C1
    ---------------
    参数:
        sampledata:见 loadDataSet() 函数
    ---------------
    返回值:
        C1:list 类型,存储集合大小为 1 的所有候选项集的集合
    '''
    #初始化存储集合大小为 1 的所有候选项集 C1
    C1 = []
    #遍历所有数据,将数据中提到的产品写入 C1
    for transaction in sampledata:
        #遍历一条交易中的所有产品
        for item in transaction:
            #如果这个产品没有存储在 C1 中,把它存储进去
            if not [item] in C1:
                C1.append([item])
    #将 C1 中的数据排序
    C1.sort()
    #将 C1 中数据改写成 frozenset 类型,之后需要将这些数据作为 dict 的 key 使用
    for i in range(len(C1)):
        C1[i] = frozenset(C1[i])
    return C1


def scanD(D, Ck, minSupport):
    '''
    函数说明:
        通过候选项集 Ck 构建符合最小支持度 minSupport 的项集 Lk
```

```
---------------
参数:
    D:list 类型,所有数据集
    Ck:list 类型,候选项集
    minSupport:float 类型,最小支持度
---------------
返回值:
    retList:list 类型,符合最小支持度的项集
    supportData:dict 类型,记录支持度值的字典
'''
#初始化用来记录候选项集在数据集中出现的次数 ssCnt
ssCnt = {}
#遍历数据集,获得每一条消费记录 tid
for tid in D:
    #遍历候选项集,获得每一条候选集合 can
    for can in Ck:
        #如果候选集合 can 存在于一条消费记录 tid 中
        if can.issubset(tid):
            #如果这个候选集合没被记录在 ssCnt 中,则新建一个以候选集合为 key 的,
            #'1'为 value 的键值对
            if not can in ssCnt.keys():
                ssCnt[can] = 1
            #如果候选集合存在,则 value 加 1
            else:
                ssCnt[can] += 1
#获得数据集的数量 numItems,定义为 float 类型是为了后续计算
numItems = float(len(D))
#初始化符合最小支持度的项集 retList
retList = []
#初始化记录支持度的字典
supportData = {}
#计算 ssCnt 中每一项集合的支持度
for key in ssCnt:
    support = ssCnt[key] / numItems
    #如果支持度符合最小支持度,则在 retList 中插入这项集合
    if support >= minSupport:
        retList.insert(0, key)
    #把这项集合作为 key,支持度作为 value,记录到 supportData 中
    supportData[key] = support
return retList, supportData


def aprioriGen(Lk, k):                          #creates Ck
    '''
    函数说明:
```

根据由 k 个元素组成的频繁项集 Lk，生成 k+1 个候选项集 Ck

参数：
    Lk：list 类型，频繁项集列表 Lk
    k：int 类型，项集元素个数

返回值：
    retList：list 类型，候选项集
'''
```python
#初始化存储候选项集的 retList
retList = []
#获得频繁项集 Lk 的数量
lenLk = len(Lk)
#遍历频繁项集，如果两个频繁项集前 k-1 个元素相同，则将这两个频繁项集组合
for i in range(lenLk):
    for j in range(i + 1, lenLk):
        #L1 和 L2 分别存储第 i 和第 j 个频繁项集的前 k-1 个元素，这里的 k-2 是因为编
        #号从 0 开始
        L1 = list(Lk[i])[:k - 2]
        L2 = list(Lk[j])[:k - 2]
        #将 L1 和 L2 中的元素排序
        L1.sort()
        L2.sort()
        #如果 L1 和 L2 的元素相同，则把第 i 和第 j 个频繁项集合并，并添加到 retList 中
        if L1 == L2:
            retList.append(Lk[i] | Lk[j])
return retList


def apriori(dataSet, minSupport=0.5):
    '''
```
函数说明：
    根据最小支持度 minSupport 寻找频繁项集 L

参数：
    dataSet：list 类型，数据集
    minSupport：float 类型，最小支持度，默认值为 0.5

返回值：

'''
```python
#调用 createC1() 函数获得由一个元素组成的候选项集 C1
C1 = createC1(dataSet)
#初始化存储数据集的 D
D = []
```

```
    #将 dataSet 中的每条数据转换成 set 类型存储到 D 中
    for i in dataSet:
        D.append(set(i))
    #调用 scanD() 函数,获得由一个元素组成的频繁项集 L1 和记录支持度的字典
    #supportData
    L1, supportData = scanD(D, C1, minSupport)
    #将 L1 存储到统一记录频繁项集的 L 中
    L = [L1]
    #初始化元素个数 k,初始值是 2
    k = 2
    #将前 k-1 个元素相同的频繁项集进行组合,直到无法组合出新的候选项集
    while (len(L[k - 2]) > 0):
        #调用 aprioriGen() 函数,获得 k 个元素组成的候选项集 Ck
        Ck = aprioriGen(L[k - 2], k)
        #调用 scanD 函数,根据 Ck 和 minSupport 产生 k 个元素组成的频繁项集和记录支持
        #度的字典
        Lk, supK = scanD(D, Ck, minSupport)
        #更新记录支持度的字典
        supportData.update(supK)
        #将 Lk 添加到 L 中
        L.append(Lk)
        #下一次循环要考虑 k+1 个元素组成的频繁项集
        k += 1
    return L, supportData


def generateRules(L, supportData, minConf=0.7):
    '''
    函数说明:
        调用 calcConf() 和 rulesFromConseq() 函数找到符合最小可信度的关联规则,返回
关联规则列表 bigRuleList
    ---------------
    参数:
        L:list 类型,频繁项集
        supportData:dict 类型,记录支持度的字典
        minConf:float 类型,最小可信度,默认值为 0.7
    ---------------
    返回值:
        bigRuleList:list 类型,关联规则列表
    '''
    #初始化关联规则列表 bigRuleList
    bigRuleList = []
    #遍历所有频繁项集,并对每个频繁项集中每个元素都建立一个列表
    for i in range(1, len(L)):
        #遍历一条频繁项集
```

```
        for freqSet in L[i]:
            #将这条频繁项集的每个元素建立一个列表
            H1 = [frozenset([item]) for item in freqSet]
            #只有当频繁项集由两个及以上的元素组成时,才有可能找到关联规则
            if (i > 1):
                rulesFromConseq(freqSet, H1, supportData, bigRuleList, minConf)
            else:
                calcConf(freqSet, H1, supportData, bigRuleList, minConf)
    return bigRuleList


def calcConf(freqSet, H, supportData, brl, minConf=0.7):
    '''
    函数说明:
        计算满足最小可信度的关联规则,返回一个存储关联规则的 list
    ---------------
    参数:
        freqSet:list 类型,频繁项集
        H:list 类型,出现在右侧的元素列表
        supportData:dict 类型,记录支持度的字典
        bigRuleList:list 类型,存储所有的关联规则
        minConf:float 类型,最小可信度,默认值为 0.7
    ---------------
    返回值:
        prunedH:list 类型,记录某一频繁项集中可能的关联规则
    '''
    #初始化临时存储关联规则 prunedH
    prunedH = []
    #对频繁项集中每种可能出现在右侧的组合计算可信度
    for conseq in H:
        conf = supportData[freqSet] / supportData[freqSet - conseq]
        #如果满足最小可信度,就打印这条关联规则,并把它记录到 brl 中
        if conf >= minConf:
            print(freqSet - conseq, '-->', conseq, 'conf:', conf)
            brl.append((freqSet - conseq, conseq, conf))
            prunedH.append(conseq)
    return prunedH


def rulesFromConseq(freqSet, H, supportData, brl, minConf=0.7):
    '''
    函数说明:
        根据已有的频繁项集生成更多可能的关联规则
    ---------------
    参数:
        freqSet:见 calcConf()函数
```

```
        H:见 calcConf()函数
        supportData:见 calcConf()函数
        bigRuleList:见 calcConf()函数
        minConf:见 calcConf()函数
    ---------------
    返回值:
        无
    '''
    #获得频繁项集的大小
    m = len(H[0])
    #如果频繁项集的元素个数可以移除大小为 m 的子集,则将其移除,否则计算存在的关联规则
    if (len(freqSet) > (m + 1)):
        Hmp1 = aprioriGen(H, m + 1)
        Hmp1 = calcConf(freqSet, Hmp1, supportData, brl, minConf)
        #如果规则不唯一,则继续寻找更多的关联规则
        if (len(Hmp1) > 1):
            rulesFromConseq(freqSet, Hmp1, supportData, brl, minConf)


def pntRules(ruleList, itemMeaning):
    '''
    函数说明:
        打印训练结果
    ---------------
    参数:
        ruleList:list 类型,关联规则
        itemMeaning:list 类型,每个数字对应.xls 中的商品名称
    ---------------
    返回值:
        无
    '''
    #遍历每个关联规则
    for ruleTup in ruleList:
        for item in ruleTup[0]:
            print(itemMeaning[item], end='')
        print("-------->", end='')
        #打印候选内容
        for item in ruleTup[1]:
            print(itemMeaning[item])
        #打印可信度
        print("confidence: %f" % ruleTup[2])
        print()


if __name__ == '__main__':
    #调用 loadDataSet()函数获得训练数据集
    data = loadDataSet()
    #调用 apriori()函数获得频繁数据集和支持度字典
```

```
L, supportData = apriori(data)
#调用 generateRules()函数获得关联规则
bigRuleList = generateRules(L, supportData, )
#用来表示数据集中数字的含义
itemMeaning = ["服装", "家庭用品", "保健品", "汽车", "数码产品", "计算机", "园
艺", "礼品", "珠宝"]
#调用 pntRules()函数打印训练结果
pntRules(bigRuleList, itemMeaning)
```

2. 进行实验结果分析，呈现数据结果

频繁项集如下：

```
[5]
[4]
[3]
[2]
[1]
[2, 5]
[3, 5]
[4, 5]
[1, 2]
[1, 3]
[2, 3]
[1, 4]
[2, 4]
[3, 4]
[3, 4, 5]
[2, 4, 5]
[2, 3, 5]
[2, 3, 4]
[1, 3, 4]
[1, 2, 4]
[1, 2, 3]
[2, 3, 4, 5]
[1, 2, 3, 4]
```

关联规则如下：

```
frozenset({5}) --> frozenset({2}) conf: 1.0
frozenset({5}) --> frozenset({3}) conf: 1.0
frozenset({5}) --> frozenset({4}) conf: 1.0
frozenset({2}) --> frozenset({1}) conf: 0.7
frozenset({1}) --> frozenset({2}) conf: 1.0
frozenset({3}) --> frozenset({1}) conf: 0.7777777777777777
frozenset({1}) --> frozenset({3}) conf: 1.0
frozenset({3}) --> frozenset({2}) conf: 1.0
frozenset({2}) --> frozenset({3}) conf: 0.9
```

```
frozenset({1}) --> frozenset({4}) conf: 0.7142857142857143
frozenset({4}) --> frozenset({2}) conf: 1.0
frozenset({2}) --> frozenset({4}) conf: 0.8
frozenset({4}) --> frozenset({3}) conf: 0.8749999999999999
frozenset({3}) --> frozenset({4}) conf: 0.7777777777777777
frozenset({5}) --> frozenset({3, 4}) conf: 1.0
frozenset({5}) --> frozenset({2, 4}) conf: 1.0
frozenset({5}) --> frozenset({2, 3}) conf: 1.0
frozenset({4}) --> frozenset({2, 3}) conf: 0.8749999999999999
frozenset({3}) --> frozenset({2, 4}) conf: 0.7777777777777777
frozenset({2}) --> frozenset({3, 4}) conf: 0.7
frozenset({1}) --> frozenset({3, 4}) conf: 0.7142857142857143
frozenset({1}) --> frozenset({2, 4}) conf: 0.7142857142857143
frozenset({3}) --> frozenset({1, 2}) conf: 0.7777777777777777
frozenset({2}) --> frozenset({1, 3}) conf: 0.7
frozenset({1}) --> frozenset({2, 3}) conf: 1.0
frozenset({4, 5}) --> frozenset({2, 3}) conf: 1.0
frozenset({3, 5}) --> frozenset({2, 4}) conf: 1.0
frozenset({3, 4}) --> frozenset({2, 5}) conf: 0.7142857142857143
frozenset({2, 5}) --> frozenset({3, 4}) conf: 1.0
frozenset({5}) --> frozenset({2, 3, 4}) conf: 1.0
frozenset({3, 4}) --> frozenset({1, 2}) conf: 0.7142857142857143
frozenset({1, 4}) --> frozenset({2, 3}) conf: 1.0
frozenset({1, 3}) --> frozenset({2, 4}) conf: 0.7142857142857143
frozenset({1, 2}) --> frozenset({3, 4}) conf: 0.7142857142857143
frozenset({1}) --> frozenset({2, 3, 4}) conf: 0.7142857142857143
```

4.3.3　实验总结

通过本实验的结果可以看出,在所截取的数据中,存在几种置信度较高的频繁项集,如 1234 和 2345,可以通过这样的关联规则,进行准确的信用卡产品推荐。如购买家庭用品和保健品的客户,其本身也更倾向于同时购买汽车和数码产品;购买家庭用品、保健品和汽车产品的客户,其也倾向于购买服装产品……通过上述规律,营销人员可以更有针对性地推销信用卡产品。

4.4　本 章 小 结

本章介绍了 Apriori 关联规则算法,Apriori 算法是一个非常经典的频繁项集的挖掘算法,很多算法都是基于它产生的,包括 FP-Tree、GSP、CBA 等。这些算法利用了 Apriori 算法的思想,但是对 Apriori 算法做了改进,数据挖掘效率更好,因此现在一般很少直接用 Apriori 算法来挖掘数据了,但是理解 Apriori 算法是理解其他 Apriori 类算法的前提,同时 Apriori 算法本身也不复杂,值得读者深入研究。

第 5 章

决策树分类算法

5.1 决策树算法原理

5.1.1 决策树是什么

决策树就是由多个"决策"所组成的树。决策树中的结点分为进行决策的非叶结点和得出决策结果的叶结点两种类型。那么在此过程中，决策又是什么呢？简单来说，决策就是针对某个问题选择答案的过程。在决策树中，存在离散值和连续值两种类型的问题。例如，对于西瓜来说，纹路还是模糊的或其模糊程度，就是离散值问题，而西瓜的密度（质量与体积的比值）是个连续值的问题。决策树就是由一个个的问题与答案生成的。

决策树实际上是一个 if-then 规则的集合。还是拿西瓜问题举例，拿到一个西瓜，先判断它的纹路：如果很模糊，就认为这不是好瓜；如果它清晰，就认为它是一个好瓜；如果它略有点模糊，就考虑它的密度，密度大于某个值，就认为它是好瓜，否则就不是好瓜。

通过西瓜的纹路来判断西瓜好不好是我们在此提出的一种假设。

5.1.2 如何生成决策树

构造决策树是算法的重点，需要通过不同的属性来选择合适的度量，从而确定不同特征属性间的树结构。

而分裂属性是构建决策树的关键步骤，也就是在某个决策树的结点处按照不同的特征属性来构建不同的分支，从而让分支代表的子集更纯粹，即同一个类别的元素分配到同一个子分支中。因此，在构建决策树的时候，根据不同类型的特征属性，通过不同的方式来构建。

如果是离散值属性，且不要求生成二叉决策树，那么一个属性就可以划分一个分支；如果是离散值属性，且需要生成二叉决策树，则可用对应属性的子集来划分分支，分成"属于子集"和"不属于子集"两个分支；如果是连续值属性，可以将一个定值作为划分基准，分成大于定值和小于或等于定值两个分支。

同理，对待完整的数据集，需要按照数据集中的所有特征属性划分分支，并对划分出的分支进行纯度计算，纯度高的分支会被选为最合适的分割方式来进行数据集的划分操作，之后，持续上述操作，直到得到最终结果。所以，决策树是通过特征属性的"纯度"来划分决策树分支的。

既然需要根据样本概率和纯度进行决策树的构建，那么如何进行纯度判断呢？

　　判断数据集是否"纯",是可以通过熵值来进行判断的。熵值越高代表越无序,越趋于均匀分布或者近等概率的情况;反之,熵值越低,表示事件的概率是越趋于 1 的情况,也就是所说的越纯。

　　既然熵值是随机变量不确定性的度量,那么,先来了解熵以及条件熵的定义。

　　设 X 是一个取有限值的离散随机变量,那么其概率分布为 $P(X=x_i)=p_i, i=1, 2, \cdots, n$。那么得到的随机变量 X 的熵定义公式为

$$H(X) = -\sum_{i=1}^{m} p_i \log_2(p_i) \tag{5-1}$$

　　注意,熵值越大,代表随机变量的不确定性就越大。而条件熵,为已知 X 条件下 Y 的熵,表示在已知随机变量 X 的条件下随机变量 Y 的不确定性。

　　所以将 X 条件下 Y 的熵 $H(Y|X)$,定义为 X 给定条件下 Y 的条件概率分布的熵对 X 的数学期望,其公式如式(5-2)所示。

$$H(Y \mid X) = \sum_{i=1}^{m} p_i H(Y \mid X=x_i) \tag{5-2}$$

　　而且,当熵和条件熵中的概率由数据估计,特别是极大似然估计得到时,将其所对应的熵和条件熵分别称为经验熵和经验条件熵。

　　除此之外,还可以通过信息增益来表示已知特征 X 的信息而使得类 Y 的信息的不确定性减少的程度。将特征 A 对训练数据集 D 的信息增益写作 $g(D,A)$,定义为 $g(D,A)=H(D)-H(D|A)$。

　　一般地,熵与条件熵之差称为互信息。因此,决策树学习中的信息增益等价于训练数据集中类与特征的互信息。

　　对于数据集 D 而言,信息增益依赖于特征,不同的特征往往具有不同的信息增益,而且信息增益大的特征往往具有更强的分类能力。因此构建决策树的前提就是要找到信息增益大的特征值来分类。

　　假设有一个训练数据集为 D,$|D|$ 表示其容量,也就是样本个数。假设有 K 个类 $C_k, k=1,2,\cdots,K$,那么 $|C_k|$ 为属于类 C_k 的样本个数,$\sum_{k=1}^{K}|C_k|=|D|$。假设特征 A 有 n 个不同的取值$\{a_1,a_2,\cdots,a_n\}$,根据特征 A 将 D 划分为 n 个子集,那么 $|D_i|$ 为 D_i 的样本个数,$\sum_{i=1}^{n}|D_k|=|D|$。令子集 D_i 中属于类 C_k 的样本的集合为 D_{ik},则 $|D_{ik}|$ 为 D_{ik} 的样本个数。

　　因此,可以进行计算得到数据集 D 的经验熵为

$$H(D) = -\sum_{k=1}^{K} \frac{C_k}{D} \log \frac{C_k}{D} \tag{5-3}$$

　　然后可以得到特征 A 对数据集 D 的经验条件熵为

$$H(D \mid A) = -\sum_{i=1}^{n} \frac{|D_i|}{|D|} \sum_{k=1}^{K} \frac{|D_{ik}|}{|D_i|} \log_2 \frac{|D_{ik}|}{|D_i|} \tag{5-4}$$

　　最后得到信息增益为 $g(D,A)=H(D)-H(D|A)$。

　　根据前面的内容可以知道,决策树的构建过程是一个递归的过程,因此必须给定停止

条件,否则过程将不会停止,一般情况下有以下两种停止条件:一个是当每个子结点只有一种类型的时候停止构建;另一个是当前结点中记录数小于某个阈值,同时迭代次数达到给定值时,停止构建过程。

5.1.3 决策树生成之后做什么

决策树生成之后,就可以用来对分类未知的样本进行预测,这时,决策树的泛化性能就显得很重要了,一棵生成之后不加任何操作的决策树往往不是泛化性能足够好的,还需要进行剪枝。

决策树的剪枝分为两种,一种是预剪枝,另一种是后剪枝,下面分别进行介绍。

1. 预剪枝

预剪枝就是在完全正确分类训练集之前,较早地停止树的生长。具体在什么时候停止决策树的生长有多种不同的方法。

(1)一种最为简单的方法就是在决策树到达一定高度的情况下就停止树的生长。

(2)到达此结点的实例具有相同的特征向量,而不必一定属于同一类,也可以停止生长。

(3)到达此结点的实例个数小于某一个阈值可以停止树的生长。

(4)还有一种更为普遍的做法是计算每次扩张对系统性能的增益,如果这个增益值小于某个阈值则不进行扩展。

由于预剪枝不必生成整棵决策树,且算法相对简单,效率很高,适合解决大规模问题。但是尽管这一方法看起来很直接,但是,怎样精确地估计何时停止树的增长是相当困难的。

预剪枝有一个缺点,即视野效果问题。也就是说,在相同的标准下,也许当前的扩展会造成过度拟合训练数据,但是更进一步的扩展能够满足要求,也有可能准确地拟合训练数据,这将使得算法过早地停止决策树的构造。

2. 后剪枝

后剪枝的通常做法是极小化决策树整体的损失函数:

$$C_\alpha(T) = \sum_{t=1}^{|T|} N_t H_t(T) + \alpha \, | \, T \, | \qquad (5\text{-}5)$$

其中,$H_t(T) = -\sum_{k=1}^{K} \dfrac{N_{tk}}{N_t} \log \dfrac{N_{tk}}{N_t}$,$C_\alpha(T) = -\sum_{t=1}^{|T|} \sum_{k=1}^{K} N_{tk} \log \dfrac{N_{tk}}{N_t} + \alpha \, | \, T \, | = C(T) + \alpha \, | \, T \, |$

$C(T) = -\sum_{t=1}^{|T|} \sum_{k=1}^{K} N_{tk} \log \dfrac{N_{tk}}{N_t}$ 是决策树的偏差,$| \, T \, |$ 是模型的复杂度,α 是控制两者权重的参数,极小化 $C_\alpha(T)$,实际上就是在某个权重下选择最小的偏差与方差之和。

5.1.4 决策树算法步骤

决策树算法步骤如下。

(1)初始化 $\alpha_{min} = \infty$,最优子树集合为 $\omega = T$。

（2）从叶结点自下而上计算各内部结点 t 的训练误差函数 $C_a(T)$，叶结点数 $|T_t|$，以及正则化阈值 $\alpha = \min\left\{\dfrac{C(T)-C(T_t)}{|T_t|-1}, \alpha_{\min}\right\}$，更新 $\alpha_{\min}=\alpha$。

（3）得到所有结点的 α 值的集合 M。

（4）从 M 中选择最大的 α_k，自上而下地访问子树 t 的内部结点，如果 $\dfrac{C(T)-C(T_t)}{|T_t|-1}\leqslant\alpha_k$，进行剪枝，并决定叶结点 t 的值。如果是分类树，则是概率最高的类别，如果是回归树，则是所有样本输出的均值。这样得到 α_k 对应的最优子树 T_k。

（5）最优子树集合 $\omega=\omega\bigcup T_k$，$M=M-\alpha_k$。

（6）如果 M 不空，则回到第（4）步，否则就已经得到了所有的可选最优子树集合 ω。

（7）采用交叉验证在 ω 选择最优子树 T_a。

5.1.5　决策树算法的优势和劣势

本节介绍决策树算法作为一个大类别的分类回归算法的优缺点。这部分内容可参考 scikit-learn 的英文文档。

决策树算法的优点如下。

（1）便于理解和解释，树的结构可以实现可视化；

（2）基本不需要预处理，不需要提前归一化和处理缺失值；

（3）使用决策树预测的代价是 $O(\log_2 m)$，m 为样本数；

（4）能够处理数值型数据和分类数据；

（5）可以处理多维度输出的分类问题；

（6）可以通过数值统计测试来验证该模型，这使解释验证该模型的可靠性成为可能；

（7）即使该模型假设的结果与真实模型所提供的数据不同，其表现依旧良好。

决策树算法的缺点如下。

（1）决策树模型容易产生一个过于复杂的模型，这样的模型对数据的泛化性能较差，这就是所谓的过拟合。一些策略像剪枝、设置叶结点所需的最小样本数或设置数的最大深度是避免出现该问题最有效的方法之一。

（2）决策树可能是不稳定的，因为数据中的微小变化可能会导致完全不同的树生成。这个问题可以通过决策树的集成来得到缓解。

（3）在多方面性能最优和简单化概念的要求下，学习一棵最优决策树通常是一个 NP 难问题。因此，实际的决策树学习算法是基于启发式算法，例如在每个结点进行局部最优决策的贪心算法。这样的算法不能保证返回全局最优决策树。这个问题可以通过集成学习来训练多棵决策树来缓解，这多棵决策树一般通过对特征和样本有放回的随机采样来生成。

（4）有些概念很难被决策树学习到，因为决策树很难清楚地表述这些概念，如 XOR、奇偶或者复用器的问题。

（5）如果某些类在问题中占主导地位会使得创建的决策树有偏差。因此，建议在拟合前先对数据集进行平衡。

5.2 Python 代码实现

决策树算法的 Python 代码实现如下。

（1）通过 createDataSet()函数将如表 5-1 所示的数据存储在了一个 Python 列表中，方便后续处理。其返回值中，dataSet 表示二维 list，可分为两部分，前两列是属性的值，最后一列是类标签的值。Labels 表示一维 list，对前两列属性附加标签说明。

表 5-1 海洋生物分类

序号	不浮出水面是否可以生存	是否有脚蹼	属于鱼类
1	是	是	是
2	是	是	是
3	是	否	否
4	否	是	否
5	否	是	否

```python
def createDataSet():
    dataSet = [[1, 1, 'yes'],
               [1, 1, 'yes'],
               [1, 0, 'no'],
               [0, 1, 'no'],
               [0, 1, 'no']]
    labels = ['no surfacing','flippers']
    return dataSet, labels
```

（2）通过 calcShannonEnt()函数来计算数据集的香农信息熵。其中，dataSet 表示 createDataSet()函数生成的数据集。返回值中，shannonEnt 为 float 值，表示该数据集的香农信息熵。在此函数中，首先获取数据集样本个数，通过 Python 内部的 len()函数，返回对象当前维度的 size。初始化一个字典（dict）用来保存每个标签出现的次数，可以使用 Python 自带的 type()函数查看对象的类型。每次从 dataSet 中取一行，逐个获取标签信息。featVec[-1]中的-1 指的是 featVec 的倒数第一个，每行的倒数第一个就是其标签信息。如果标签没有放入统计次数字典的话，就添加进去。然后初始化香农信息熵，以字典中的 key 为循环指针，按照公式计算选择该标签的概率。

```python
def calcShannonEnt(dataSet):
    numEntries = len(dataSet)
    labelCounts = {}

    for featVec in dataSet:
        currentLabel = featVec[-1]
```

```
    if currentLabel not in labelCounts.keys():
        labelCounts[currentLabel] = 0
    labelCounts[currentLabel] += 1

shannonEnt = 0.0
for key in labelCounts:
    prob = float(labelCounts[key])/numEntries
    shannonEnt -= prob * log(prob,2)
return shannonEnt
```

（3）splitDataSet（）函数用来对每个特征划分数据集的结果计算一次香农信息熵，然后判断按照哪个特征划分数据集是最好的划分方式。其中，dataSet 表示 createDataSet（）函数生成的数据集，axis 为 int 类型数据，表示划分数据集的值（不被保留的列），value 表示需要寻找的特征的值。返回值中，retDataSet 表示该数据集的香农信息熵。函数中，首先创建新列表以存放满足要求的样本，然后将 axis 之前的数据取下来，再将 axis 之后的取下来，合到前面，并将符合条件的结果添加到返回的数据集中。

```
def splitDataSet(dataSet, axis, value):
    retDataSet = []
    for featVec in dataSet:
        if featVec[axis] == value:
            reducedFeatVec = featVec[:axis]
            reducedFeatVec.extend(featVec[axis+1:])
            retDataSet.append(reducedFeatVec)
    return retDataSet
```

（4）通过 chooseBestFeatureToSplit（）函数来选择最好的数据集划分方式，需要根据数据集的需要进行循环计算，并在前后评估信息增益，从而找到想要的结果——最优的数据集划分方法。其中，dataSet 表示 createDataSet（）函数生成的数据集。返回值中，bestFeature 为 int 类型数据，表示最佳划分位置的索引。首先获取样本集中特征个数，其最后一列是 label。调用 calcShannonEnt（），计算整体数据的香农信息熵作为基础（base）。然后，初始化两个变量信息增益 bestInfoGain 和最优特征的索引值 bestFeature。遍历所有特征，i 表示第几个特征。然后将 dataSet 中的数据按行依次放入 example 中，然后取得 example 中的 example[i]元素，即获得特征 i 的所有取值。由上一步得到了特征 i 的取值，如[1,1,1,0,0]，使用集合这个数据类型删除多余重复的取值，则剩下[1,0]。以不同的 value 划分数据集，并计算香农信息熵。调用 splitDataSet（），逐个划分数据集，得到基于特征 i 和对应的取值划分后的子集。根据特征 i 可能取值划分出来的子集的概率。调用 calcShannonEnt（），求解分支结点的香农信息熵，计算信息增益。对循环求得的信息增益进行大小比较，如果计算所得信息增益最大，则求得最佳划分方法。

```
def chooseBestFeatureToSplit(dataSet):
    numFeatures = len(dataSet[0]) - 1
```

```
baseEntropy = calcShannonEnt(dataSet)
bestInfoGain = 0.0
bestFeature = -1
for i in range(numFeatures):
    featList = [example[i] for example in dataSet]
    uniqueVals = set(featList)
    newEntropy = 0.0

    for value in uniqueVals:
        subDataSet = splitDataSet(dataSet, i, value)
        prob = len(subDataSet)/float(len(dataSet))
        newEntropy += prob * calcShannonEnt(subDataSet)
    infoGain = baseEntropy - newEntropy

    if (infoGain > bestInfoGain):
        bestInfoGain = infoGain
        bestFeature = i
return bestFeature
```

（5）majorityCnt()函数用来使用多数表决统一类标签。当完成最后一个属性的划分时，很有可能会出现类标签不唯一的情况。在这种情况可以采用一种方式来处理，即多数表决。其中，classList 表示二维 list，即分类名称的列表。返回值中，sortedClassCount[0][0]为 int 类型数据，表示出现次数最多的分类名称。在 majorityCnt()函数中，将标签分解为元组列表，operator.itemgetter(1)按照第二个元素的次序对元组进行排序，reverse＝True 是逆序，即按照从大到小的顺序排列。

```
def majorityCnt(classList):
    classCount={}
    for vote in classList:
        if vote not in classCount.keys(): classCount[vote] = 0
        classCount[vote] += 1
     sortedClassCount = sorted (classCount. iteritems ( ), key = operator.
itemgetter(1), reverse=True)
    return sortedClassCount[0][0]
```

（6）createTree()函数用来创建决策树。其中，dataSet 表示 createDataSet()函数生成的数据集，labels 表示 createDataSet()函数生成的数据集标签信息。返回值中，myTree 为 dict 类型数据，表示构建出来的决策树。首先获取类别标签，如果类别完全相同则停止继续划分，并遍历完所有特征时返回出现次数最多的类别。然后选取最优划分特征，获取最优划分特征对应的属性标签，存储树的所有信息。删除已经使用过的属性标签，得到训练集中所有最优特征的属性值，去掉重复的属性值，遍历特征，创建决策树。在剩余的属性标签列表中，通过递归函数实现剩下决策树的构建。

```
def createTree(dataSet,labels):
    classList = [example[-1] for example in dataSet]
    if classList.count(classList[0]) == len(classList):
        return classList[0]
        if len(dataSet[0]) == 1:
        return majorityCnt(classList)
    bestFeat = chooseBestFeatureToSplit(dataSet)
    bestFeatLabel = labels[bestFeat]
    myTree = {bestFeatLabel:{}}
    del(labels[bestFeat])
    featValues = [example[bestFeat] for example in dataSet]
    uniqueVals = set(featValues)
    for value in uniqueVals:
        subLabels = labels[:]
        myTree[bestFeatLabel][value] = createTree(splitDataSet(dataSet,
bestFeat, value),subLabels)
    return myTree
```

（7）创建决策树之后，classify()函数用于实际数据的分类，即决策树的测试函数。该函数一次可对一条数据进行测试。其中，inputTree 为 dict 类型数据，表示构造好的决策树；featLabels 为一维 list，表示所有的类标签，即所有结果；testVec 为一维 list，表示要被测试的数据。返回值中，classLabel 为 int 或 str 类型数据，表示分类结果，类型取决于类标签的类型。首先获取根结点，然后获取下一级分支。查找当前列表中第一个匹配firstStr 变量的元素的索引，获取测试样本中，与根结点特征对应的取值，获取测试样本通过第一个特征分类器后的输出，判断结点是否为字典，以此判断是否为叶结点。如果到达叶结点，则返回当前结点的分类标签。

```
def classify(inputTree,featLabels,testVec):
    firstStr = list(inputTree.keys())[0]
    secondDict = inputTree[firstStr]
    print(firstStr)
    print(featLabels)
    featIndex = featLabels.index(firstStr)
    key = testVec[featIndex]
    valueOfFeat = secondDict[key]
    if isinstance(valueOfFeat, dict):
        classLabel = classify(valueOfFeat, featLabels, testVec)
    else:
        classLabel = valueOfFeat
    return classLabel
```

（8）创建决策树之后，可以通过 storeTree()函数和 grabTree()函数存储决策树。storeTree()函数是通过把对象序列化的方式，写入通过读写方式建立的二进制文件。grabTree()函数是通过反序列化对象的方式，写入二进制文件，其返回数据类型与存储前一致。

```
def storeTree(inputTree,filename):
    import pickle
    fw = open(filename,'w')
    pickle.dump(inputTree,fw)
    fw.close()
def grabTree(filename):
    import pickle
    fr = open(filename)
    return pickle.load(fr)
```

在完成决策树的构建后,可以通过在数据集中添加更多的分类来检验香农信息熵是否明显变大。例如,首先通过 createDataSet()函数中的原始数据集,计算其 ShannonEnt。

```
data, labels = createDataSet()
print('data: ',data)
print('labels: ',labels)
print('ShannonEnt: ',calcShannonEnt(data))
data:  [[1, 1, 'yes'], [1, 1, 'yes'], [1, 0, 'no'], [0, 1, 'no'], [0, 1, 'no']]
labels:  ['no surfacing', 'flippers']
ShannonEnt:  0.9709505944546686
```

然后在此基础上添加更多分类,重新计算 ShannonEnt。

```
data_new1=data
data_new1[0][-1] = 'maybe'
print('data: ',data_new1)
print('labels: ',labels)
print('ShannonEnt: ',calcShannonEnt(data_new1))
data:  [[1, 1, 'maybe'], [1, 1, 'yes'], [1, 0, 'no'], [0, 1, 'no'], [0, 1, 'no']]
labels:  ['no surfacing', 'flippers']
ShannonEnt:  1.3709505944546687
```

然后通过两条命令,将数据集通过"不浮出水面是否可以生存"这一特征被划分。

```
data_new2=data
print(splitDataSet(data_new2, 0, 1))
[[1, 'maybe'], [1, 'yes'], [0, 'no']]
print(splitDataSet(data_new2, 0, 0))
```

结果如下:

```
[[1, 'no'], [1, 'no']]
```

通过计算,可以看出对于原始数据集,第 0 个特征是最好的用于划分数据集的特征。

```
data_new3=data
```

```
print(chooseBestFeatureToSplit(data_new3))
0
```

接下来，对原始数据集进行整体测试，创建树与可视化。

```
print('测试 createDataSet()数据集')
(dataSet, labels)= createDataSet()
print ('1 dataSet: '+str(dataSet))
print ('2. labels: '+str(labels))
print ('3. ShannonEnt of dataSet: '+str(calcShannonEnt(dataSet)))
myTree = createTree(dataSet,labels)
print ('4. tree: '+str(myTree))
treePlotter.createPlot(myTree)
(dataSet, labels)= createDataSet()
print ('5 classify [1,1]: '+classify(myTree,labels, [1,1]))
```

测试 createDataSet()数据集，其可视化效果如图 5-1 所示。

```
1 dataSet: [[1, 1, 'yes'], [1, 1, 'yes'], [1, 0, 'no'], [0, 1, 'no'], [0, 1, 'no']]
2. labels: ['no surfacing', 'flippers']
3. ShannonEnt of dataSet: 0.9709505944546686
4. tree: {'no surfacing': {0: 'no', 1: {'flippers': {0: 'no', 1: 'yes'}}}}
no surfacing
['no surfacing', 'flippers']
flippers
['no surfacing', 'flippers']
5 classify [1,1]: yes
```

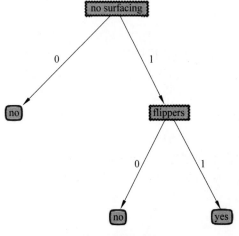

图 5-1　树的可视化

5.3 案例 5-1：基于决策树的理财产品促销

北京计开公司的理财销售部门为了更好地向客户推销理财产品,制订符合客户需求的理财计划,对客户所持有的信用卡及其消费情况进行统计后发现,理财产品推销成功与否和客户的年龄、性别、受教育水平、婚姻状况、年收入水平有关。统计结果如表 5-2 所示。

表 5-2 信用卡消费情况统计结果

客户 ID	年龄	性别	受教育水平	婚姻状况	年收入水平	推销理财结果
818770008	3	2	1	1	1x	0
708508758	4	2	1	2	1	1
⋮						

其中,客户 ID 列为客户识别号,其他列的取值规则如下。年龄:26～35 岁取值为 1,36～45 岁取值为 2,46～55 岁取值为 3,56～65 岁取值为 4,66～75 岁取值为 5;性别:男取值为 1,女取值为 2;受教育水平:高中及以下取值为 1,大学本科取值为 2,研究生取值为 3;婚姻状况:未婚取值为 1,已婚取值为 2;年收入水平[①]:小于或等于 40 取值为 1,41～60 取值为 2,61～80 取值为 3,81～120 取值为 4,大于 120 取值为 5;推销理财是否成功:不成功取值为 0,成功取值为 1。

要求通过以上数据集,构造客户理财产品推销的决策树,用于针对性地对其他属性客户进行产品推销,并使用这个决策树,对任选的 100 组客户的资料预测其推销理财是否成功。

5.3.1 实验原理

决策树算法构造决策树来发现数据中蕴含的分类规则,如何构造精度高、规模小的决策树是决策树算法的核心内容。决策树构造可以分两步进行。

(1) 决策树的生成。由训练样本集生成决策树的过程。一般情况下,训练样本是根据实际需要有历史的、有一定综合程度的,用于数据分析处理的数据集。

(2) 决策树的剪枝。决策树的剪枝是对上一阶段生成的决策树进行检验、校正和修剪的过程,主要是用新的样本数据集(称为测试数据集)中的数据校验决策树生成过程中产生的初步规则,将那些影响预测准确性的分枝剪除。

5.3.2 实验步骤

该实验的步骤如下。

---

① 年收入水平的范围分为 40000 以下、40001～60000、60001～80000、80001～120000 和 120000 以上 5 个档次,单位是美元。在源程序清单中,为了表达方便,使用 40k、60k、80k 和 120k 来简单表示。7.4.3 节和 7.4.4 节对年收入水平的用法同此处。

（1）加载数据集；

（2）拆分数据集；

（3）创建模型；

（4）在训练集学习得到模型；

（5）模型预测；

（6）模型评测。

5.3.3　实验结果

1. 源程序清单

```
from math import log
import operator
import csv

import treePlotter

def createDataSet():
    '''
    创建数据集:给定的数据集数据量太大,此处选用 3800 条作为训练集
    返回值:
    dataSet:二维 list,可分为两部分,前 5 列是属性的值,最后一列是类标签的值
    labels:一维 list,对前 5 列属性附加标签说明
    '''
    dataSet = []
    with open('信用卡数据集.csv', 'r', encoding='utf-8') as file:
        reader = csv.reader(file)
        next(reader)            #从第二行开始读取 不要列名称
        for i in reader:
            data = []           #dataSet 的一个元素,data[年龄,性别,受教育水平,婚姻状
                                #况,年收入水平,推销是否成功]
            #推销是否成功
            if i[1] == '0':
                data.insert(5, 0)
            else:
                data.insert(5, 1)
            #年龄
            if i[2] == '1':
                data.insert(0, 1)
            elif i[2] == '2':
                data.insert(0, 2)
            elif i[2] == '3':
                data.insert(0, 3)
            elif i[2] == '4':
```

```
                data.insert(0, 4)
            elif i[2] == '5':
                data.insert(0, 5)
            else:
                age = int(i[2])
                data.insert(0, age)
            #性别
            if i[3] == 'F':
                data.insert(1, 1)
            elif i[3] == 'M':
                data.insert(1, 2)
            #受教育水平
            if i[6] == 'College':
                data.insert(2, 2)
            elif i[6] == 'Graduate' or i[6] == 'Post-Graduate' or i[6] == 'Doctorate':
                data.insert(2, 3)
            else:
                data.insert(2, 1)
            #婚姻状况
            if i[7] == 'Married':
                data.insert(3, 2)
            #除了已婚,单身、离婚、不清楚婚姻状况都设为未婚
            else:
                data.insert(3, 1)
            #收入水平
            if i[8] == 'Less than $40k' or i[8] == 'Unknown':
                data.insert(4, 1)
            elif i[8] == '$41k - $60k':
                data.insert(4, 2)
            elif i[8] == '$61k - $80k':
                data.insert(4, 3)
            elif i[8] == '$81k - $120k':
                data.insert(4, 4)
            elif i[8] == '$121k +':
                data.insert(4, 5)
            dataSet.append(data)

    print('这是数据集:\n')
    print(dataSet)
    labels = ['age', 'sex', 'education', 'marry', 'income']


    return dataSet, labels


def calcShannonEnt(dataSet):
```

```
    '''
    用来计算数据集的香农信息熵
    ---------------
    参数：
    dataSet:见 createDataSet()函数
    ---------------
    返回值：
    shannonEnt:float 值,该数据集的香农信息熵
    '''
    #获取数据集样本个数
    #len()函数,Python 内部函数,返回对象当前维度的 size
    numEntries = len(dataSet)
    #初始化一个字典(dict)用来保存每个标签出现的次数
    #注意,这里应使用花括号
    #可以使用 type()函数查看对象的类型,type()函数也是 Python 自带函数
    labelCounts = {}

    #每次从 dataSet 中取一行
    for featVec in dataSet:
        #逐个获取标签信息
        #-1指的是 featVec 的倒数第一个,每行的倒数第一个就是其标签信息(类别)
        currentLabel = featVec[-1]
        #如果标签没有放入统计次数字典的话,就添加进去
        if currentLabel not in labelCounts.keys():
            labelCounts[currentLabel] = 0
        labelCounts[currentLabel] += 1

    #初始化香农信息熵
    shannonEnt = 0.0
    #以字典中的 key 为循环指针
    for key in labelCounts:
        #计算选择该标签的概率
        prob = float(labelCounts[key]) / numEntries
        #按照公式计算
        shannonEnt -= prob * log(prob, 2)
    return shannonEnt

def splitDataSet(dataSet, axis, value):
    '''
    对每个特征划分数据集的结果计算一次香农信息熵,然后判断按照哪个特征划分数据集是最
    好的划分方式
    ---------------
    参数：
    dataSet:见 createDataSet()函数
```

```
        axis:int,划分数据集的值(不被保留的列)
        value:需要寻找的特征的值
        ---------------
        返回值:
        retDataSet:该数据集的香农信息熵
        '''
        #创建新列表以存放满足要求的样本
        retDataSet = []
        for featVec in dataSet:
            if featVec[axis] == value:
                #接下来两行操作得到将 axis 特征去掉的 FeatVec
                #将 axis 之前的数据取下来
                reducedFeatVec = featVec[:axis]
                #将 axis 之后的数据取下来,合到前面
                reducedFeatVec.extend(featVec[axis + 1:])
                #将符合条件的值添加到返回的数据集中
                retDataSet.append(reducedFeatVec)
        return retDataSet


def chooseBestFeatureToSplit(dataSet):
    '''
    选择最好的数据集划分方式
    根据数据集的需要进行循环计算,并在前后评估信息增益,从而找到想要的结果——最优的
    数据集划分方法
    ---------------
    参数:
    dataSet:见 createDataSet()函数
    ---------------
    返回值:
    bestFeature:int,最佳划分位置的索引
    '''
    #获取样本集中特征的个数
    #-1是因为最后一列是 label
    numFeatures = len(dataSet[0]) - 1
    #调用 calcShannonEnt,计算整体数据的香农信息熵作为 base
    baseEntropy = calcShannonEnt(dataSet)
    #初始化两个变量 bestInfoGain(信息增益)和 bestFeature(最优特征的索引值)
    bestInfoGain = 0.0;
    bestFeature = -1
    #遍历所有特征,i 表示第几个特征
    for i in range(numFeatures):
        #将 dataSet 中的数据按行依次放入 example 中,然后取得 example 中的 example[i]
        #元素,即获得特征 i 的所有取值
        featList = [example[i] for example in dataSet]
```

```
        #由上一步得到了特征 i 的取值,如[1,1,1,0,0],使用集合这个数据类型删除多余重复
的取值,则剩下[1,0]
        uniqueVals = set(featList)
        newEntropy = 0.0

        #以不同的 value 划分数据集,并计算香农信息熵
        for value in uniqueVals:
            #调用 splitDataSet,逐个划分数据集,得到基于特征 i 和对应的取值划分后的
            #子集
            subDataSet = splitDataSet(dataSet, i, value)
            #根据特征 i 的可能取值划分出来的子集的概率
            prob = len(subDataSet) / float(len(dataSet))
            #调用 calcShannonEnt,求解分支结点的香农信息熵
            newEntropy += prob * calcShannonEnt(subDataSet)
            #计算信息增益
        infoGain = baseEntropy - newEntropy

        #对循环求得的信息增益进行大小比较
        #如果计算所得信息增益最大,则求得最佳划分方法
        if (infoGain > bestInfoGain):
            bestInfoGain = infoGain
            bestFeature = i
    return bestFeature


def majorityCnt(classList):
    '''
    使用多数表决统一类标签
    当完成最后一个属性的划分时,很有可能会出现类标签不唯一的情况,这种情况可以采用
5.2 节介绍的多数表决,k 近邻算法部分也采用该方法
    ---------------
    参数:
    classList:二维 list,分类名称的列表
    ---------------
    返回值:
    sortedClassCount[0][0]:int,出现次数最多的分类名称
    '''
    classCount = {}
    for vote in classList:
        if vote not in classCount.keys(): classCount[vote] = 0
        classCount[vote] += 1
    #分解为元组列表,operator.itemgetter(1)按照第二个元素的次序对元组进行排序,
    #reverse=True 是逆序,即按照从大到小的顺序排列
    sortedClassCount = sorted(classCount.items(), key= operator.itemgetter
(1), reverse=True)
```

```python
        return sortedClassCount[0][0]


def createTree(dataSet, labels):
    '''
    创建决策树
    ---------------
    参数:
    dataSet:见 createDataSet()函数
    labels:见 createDataSet()函数
    ---------------
    返回值:
    myTree:dict,构建出来的决策树
    '''
    #获取类别标签
    classList = [example[-1] for example in dataSet]
    if classList.count(classList[0]) == len(classList):
        #类别完全相同则停止继续划分
        return classList[0]
    #遍历完所有特征时返回出现次数最多的类别
    if len(dataSet[0]) == 1:
        return majorityCnt(classList)
    #选取最优划分特征
    bestFeat = chooseBestFeatureToSplit(dataSet)
    #获取最优划分特征对应的属性标签
    bestFeatLabel = labels[bestFeat]
    #存储树的所有信息
    myTree = {bestFeatLabel: {}}
    #删除已经使用过的属性标签
    del (labels[bestFeat])
    #得到训练集中所有最优特征的属性值
    featValues = [example[bestFeat] for example in dataSet]
    #去掉重复的属性值
    uniqueVals = set(featValues)
    #遍历特征,创建决策树
    for value in uniqueVals:
        #剩余的属性标签列表
        subLabels = labels[:]
        #递归函数实现决策树的构建
        myTree[bestFeatLabel][value] = createTree(splitDataSet(dataSet,
bestFeat, value), subLabels)
    return myTree


def classify(inputTree, featLabels, testVec):
    '''
```

　　创建决策树之后,该函数用于实际数据的分类,即决策树的测试函数,该函数一次可对一条数据进行测试

```
---------------
参数:
inputTree:dict,构造好的决策树
featLabels:一维 list,所有的类标签,即所有结果
testVec:一维 list,要被测试的数据
---------------
返回值:
classLabel:int 或 str,分类结果,类型取决于类标签的类型
'''
#获取根结点
firstStr = list(inputTree.keys())[0]
#获取下一级分支
secondDict = inputTree[firstStr]
#查找当前列表中第一个匹配 firstStr 变量的元素的索引
featIndex = featLabels.index(firstStr)
#获取测试样本中,与根结点特征对应的取值
key = testVec[featIndex]
#获取测试样本通过第一个特征分类器后的输出
valueOfFeat = secondDict[key]
#判断结点是否为字典,以此判断是否为叶结点
if isinstance(valueOfFeat, dict):
    #如果到达叶结点,则返回当前结点的分类标签
    classLabel = classify(valueOfFeat, featLabels, testVec)
else:
    classLabel = valueOfFeat
return classLabel


if __name__ == '__main__':

    #创建测试集:这个测试集是从给定数据集中取出了 100 条没有被训练的数据生成了一个新
    #的 CSV 文件
    #将推销结果插入,和测试结果做对比生成一个错误率
    testSet = []
    with open('测试集.csv', 'r', encoding='utf-8') as file:
        reader = csv.reader(file)
        num = 0;
        for i in reader:
            num = num + 1
            snum = str(num)
            print("test" + snum)
            data = []        #dataSet 的一个元素,data[年龄,性别,受教育水平,婚姻状
                             #况,年收入水平]
```

```python
#推销是否成功
if i[0] == '客户ID':
    continue
if i[1] == '0':
    data.insert(5, 0)
else:
    data.insert(5, 1)
#年龄
if i[2] == '1':
    data.insert(0, 1)
elif i[2] == '2':
    data.insert(0, 2)
elif i[2] == '3':
    data.insert(0, 3)
elif i[2] == '4':
    data.insert(0, 4)
elif i[2] == '5':
    data.insert(0, 5)
else:
    age= int(i[2])
    data.insert(0, age)
#性别
if i[3] == 'F':
    data.insert(1, 1)
elif i[3] == 'M':
    data.insert(1, 2)
#受教育水平
if i[6] == 'College':
    data.insert(2, 2)
elif i[6] == 'Graduate' or i[6] == 'Post-Graduate' or i[6] == 'Doctorate':
    data.insert(2, 3)
else:
    data.insert(2, 1)
#婚姻状况
if i[7] == 'Married':
    data.insert(3, 2)
#除了已婚,单身、离婚、不清楚婚姻状况都设为未婚
else:
    data.insert(3, 1)
#收入水平
if i[8] == 'Less than $40k' or i[8] == 'Unknown':
    data.insert(4, 1)
elif i[8] == '$41k - $60k':
    data.insert(4, 2)
elif i[8] == '$61k - $80k':
    data.insert(4, 3)
```

```
        elif i[8] == '$81k - $120k':
            data.insert(4, 4)
        elif i[8] == '$120k +':
            data.insert(4, 5)
        testSet.append(data)

#创建训练集，并进行决策树训练
(dataSet, labels) = createDataSet()
myTree = createTree(dataSet, labels)
treePlotter.createPlot(myTree)
(dataSet, labels) = createDataSet()
#
##测试
for i in range(len(testSet)):
    #print('这是推销结果:' + str(testSet[i][0]) + ',' + '这是测试推销结果:'
    #+ str(classify(myTree, labels, testSet[i])))
    print('这是推销结果:' + str(testSet[i][5]))
    #print('这是测试推销结果:' + str(classify(myTree, labels, testSet[i])))
```

2. 进行实验结果分析，呈现数据结果

运行代码后呈现的结果如图 5-2 和图 5-3 所示。

图 5-2　程序运行结果（1）

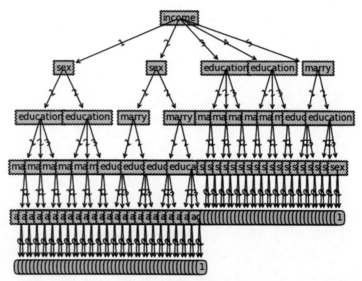

图 5-3　程序运行结果（2）

5.3.4 实验总结

通过以上示例可以看出,树以代表训练样本的单个结点开始。如果样本都在同一个类,则该结点成为树叶,并用该类标记。否则,算法选择最有分类能力的属性作为决策树的当前结点,递归划分步骤仅当下列条件之一成立时停止。

(1)给定结点的所有样本属于同一类。

(2)没有剩余属性可以用来进一步划分样本。在这种情况下,使用多数表决,将给定的结点转换成树叶,并以样本中元组个数最多的类别作为类别标记,同时可以以存放该结点样本的类别分布。

(3)如果某一分支没有样本,则以样本的多数类创建一个树叶。

5.4   本 章 小 结

本章介绍了决策树分类算法,该算法背后的理论核心是熵的概念。熵表示一种混乱程度,而决策树是一种通过不断分类达到熵减的过程。决策树的每一次分叉代表在上一个分叉的基础上添加一种条件,进而对数据进行更加细化的分类,而每一个新的分叉,其分叉之后的数据更加统一化。决策树分类算法的过程便是寻找哪种条件可以作为一个新的分叉,这种分叉还要让分类后的数据尽可能区分开,降低每种分类后数据的混乱程度。本章实验中的核心函数就是熵的计算函数,该函数用来决定分叉的条件,而算法停止的条件便是叶子结点的样本都为同一类,或者再无可分的条件。决策树作为一种相对简单的机器学习分类算法,其逻辑相对固定,可变参数相对较少,因此掌握起来相对容易。

第 6 章

朴素贝叶斯分类算法

6.1　朴素贝叶斯分类算法原理

6.1.1　贝叶斯原理

贝叶斯原理是英国数学家托马斯·贝叶斯提出的。其目的是解决"逆向概率"问题，尝试解答在没有太多可靠证据的情况下，怎样做出更符合数学逻辑的推测。

那么，什么是"逆向概率"呢？所谓"逆向概率"是相对"正向概率"而言。正向概率的问题很容易理解，如已经知道袋子里面有 N 个球，不是黑球就是白球，其中有 M 个是黑球，那么把手伸进去摸一个球，就能知道摸出黑球的概率是多少。但这种情况往往是上帝视角，即了解了事情的全貌再做判断。

例如，一个袋子里有 10 个球，其中 6 个黑球，4 个白球；那么随机抓一个黑球的概率是 0.6。

在现实生活中，很难知道事情的全貌。贝叶斯则从实际场景出发，提出一个问题：如果事先不知道袋子里面黑球和白球的比例，而是通过摸出来的球的颜色，能判断出袋子里面黑、白球的比例吗？

贝叶斯原理与其他统计学推断方法截然不同，它是建立在主观判断的基础上：在不了解所有客观事实的情况下，同样可以先估计一个值，然后根据实际结果不断进行修正。

假设有某种疾病的发病率是万分之一，现有一种测试可以检验一个人是否得病的准确率是 99.9％，它的误报率是 0.1％，那么现在的问题是，如果一个人被查出来患有疾病 X，实际上患有的可能性有多大？

问题分析：随机拉一个人进行检查，误报率是 0.1％。那么如果一个人被检查患病，实际上患有的概率是多少呢？也就是说，检查出患病准确率是 99.9％，那么实际患病的概率是不是 99.9％？

先验概率：通过经验来判断事情发生的概率，如疾病 X 的发病率是万分之一，就是先验概率。

后验概率：后验概率就是发生结果之后，推测原因的概率。例如，某人查出来了患有疾病 X，那么患病的原因可能是 A、B 或 C。患有疾病 X 是因为原因 A 的概率就是后验概率。它是属于条件概率的一种。

条件概率：事件 A 在另外一个事件 B 已经发生条件下的发生概率，表示为 $P(A|B)$。如原因 A 的条件下，患有疾病 X 的概率，就是条件概率。

似然函数(likelihood function):可以把概率模型的训练过程理解为求参数估计的过程。似然在这里就是可能性的意思,它是关于统计参数的函数。

介绍完贝叶斯原理中的这几个概念,再来介绍贝叶斯原理,实际上贝叶斯原理就是求解后验概率,假设 A 表示事件"测出为阳性",用 B_1 表示"患有疾病 X",B_2 表示"没有患疾病 X"。

患有疾病 X 的情况下,测出为阳性的概率为 $P(A|B_1)=99.9\%$,没有患疾病 X,但测出为阳性的概率为 $P(A|B_2)=0.1\%$。

对万分之一的解读:患有疾病 X 的概率为 $P(B_1)=0.01\%$,没有患疾病 X 的概率 $P(B_2)=99.99\%$。

那么,检测出来为阳性,而且是疾病 X 的联合概率分布 $P(B_1,A)=P(B_1)*P(A|B_1)=0.01\%*99.9\%=0.00999\%$。

同理,$P(B_2,A)=P(B_2)\times P(A|B_2)=99.99\%\times 0.1\%=0.09999\%$。

然后求的是检查为阳性的情况下,患有疾病 X 的概率,即 $P(B_1|A)$。

$$P(B_1|A)=\frac{P(A|B_1)P(B_1)}{P(A)}=\frac{P(A|B_1)P(B_1)}{P(A|B_1)P(B_1)+P(A|B_2)P(B_2)}$$
$$=\frac{99.9\%\times 0.01\%}{99.9\%\times 0.01\%+0.1\%\times 99.99\%}=9\%$$

同理,$P(B_2|A)=\dfrac{0.1\%}{0.01\%+0.1\%}\approx 90.9\%$

6.1.2 朴素贝叶斯

朴素贝叶斯是一种简单但极为强大的预测建模算法。之所以称为朴素贝叶斯,是因为它假设每个输入变量是独立的。这个假设很绝对,现实生活中根本不满足,但是这项假设对于绝大部分的复杂问题仍然非常有效。

朴素贝叶斯模型由两种类型的概率组成:

(1) 每个类别的概率 $P(C_j)$;

(2) 每个属性的条件概率 $P(A_i|C_j)$。

回归到疾病 X 的案例中来,类型概率是患病,不患病;条件概率是:患病的条件下,被检查出阳性的概率和不患病的条件下检查出阳性的概率(即误诊的概率)。贝叶斯是求后验概率,即知道结果推测原因的概率。

为了训练朴素贝叶斯模型,需要先给出训练数据,以及这些数据对应的分类。那么上面这两个概率,也就是类别概率和条件概率。它们都可以从给出的训练数据中计算出来。一旦计算出来,概率模型就可以使用贝叶斯原理对新数据进行预测。

需要注意的是,贝叶斯原理、贝叶斯分类和朴素贝叶斯三者之间是有区别的,如图 6-1 所示。贝叶斯原理是最大的概念,它解决了概率论中"逆向概率"的问题,在这个理论基础上,人们设计出了贝叶斯分类器,朴素贝叶斯分类是贝叶斯分类器中的一种,也是最简单,最常用的分类器。朴素贝叶斯之所以朴素是因为它假设属性是相互独立的,因此对实际情况有所约束,如果属性之间存在关联,分类准确率会降低。不过在大部分情况下,朴素贝叶斯的分类效果都不错。

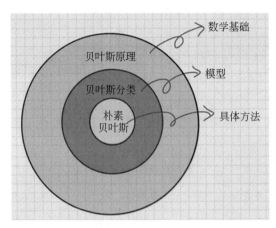

图 6-1　贝叶斯原理、贝叶斯分类和朴素贝叶斯的区别

以表 6-1 所示的男女信息的离散数据为例,这些是根据之前的经验所获得的数据。然后给出一个新的数据:身高"高"、体重"中"、鞋码"中",请问这个人是男性还是女性?

表 6-1　男女信息的离散数据

编　　号	身　　高	体　　重	鞋　　码	性　　别
1	高	重	大	男
2	高	重	大	男
3	中	中	大	男
4	中	中	中	男
5	矮	轻	小	女
6	矮	轻	小	女
7	矮	中	中	女
8	中	中	中	女

其中,男、女就是类型,男 C_1,女 C_2;

属性条件:身高 A_1,体重 A_2,鞋码 A_3;

那么想求在 A_1、A_2、A_3 属性下,C_j 的概率,用条件概率表示就是 $P(C_j|A_1A_2A_3)$。根据贝叶斯公式,可以得出:

$$P(C_j \mid A_1A_2A_3) = \frac{P(A_1A_2A_3 \mid C_j)P(C_j)}{P(A_1A_2A_3)} \tag{6-1}$$

因为一共有两个类别,所以只需要求得 $P(C_1|A_1A_2A_3)$ 和 $P(C_2|A_1A_2A_3)$ 的概率即可,然后比较哪个分类的可能性大,就是哪个分类结果,等价于求 $P(A_1A_2A_3|C_j)$ $P(C_j)$ 的最大值。

假定 A_i 之间是相互独立的,那么:

$$P(A_1A_2A_3 \mid C_j) = P(A_1 \mid C_j)P(A_2 \mid C_j)P(A_3 \mid C_j)$$
$$P(A_1 \mid C_1) = 1/2, P(A_2 \mid C_1) = 1/2,$$
$$P(A_3 \mid C_1) = 1/4, P(A_1 \mid C_2) = 0,$$
$$P(A_2 \mid C_2) = 1/2, P(A_3 \mid C_2) = 1/2$$

所以，$P(A_1A_2A_3 \mid C_1) = 1/16, P(A_1A_2A_3 \mid C_2) = 0$。

因为 $P(A_1A_2A_3 \mid C_1)P(C_1) > P(A_1A_2A_3 \mid C_2)P(C_2)$，所以应该是 C_1 类别，即男性。

以表 6-2 所示的连续数据为例，那么如果有一个新的数据，身高 180、体重 120、鞋码 41，请问此人是男性还是女性呢？

表 6-2　连续数据示例

编　　号	身高（cm）	体重（斤）	鞋码（欧码）	性　　别
1	183	164	45	男
2	182	170	44	男
3	178	160	43	男
4	175	140	40	男
5	160	88	35	女
6	165	100	37	女
7	163	110	38	女
8	168	120	39	女

这里的困难在于，由于身高、体重、鞋码都是连续变量，不能采用离散变量的方法计算概率。而且由于样本太少，所以也无法分成区间计算。怎么办呢？

这时，可以假设男性和女性的身高、体重、鞋码都是正态分布，通过样本计算出均值和方差，也就是得到正态分布的密度函数。

有了密度函数，就可以把值代入，算出某一点的密度函数的值。

例如，男性的身高均值是 179.5cm，标准差为 3.697 的正态分布。（选择不同条件下的样本，可以计算出样本的均值和标准差。）

因此，男性的身高为 180 的概率为 0.1069。怎么计算得出的呢？可以使用 Excel 中的 NORMDIST（x，mean，standard_dev，cumulative）函数，它一共有 4 个参数。

x 为正态分布中，需要计算的数值；mean 为正态分布的平均值；standard_dev 为正态分布的标准差；cumulative 指取值为逻辑值，即 False 或 True，它决定了函数的形式。当为 True 时，函数结果为累积分布；为 False 时，函数结果为概率密度。

这里使用的是 NORMDIST（180，179.5，3.697，0）= 0.1069。同理，可以计算得出男性体重为 120 的概率为 0.000382324，男性鞋码为 41 的概率为 0.120304111，则此人为男性的可能性为

$$P(A_1A_2A_3 \mid C_1) = P(A_1 \mid C_1)P(A_2 \mid C_1)P(A_3 \mid C_1)$$
$$= 0.1069 \times 0.000382324 \times 0.120304111 = 4.9169\mathrm{e}-6$$

同理,可以计算出此人为女性的可能性为

$$P(A_1A_2A_3 \mid C_2) = P(A_1 \mid C_2)P(A_2 \mid C_2)P(A_3 \mid C_2)$$

$$= 0.00000147489 \times 0.015354144 \times 0.120306074 = 2.7244e-9$$

由此可知,这组数据分类为男性的概率大于分类为女性的概率。

6.1.3　朴素贝叶斯算法流程

朴素贝叶斯分类常用于文本分类,尤其是对于英文等语言来说,分类效果较好。它常用于垃圾文本过滤、情感预测、推荐系统等。

第一阶段:准备阶段。

在这个阶段需要确定特征属性,如 6.1.2 节案例中的"身高""体重""鞋码"等,同时明确预测值是什么,并对每个特征属性进行适当划分,然后由人工对一部分数据进行分类,形成训练样本。这一阶段是整个朴素贝叶斯分类中唯一需要人工完成的阶段,其质量对整个过程将有重要影响,分类器的质量很大程度上由特征属性、特征属性划分及训练样本质量决定。

第二阶段:训练阶段。

这个阶段就是生成分类器,主要工作是计算每个类别在训练样本中的出现频率及每个特征属性划分对每个类别的条件概率。输入是特征属性和训练样本,输出是分类器。

第三阶段:应用阶段。

这个阶段是使用分类器对新数据进行分类。输入是分类器和新数据,输出是新数据的分类结果。

6.1.4　朴素贝叶斯算法的优缺点

朴素贝叶斯算法的优点如下:

(1)朴素贝叶斯模型发源于古典数学理论,有稳定的分类效率。

(2)对小规模的数据表现很好,能处理多分类任务,适合增量式训练,尤其是数据量超出内存时,可以一批批地进行增量训练。

(3)对缺失数据不太敏感,算法也比较简单,常用于文本分类。

朴素贝叶斯算法的缺点如下:

(1)理论上,朴素贝叶斯模型与其他分类方法相比具有最小的误差率。但是实际上并非总是如此,这是因为朴素贝叶斯模型给定输出类别的情况下,假设属性之间相互独立,这个假设在实际应用中往往是不成立的,在属性个数比较多或者属性之间相关性较大时,分类效果不好。而在属性相关性较小时,朴素贝叶斯性能最为良好。对于这一点,有半朴素贝叶斯之类的算法通过考虑部分关联性适度改进。

(2)需要知道先验概率,且先验概率很多时候取决于假设,假设的模型可以有很多种,因此在某些时候会由于假设的先验模型的原因导致预测效果不佳。

(3)由于是通过先验和数据来决定后验的概率从而决定分类,所以分类决策存在一定的错误率。

(4)对输入数据的表达形式很敏感。

6.2　Python 代码实现

　　以在线社区的留言为例。对于每一条留言进行预测分类,可以分为侮辱性和非侮辱性两种。预测完成后,根据预测结果考虑屏蔽侮辱性言论,从而不影响社区发展。

　　要从文本中获取特征,显然需要先拆分文本,这里的文本指的是来自文本的词条,每个词条是字符的任意组合。词条可以为单词,也可以是 URL、IP 地址或者其他任意字符串。将文本按照词条进行拆分,根据词条是否在词汇列表中出现,将文档组成词条向量,向量的每个值为 1 或者 0,其中 1 表示出现,0 表示未出现。

　　将向量计算中的点 (x,y) 换成词条向量 w(各维度的值由特征是否出现的 0 或 1 组成),在这里词条向量的维度和词汇表长度相同。

　　使用公式 $p(c_i|w)=p(w|c_i)*p(c_i)/p(w)$ 来计算文档词条向量属于各类的概率,其中 w 表示文档词条向量,c_i 表示第 i 个类别。然后比较概率的大小,从而预测出分类结果。

　　具体地,可以通过统计各个类别的文档数目除以总的文档数目,计算出相应的 $p(c_i)$;然后,基于条件独立性假设,将 w 展开为一个个的独立特征,那么就可以将上述公式写为 $p(w|c_i)=p(w_0|c_i)*p(w_1|c_i)*\cdots p(w_N|c_i)$,这样就很容易计算,从而极大地简化了计算过程。

　　(1) 通过 loadDataSet() 函数创建数据集和其分类结果。词条切分后的文档集合,列表每一行代表一个文档。其中,类别有侮辱性的文字为类别 1,正常言论为类别 0。

```python
def loadDataSet():
    postingList=[['my', 'dog', 'has', 'flea', 'problems', 'help', 'please'],
                 ['maybe', 'not', 'take', 'him', 'to', 'dog', 'park', 'stupid'],
                 ['my', 'dalmation', 'is', 'so', 'cute', 'I', 'love', 'him'],
                 ['stop', 'posting', 'stupid', 'worthless', 'garbage'],
                 ['mr', 'licks', 'ate', 'my', 'steak', 'how', 'to', 'stop', 'him'],
                 ['quit', 'buying', 'worthless', 'dog', 'food', 'stupid']]
    classVec = [0,1,0,1,0,1]
    return postingList,classVec
```

　　(2) 通过 createVocabList() 函数统计所有文档中出现的词条列表。在函数中,新建一个存放词条的集合 vocabSet,遍历文档集合中的每一篇文档,将文档列表转换为集合的形式,保证每个词条的唯一性,然后与 vocabSet 取并集,向 vocabSet 中添加没有出现的新的词条。再将集合转换为列表,便于接下来的处理。

```python
def createVocabList(dataSet):
    vocabSet = set([])
    for document in dataSet:
        vocabSet = vocabSet | set(document)
    return list(vocabSet)
```

（3）通过 etOfWords2Vec()函数根据词条列表中的词条是否在文档中出现（出现 1，未出现 0），将文档转换为词条向量。在函数中，新建一个长度为 vocabSet 的列表，并且各维度元素初始化为 0，遍历文档中的每一个词条，如果词条在词条列表中出现，通过列表获取当前 word 的索引（下标），将词条向量中的对应下标的项由 0 改为 1，返回 inputSet 转换后的词条向量。

```python
def setOfWords2Vec(vocabList, inputSet):
    returnVec = [0] * len(vocabList)
    for word in inputSet:
        if word in vocabList:
            returnVec[vocabList.index(word)] = 1
        else: print("the word: %s is not in my Vocabulary!" % word)
    return returnVec
```

（4）通过 trainNB0()函数训练算法，从词向量计算概率。其中，trainMatrix 表示由每篇文档的词条向量组成的文档矩阵，trainCategory 表示每篇文档的类标签组成的向量。在函数中，首先获取文档矩阵中文档的数目，获取词条向量的长度，计算所有文档中属于类 1 所占的比例 $p(c=1)$。创建一个长度为词条向量等长的列表，遍历每一篇文档的词条向量。如果该词条向量对应的标签为 1，统计所有类别为 1 的词条向量中各词条出现的次数，统计类别为 1 的词条向量中出现的所有词条的总数，即统计类 1 所有文档中出现单词的数目；否则统计所有类别为 0 的词条向量中各词条出现的次数，统计类别为 0 的词条向量中出现的所有词条的总数，即统计类 0 所有文档中出现单词的数目。计算 $p(w_i|c_1)$和 $p(w_i|c_0)$。

```python
def trainNB0(trainMatrix,trainCategory):
    numTrainDocs = len(trainMatrix)
    numWords = len(trainMatrix[0])
    pAbusive = sum(trainCategory)/float(numTrainDocs)
    p0Num = ones(numWords); p1Num = ones(numWords)
    p0Denom = 2.0; p1Denom = 2.0
    for i in range(numTrainDocs):
        if trainCategory[i] == 1:
            p1Num += trainMatrix[i]
            p1Denom += sum(trainMatrix[i])
        else:
            p0Num += trainMatrix[i]
            p0Denom += sum(trainMatrix[i])
    p1Vect = log(p1Num/p1Denom)
    p0Vect = log(p0Num/p0Denom)
    return p0Vect,p1Vect,pAbusive
```

（5）定义朴素贝叶斯分类函数 classifyNB()。其中，vec2Classify 表示待测试分类的词条向量，p0Vec 表示类别 0 所有文档中各词条出现的频数 $p(w_i|c_0)$，p0Vec 表示类别 1

所有文档中各词条出现的频数 $p(w_i|c_1)$，pClass1 表示类别为 1 的文档占文档总数的比例。在函数中，根据朴素贝叶斯分类函数分别计算待分类文档属于类 1 和类 0 的概率。

```python
def classifyNB(vec2Classify, p0Vec, p1Vec, pClass1):
    p1 = sum(vec2Classify * p1Vec) + log(pClass1)
    p0 = sum(vec2Classify * p0Vec) + log(1.0 - pClass1)
    if p1 > p0:
        return 1
    else:
        return 0
```

（6）通过 testingNB() 函数，定义分类测试整体函数。在函数中，由数据集获取文档矩阵和类标签向量，统计所有文档中出现的词条，存入词条列表，然后创建新的列表，将每篇文档利用 words2Vec() 函数转换为词条向量，存入文档矩阵中，将文档矩阵和类标签向量转换为 NumPy 的数组形式，方便接下来的概率计算，调用训练函数，得到相应概率值。测试文档，并将测试文档转换为词条向量，并转换为 NumPy 数组的形式，利用贝叶斯分类函数对测试文档进行分类并打印。然后对第二个文档进行同样的操作。

```python
def testingNB():
    listOPosts, listClasses = loadDataSet()
    myVocabList = createVocabList(listOPosts)
    trainMat=[]
    for postinDoc in listOPosts:
        trainMat.append(setOfWords2Vec(myVocabList, postinDoc))
    p0V,p1V,pAb = trainNB0(array(trainMat),array(listClasses))
    testEntry = ['love', 'my', 'dalmation']
    thisDoc = array(setOfWords2Vec(myVocabList, testEntry))
    print(testEntry,'classified as: ',classifyNB(thisDoc,p0V,p1V,pAb))
    testEntry = ['stupid', 'garbage']
    thisDoc = array(setOfWords2Vec(myVocabList, testEntry))
    print(testEntry,'classified as: ',classifyNB(thisDoc,p0V,p1V,pAb))
```

（7）在实验中，可以通过 textParse() 函数处理数据长字符串。对长字符串进行分隔，分隔符为除单词和数字之外的任意符号串。将分隔后的字符串中所有的大写字母变成小写字母，并且只保留单词长度大于或等于 3 的单词。

```python
def textParse(bigString):
    import re
    listOfTokens = re.split(r'\W*', bigString)
    return [tok.lower() for tok in listOfTokens if len(tok) > 2]
```

接下来对上述函数进行总体测试。

```python
postingList,classVec=loadDataSet()
print ('1. postingList: ',postingList)
print ('2. classVec: ',classVec)
```

```
myVocabList = createVocabList(postingList)
print ('3. myVocabList: ',myVocabList)
postingList02vec = setOfWords2Vec(myVocabList,postingList[0])
print ('4. postingList02vec: ',postingList02vec)
trainMat = doclist2list2Vec(myVocabList,postingList)
print ('5. trainMat: ',trainMat)
p0v, p1v, pAB = trainNB0(trainMat, classVec)
print ('6. p0v: ',p0v)
print('7. p1v: ',p1v)
print('8. pAB: ',pAB)
```

1. postingList: [['my', 'dog', 'has', 'flea', 'problems', 'help', 'please'],
['maybe', 'not', 'take', 'him', 'to', 'dog', 'park', 'stupid'], ['my',
'dalmation', 'is', 'so', 'cute', 'I', 'love', 'him'], ['stop', 'posting',
'stupid', 'worthless', 'garbage'], ['mr', 'licks', 'ate', 'my', 'steak', 'how',
'to', 'stop', 'him'], ['quit', 'buying', 'worthless', 'dog', 'food', 'stupid']]
2. classVec: [0, 1, 0, 1, 0, 1]
3. myVocabList: ['food', 'problems', 'not', 'steak', 'dalmation', 'how', 'ate',
'help', 'cute', 'posting', 'stop', 'is', 'has', 'dog', 'mr', 'to', 'so',
'buying', 'my', 'flea', 'I', 'please', 'worthless', 'quit', 'maybe', 'him',
'stupid', 'love', 'licks', 'take', 'garbage', 'park']
4. postingList02vec: [0, 1, 0, 0, 0, 0, 0, 1, 0, 0, 0, 0, 1, 1, 0, 0, 0, 0, 1, 1, 0,
1, 0, 0, 0, 0, 0, 0, 0, 0, 0, 0]
5. trainMat: [[0, 1, 0, 0, 0, 0, 0, 1, 0, 0, 0, 0, 1, 1, 0, 0, 0, 0, 1, 1, 0, 1, 0, 0,
0, 0, 0, 0, 0, 0, 0, 0], [0, 0, 1, 0, 0, 0, 0, 0, 0, 0, 0, 0, 0, 1, 0, 1, 0, 0, 0, 0, 0,
0, 0, 1, 1, 1, 0, 0, 1, 0, 1], [0, 0, 0, 0, 1, 0, 0, 0, 1, 0, 0, 1, 0, 0, 0, 0, 1, 0, 1, 0,
1, 0, 0, 0, 1, 0, 1, 0, 0, 0, 0], [0, 0, 0, 0, 0, 0, 0, 0, 0, 0, 1, 1, 0, 0, 0, 0, 0, 0, 0,
0, 0, 0, 1, 0, 0, 0, 1, 0, 0, 0, 1, 0], [0, 0, 0, 1, 0, 1, 1, 0, 0, 0, 1, 0, 0, 0, 1, 1,
0, 0, 1, 0, 0, 0, 0, 0, 0, 1, 0, 0, 1, 0, 0, 0], [1, 0, 0, 0, 0, 0, 0, 0, 0, 0, 0, 0, 0, 1,
0, 0, 0, 1, 0, 0, 0, 0, 1, 1, 0, 0, 1, 0, 0, 0, 0, 0]]
6. p0v: [-3.25809654 -2.56494936 -3.25809654 -2.56494936 -2.56494936 -2.56494936
-2.56494936 -2.56494936 -2.56494936 -3.25809654 -2.56494936 -2.56494936
-2.56494936 -2.56494936 -2.56494936 -2.56494936 -2.56494936 -3.25809654
-1.87180218 -2.56494936 -2.56494936 -2.56494936 -3.25809654 -3.25809654
-3.25809654 -2.15948425 -3.25809654 -2.56494936 -2.56494936 -3.25809654
-3.25809654 -3.25809654]
7. p1v: [-2.35137526 -3.04452244 -2.35137526 -3.04452244 -3.04452244 -3.04452244
-3.04452244 -3.04452244 -3.04452244 -2.35137526 -2.35137526 -3.04452244
-3.04452244 -1.94591015 -3.04452244 -2.35137526 -3.04452244 -2.35137526
-3.04452244 -3.04452244 -3.04452244 -3.04452244 -1.94591015 -2.35137526
-2.35137526 -2.35137526 -1.65822808 -3.04452244 -3.04452244 -2.35137526
-2.35137526 -2.35137526]
8. pAB: 0.5

```
testingNB()
```

```
['love', 'my', 'dalmation'] classified as:  0
['stupid', 'garbage'] classified as:  1
```

6.3 案例 6-1：基于朴素贝叶斯的理财产品促销

北京计开公司的理财销售部门，为了更好地向客户推销理财产品，制订符合客户的理财计划，对客户所持有的信用卡及其消费情况进行统计后发现，理财产品推销成功与否和客户的性别、受教育水平、婚姻状况、年收入水平有关。统计结果如表 6-3 所示。

表 6-3 信用卡消费情况统计结果

客户 ID	年龄	性别	受教育水平	婚姻状况	年收入水平	推销理财结果
818770008	3	2	1	1	1	0
708508758	4	2	1	2	1	1
⋮						

其中，客户 ID 列为客户识别号，其他列的取值规则为，年龄：26～35 岁为 1,36～45 岁为 2,46～55 岁为 3,56～65 岁为 4,66～75 岁为 5；性别：男为 1,女为 2；受教育水平：高中及以下为 1,大学本科为 2,研究生为 3；婚姻状况：未婚为 1,已婚为 2；年收入水平：小于或等于 40 为 1,41～60 为 2,61～80 为 3,81～120 为 4,大于 120 为 5；推销理财是否成功：不成功为 0,成功为 1。

要求通过以上数据集，构造客户理财产品推销的分类模型，用于针对性地对其他属性客户进行产品推销，并对任选的 100 组客户资料的用户推销理财是否成功进行预测。

6.3.1 实验步骤

该实验的步骤如下。

（1）创建 Beyes 类。

（2）类中包括 4 种方法，初始化方法用来创建保存中间计算结果的容器。

① fit 方法用来计算数据长度、分隔制作条件概率所需数据集保存为字典、计算先验概率。

② p_test_data 方法用来计算一个样本的分类结果。

③ classifier 方法用来计算测试集所有分类结果。

④ score 方法用来计算准确结果。

6.3.2 实验结果

1. 源程序清单

```
import pandas as pd
from sklearn.model_selection import train_test_split
from collections import Counter
```

```python
import seaborn as sns
from sklearn.metrics import confusion_matrix
import matplotlib.pyplot as plt
class NaiveBeyes:
    def __init__(self):
        '''
        函数说明:
            对参数进行初始化
        ---------------
        参数:
            无
        ---------------
        返回值:
            无
        '''
        #保存测试集数据量
        self.length = -1
        #目标值类别集合
        self.train_target_list = []
        #保存各目标值概率、先验概率
        self.p_train_target = {}
        #保存各条件概率对应的数据集
        self.split_data_list = []
        #保存预测分类结果
        self.predict = []
        #保存真实分类结果
        self.target = []
    def fit(self, train_data, train_target):
        '''
        函数说明:
            P(X)=∑kP(X|Y=Yk)P(Yk),计算 P(Yk):p_train_target,对标签集的处理准备
        ---------------
        参数:
            train_data:DataFrame,数据集;
            train_target:ndarray,标签信息
        ---------------
        返回值:
            无
        '''
        #读取矩阵从第一维到最后的长度
        train_length = train_data.shape[0]
        #赋值
        self.length = train_length
        #以表格的形式保存,训练标签集
```

```python
        target_list = list(set(train_target))
        #写入训练标签列
        self.train_target_list = target_list
        #保存目标值的分类计数(字典格式)
        target_classifier = dict(Counter(train_target))
        #DataFrame 相当于表格
        train_data = pd.DataFrame(train_data)
        #将训练集数据转换为 DataFrame 格式方便后续聚合
        train_data['target'] = train_target
        #训练集中的标签数据开始与训练标签清单中第一个标签开始比对
        for target in self.train_target_list:
            #求先验概率,每一类标签的数量占整体的概率
            self.p_train_target[target] = target_classifier[target] / self.length
            #如果当前的标签与训练集标签相同,生成相应的类别的特征矩阵 A 类 M 个,B 类
            #N 个
            split_data = train_data[train_data['target'] == target]
            #将特征矩阵放在清单的后面,标签在前面
            self.split_data_list.append(split_data)
    def p_test_data(self, sample):
        '''
        函数说明:
            取测试集的一个样本,计算各特征对应条件概率及最终的分类结果,并将结果映射
    到测试集的 target 列
        ---------------
        参数:
            sample:Series,数据集
        ---------------
        返回值:
            self.train_target_list[position]:int64,概率最大的类别
        '''
        #存放概率的矩阵
        result_p = []
        #开始从训练标签清单第一个开始遍历
        for j in range(len(self.train_target_list)):
            #预设先验概率为 1
            p_label = 1
            #获取当前用于比对的第 j 个的类别的标签
            this_target = self.train_target_list[j]
            #获取当前用于比对的第 j 个的类别的特征值矩阵
            this_data = self.split_data_list[j]
            #从 i 开始,直至测试数据的 35 个特征值遍历结束
            for i in range(0, sample.shape[0]):
                #将用于比对的训练特征值矩阵第 i 列保存为特征值计数字典(字典格式)0 特
                #征 m 个,1 特征 n 个
```

```python
        feature_num_dict = dict(Counter(this_data[i]))
        #如果从字典的第一列的特征开始比对
        if sample[i] in feature_num_dict:
            #测试数据的第 i 个特征值在特征值计数字典中的第 i 列特征值列中是存
            #在的
            label_num = feature_num_dict.get(sample[i])
            #标签的概率是先验乘该数据第 i 个特征在这一类 i 特征中的占比概率,
            #即 P(B)×P(A1|B)
            p_label = p_label * (label_num / this_data.shape[0])
        else:
            #以一个极小值来代替当前测试数据非该类标签的概率
            p_label = p_label * (1 / (this_data.shape[0] + len(feature_
num_dict)))
        #计算该样本属于该标签集的概率
        this_target_p = p_label * self.p_train_target.get(this_target)
        #将概率放入 result_p 矩阵里面
        result_p.append(this_target_p)
    #求出概率最大的分类
    position = result_p.index(max(result_p))
    return self.train_target_list[position]
def Classification(self, test_data):
    '''
    函数说明:
        计算分类结果
    ---------------
    参数:
        test_data:DataFrame,数据集
    ---------------
    返回值:
        无
    '''
    #测试集数据量不对
    if self.length == -1:
        #程序出现错误,会自动引发异常
        raise ValueError('please use fit() to train the train data set ')
    else:
        #保存测试集为字典格式
        test_data = pd.DataFrame(test_data)
        #一行一行计算测试数据,得到概率的标签值
        test_data['target'] = test_data.apply(self.p_test_data, axis=1)
        #预测分类结果为测试的清单
        self.predict = list(test_data['target'])
def predictscore(self, test_target):
    '''
```

```
函数说明:
    计算准确率
---------------
参数:
    test_target:ndarray,数据集
---------------
返回值:
    score:float,分类的准确率
'''
#赋值
self.target = test_target.tolist()
#如果分类结果是 0,则重新进入函数
if len(self.predict) == 0:
    #程序出现错误,会自动引发异常
    raise ValueError('please use Classification() to get Classification
target')
else:
    #参数初始化
    count = 0
    #遍历测试数据标签
    for i in range(0, test_target.shape[0]):
        #如果测试集是真实标签
        if test_target[i] == self.predict[i]:
            count += 1
    #计数,求正确率
    score = count / (test_target.shape[0])
    return score
if __name__ == '__main__':
    #参数初始化
    aveaccuracy = 0
    #重新排列测试集标签
    target2 = []
    #重新排列测试集标签
    predict2 = []
    #训练标签清单
    target_list = []
    #读取数据
    data = pd.read_csv('credit.csv', encoding='gb2312')
    #参数初始化
    target0 = data.columns[0]
    #赋值
    X1 = data.drop(target0, axis=1)
    #参数初始化
    target1 = X1.columns[0]
```

```python
#赋值
x = X1.drop(target1, axis=1)
#赋值
y = X1.drop(x, axis=1)
#取第一列数据
x = X1.iloc[:, 1:].values
#取第 0 列数据
y = X1.iloc[:, 0].values
#将第 0 列数据转换成表
list1 = list(y)
for i in list1:
    #如果 i 不在训练清单里
    if i not in target_list:
        #在训练清单后面标 i
        target_list.append(i)
for i in range(0, 2):
    #分数据集为 2:8
    x_train, x_test, y_train, y_test = train_test_split(x, y)
    classifier = NaiveBeyes()
    #处理训练集，x 是数据，y 是标签
    classifier.fit(x_train, y_train)
    classifier.Classification(x_test)
    #获取测试集正确率
    a = classifier.predictscore(y_test)
    #多次求和有序真实测试标签
    target2 = target2 + classifier.target
    #多次求和有序预测测试标签
    predict2 = predict2 + classifier.predict
    #输出准确率之和
    aveaccuracy = aveaccuracy + a
#输出值
aveaccuracy = aveaccuracy / 2
#设置绘图风格
sns.set()
y_true = target2
y_pred = predict2
#混淆矩阵
C2 = confusion_matrix(y_true, y_pred, labels=target_list)
#热力图绘制
sns.heatmap(C2, annot=True)
#输出平均准确率
print("aveaccuracy:", aveaccuracy)
plt.show()
```

2. 程序结果

进行实验结果分析,呈现数据结果。

1000 条数据集的数据如下:

```
[[2 1 1 2 3]
 [3 2 2 1 1]
 [3 1 2 2 4]
 ...
 [4 2 3 2 2]
 [3 1 1 3 4]
 [2 1 1 2 3]]
```

标签如下:

```
[0 0 1 0 0 1 0 0 1 0 1 0 1 0 0 0 0 1 1 1 1 0 0 1 1 1 0 0 0 1 0 1 1 0 1 1 0 0 0
 1 1 1 1 1 1 1 0 0 1 0 0 0 0 1 1 0 1 0 0 1 1 1 1 0 1 0 0 0 0 1 0 0 0 0 0 0
 1 1 1 1 0 0 0 1 0 0 0 1 1 0 1 1 0 0 0 0 0 1 0 1 0 0 0 0 1 1 1 1 1 0 1 0 1
 0 0 0 1 1 1 0 0 0 0 1 1 0 0 1 1 0 0 1 1 0 1 1 1 1 0 1 0 0 1 0 1 1 0 0 1
 0 1 0 1 1 0 0 1 1 0 0 0 0 1 1 1 1 0 0 0 0 1 1 0 1 0 1 0 0 1 0 0 1 0 1
 1 0 0 1 1 0 0 1 0 0 0 0 0 0 1 1 1 1 1 0 1 1 0 1 0 0 0 0 0 0 1 1 0 1 0
 1 0 1 1 0 1 1 1 1 0 1 1 1 0 0 0 0 0 1 0 1 0 1 0 1 0 1 0 0 0 1 0 0
 1 0 0 1 0 0 1 1 0 0 0 0 0 0 1 0 0 0 0 0 0 1 0 1 0 0 1 0 0 0 1 0 1 0
 0 1 1 1 0 0 1 1 0 1 1 0 1 1 1 1 0 1 0 1 0 0 0 0 1 1 0 1 1 0 0 1 1 1 0
 0 1 0 1 1 1 0 1 0 1 0 0 0 0 0 1 1 0 1 0 0 1 1 0 0 0 1 1 0 1 0 1 0 1
 0 0 1 0 1 0 1 1 0 1 1 1 1 0 0 0 0 1 0 1 0 1 1 0 1 0 1 0 1 0 0 1 1 1 1 1
 1 1 1 1 0 0 1 0 1 0 1 0 1 0 0 1 1 0 0 0 0 1 0 1 1 1 0 1 1 0 0 0 0 0 1
 0 1 1 1 1 1 0 1 0 1 1 0 0 0 0 1 1 1 1 0 0 0 0 1 1 0 1 1 0 0 0 1 0
 0 1 0 0 0 0 1 0 0 1 1 0 1 1 0 1 0 1 1 1 0 0 1 0 0 0 0 1 1 0 0 0 1 1 0
 0 0 1 1 1 0 1 1 0 1 1 0 0 1 0 1 1 1 1 0 1 0 1 0 1 1 1 1 0 1 1 1 1 0
 0 0 0 1 0 1 1 1 0 1 1 1 1 0 0 0 1 0 0 0 0 0 1 1 1 1 0 0 0 0 1 0 0 0
 0 1 0 0 0 0 0 0 0 1 1 0 1 1 1 0 0 1 1 1 1 1 1 1 1 1 0 1 0 1 1 1 0 0 0 1
 1 0 0 1 0 0 0 0 1 1 0 1 1 0 0 0 0 0 1 0 1 1 0 0 1 1 1 1 0 1 1 1 0 1 1
 0 1 1 0 1 1 0 1 0 1 0 1 0 0 1 1 0 0 1 1 0 0 1 1 1 1 0 1 1 0 0 1 0 1 1 1 0
```

结果如下:

```
第1次分隔数据集
model had trained please use classifier() to get result
classfier result: [0, 0, 0, 1, 1, 0, 0, 1, 1, 0, 0, 0, 0, 1, 1, 0, 1, 0, 1, 0, 0, 1, 1, 0, 1, 1, 0, 1, 0, 1, 0, 1,
the Classification accuracy is: 0.524
第2次分隔数据集
model had trained please use classifier() to get result
classfier result: [0, 1, 0, 1, 0, 1, 0, 0, 0, 0, 0, 0, 0, 0, 1, 0, 1, 0, 1, 1, 0, 0, 1, 0, 0, 0, 0, 0, 0, 0, 0, 0, 1, 0,
the Classification accuracy is: 0.564
训练集数据量 (750, 5)
测试集数据量 (250, 5)
aveaccuracy: 0.544
```

预测概率只有 0.5 左右,这是贝叶斯的缺陷所在。

混淆矩阵:表示预测准确率和错误率都差不多。本次实验测试了两次,结果均在 0.5 左右。

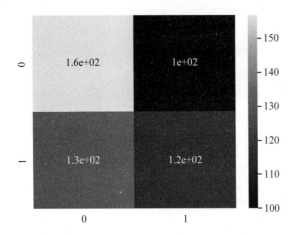

6.3.3　实验总结

在本实验中,首先是数据导入问题,要导入的数据包含文字数据和数值数据这两种不同类型的数据,这些数据是需要处理的。最后输出结果时,选择混淆矩阵来进行可视化分析,因为该数据集是分成两类的,所以很直观地就可以看出结果。我们希望最终能进行较准确的预测,但朴素贝叶斯很大程度上依赖数据的先验概率,所以预测的好坏主要与数据集的选取有关。

在最开始只做了一次分类和预测,但最后为了提高实验结果的准确度,进行了多次测试,取平均值作为最后的准确率。又因为数据集分训练集和测试集时是随机分类,所以在最后做混淆矩阵时,需要将数据重新排序,才能获得到底有哪些数据预测错误,这是一个比较烦琐的过程。

6.4　本 章 小 结

本章介绍了朴素贝叶斯分类算法,该算法的核心是计算每个数据对应各个分类的可能性大小。朴素贝叶斯分类算法利用了一种经验概率,通过从历史数据中学习哪种情况下出现某一类别,进而统计出不同情况下每种类别出现的概率,一旦出现一种新的数据,便会通过以往的经验计算该数据对应不同类别的概率,并将该数据定义为概率最大的那种类别。因此,朴素贝叶斯分类算法会因为已有数据产生极大的影响。朴素贝叶斯分类算法在编写时重点在于如何统计已有数据的分类概率,而对不同的数据和分类方法,算法在编写上会出现细节上的不同,因此需要根据实际情况仔细思考。而朴素贝叶斯分类算法背后的数学逻辑相对简单,因此也是一种简单的机器学习分类算法。

第7章

k 近邻分类与 k 均值聚类算法

7.1　k 近邻分类原理与实现

　　k 近邻(K-Nearest Neighbor,KNN)学习是一种常用的监督学习方法,其工作机制非常简单:给定测试样本,基于某种距离度量找出训练集中与其最靠近的 k 个训练样本,然后基于这 k 个"邻居"的信息来进行预测。通常,在分类任务中可使用"投票法",即选择这 k 个样本中出现最多的类别标记作为预测结果。整个算法可以概括为"近朱者赤,近墨者黑"。

　　k 近邻算法没有显式的训练过程,它在训练阶段仅仅是把样本保存起来,在收到样本后再进行处理,在训练阶段基本上不会耗费时间。k 近邻算法中最重要的一个参数就是 k 的取值,k 取不同的值,结果可能会有所区别。

　　接下来介绍 k 近邻算法"投票法"的具体使用,如图 7-1 所示,加号和减号表示样本的两个种类,问号表示待测试的样本。当 $k=1$ 时,分类器将测试样本判别为正例;当 $k=3$ 时,分类器将测试样本判别为负例;当 $k=5$ 时,分类器又将其判别为正例。由此可见,k 近邻算法的选取是非常重要的。

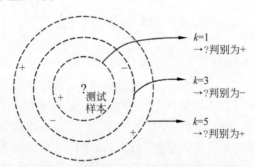

图 7-1　k 近邻算法中"投票法"的具体使用

　　k 近邻算法是解决分类问题的一种常见方法,其主要思路是,根据给定距离度量,在训练集中找到目标点最近的 k 个样本的分类结果,经过分类规则,预测目标样本的分类。k 近邻算法有 3 个重要的要素:距离、k 值以及分类规则。

7.1.1　距离

　　k 近邻算法一般特征空间为 N 维实数空间,一般采用欧氏距离,但在一些情况下,也可以采用其他距离,下面介绍一些常见的距离度量。

(1) 欧氏距离,又称为欧几里得距离,定义在欧几里得空间中,$(x_1, x_2, \cdots, x_n)$ 与 $(y_1, y_2, \cdots, y_n)$ 之间的欧氏距离定义为

$$d(X, Y) = \sqrt{(x_1 - y_1)^2 + (x_2 - y_2)^2 + \cdots + (x_n - y_n)^2} \tag{7-1}$$

(2) 曼哈顿距离是城市区块距离,实际上是在欧氏空间两点之间连线在固定直角坐标系投影的距离总和,$(x_1, x_2, \cdots, x_n)$ 与 $(y_1, y_2, \cdots, y_n)$ 之间的曼哈顿距离定义为

$$d(X, Y) = |x_1 - y_1| + |x_2 - y_2| + \cdots + |x_n - y_n| \tag{7-2}$$

(3) 切比雪夫距离是一种超凸度量,$(x_1, x_2, \cdots, x_n)$ 与 $(y_1, y_2, \cdots, y_n)$ 之间的切比雪夫距离定义为

$$d(X, Y) = \max(|x_1 - y_1|, |x_2 - y_2|, \cdots, |x_n - y_n|) \tag{7-3}$$

在国际象棋中,国王可以移动到相邻 8 个方格的任意一个,那么国王从 (x_1, y_1) 移动到 (x_2, y_2) 最少需要走 $\max(|x_1 - y_1|, |x_2 - y_2|)$ 步,切比雪夫距离是一种类似的度量。

(4) 闵氏距离,又称为闵可夫斯基距离,不是一种距离而是一组距离的定义。它给出了普遍的定义,$(x_1, x_2, \cdots, x_n)$ 与 $(y_1, y_2, \cdots, y_n)$ 之间的闵氏距离定义为

$$d(X, Y) = \sqrt[p]{\sum_{k=1}^{n} |x_i - y_i|^n} \tag{7-4}$$

其中,p 是一个可变参数,当 $p = 1$ 时,闵氏距离就是曼哈顿距离;当 $p = 2$ 时,闵氏距离就是欧氏距离;当 $p \to \infty$,闵氏距离就是切比雪夫距离。

(5) 马氏距离(Mahalanobis distance)可以应对高维线性分布数据中,各维度间非独立同分布的问题,是用于衡量两个样本集之间相似度的度量。假设有 M 个样本 $X = (x_1, x_2, \cdots, x_m)'$,协方差矩阵为 S,均值 $\mu = (\mu_1, \cdots, \mu_m)$,则单个数据点的马氏距离($X$ 和 μ 的距离)为

$$D_M(X) = \sqrt{(X - \mu)^T S^{-1} (X - \mu)} \tag{7-5}$$

数据点 X, Y 之间的马氏距离为

$$D_M(X) = \sqrt{(X - Y)^T \sum^{-1} (X - Y)} \tag{7-6}$$

马氏距离与特征的量纲无关,排除变量之间的相关性的干扰。

(6) 余弦夹角,几何中余弦夹角是用来衡量两个向量方向的差异,定义如下:

$$\cos\theta = \frac{\sum x_i y_i}{\sqrt{\sum x_i^2} \sqrt{\sum y_i^2}} \tag{7-7}$$

余弦夹角的取值范围在 $[-1, 1]$,夹角余弦值越大两个向量夹角越小,重合为 1,相反为 -1。

常用的距离还有巴氏距离(两个离散或连续概率分布的相似性)、Jaccard 相似度(两个集合的相似度)、皮尔逊相关系数等。

7.1.2 k 值选择

k 值的选择会对 k 近邻算法算法的辨识结果产生非常大的影响。k 值较小时,学习

器容易忽略数据本身的分布,学习了噪声数据,并且容易导致模型出现过拟合(试想 $k=1$ 的情况);但是选取的 k 值较大时,可能会使整体的模型变得简单,学习器可能会忽略数据样本中大量有用的信息(试想 $k=N$ 的情况)。因此,在实际应用中,一般会选取比较小的值,通过实验和交叉验证最优的 k 值。

7.1.3 分类规则

多数投票表决,即由 k 个近邻范围内的训练样本中,多数类决定目标样例的类别,事实上,多数投票表决可以使得误分率最小。k 近邻法中的分类决策规则往往是多数表决,即由输入实例的 k 个邻近的训练实例中的多数类决定输入实例的类。

多数表决规则(major voting rule)有如下解释:如果分类的损失函数为 0-1 损失函数,分类函数为 $f: \mathbf{R}^n \rightarrow c_1, c_2, \cdots, c_k$,那么误分类的概率是 $P(Y \neq f(X)) = 1 - P(Y = f(X))$。

对给定的实例 $x \in \chi$,其最近邻的 k 个训练实例点构成集合 $N_k(x)$。如果涵盖 $N_k(x)$ 的区域类别是 C_j,那么误分类率是 $\dfrac{1}{k} \sum_{x_i \in N_k(x)} I(y_i \neq c_j) = 1 - k \sum_{x_i \in N_k(x)} I(y_i = c_j)$,要使误分类率最小,即经验风险最小,就要使 $\sum_{x_i \in N_k(x)} I(y_i = c_j)$ 最大,所以多数表决规则等价于经验风险最小化。

7.1.4 k 近邻算法分类的工作原理总结

k 近邻算法分类的工作原理总结如下。

(1)假设有一个带有类别的训练样本集 D,每个样本包含 n 个特征;该样本集中包含每个样本和其所属类别的对应关系。

(2)输入一个类别未知的新样本(测试样本),将新样本的每个特征与训练样本集中样本对应的特征进行比较,其具体过程如下。

① 选取 Lp 距离(一般默认为欧氏距离),计算测试样本与训练样本集中每个样本的欧氏距离。

② 对第一步所求得的欧氏距离进行从小到大的排序,越小表示越相似。

③ 选取前 k 个距离最近的样本数据所对应的类别标签。

(3)求解 k 个分类标签中出现次数最多的类别标签作为测试样本的类别。

7.1.5 k 近邻算法分类的优缺点

k 近邻算法分类的优点:模型简单易懂,精度较高,对异常值不敏感,无须训练,无须估计参数。

k 近邻算法分类的缺点:计算量大,耗费时间长,每次分类都需要重新计算;无法处理数据集分类不平衡的问题。

7.1.6 k 近邻算法分类的代码

(1)定义 classify()函数,这是 k 近邻算法的核心分类函数。其中,inX 表示 k 近邻算

法中输入的 X,无标签,可以理解成自变量。dataSet 为 k 近邻算法模型内已有标签的点,作为目标,用于计算与 X 的欧氏距离,取 k 个最小值的点的标签作为 inX 的标签。Labels 为 dataSet 的标签,也就是分属于哪个类别。k 表示分为 k 类。最后返回分类结果。在函数中,首先获得数据集维度,计算每个维度之间的欧氏距离,将距离从小到大排序,保存成索引的形式,也就是按序号排序,申请一个字典存放每个类的数量。然后,统计最近的 k 个点的分类标签,取 k 个点中最多的情况作为 inX 的标签,最后返回分类结果。

```
def classify0(inX, dataSet, labels, k):
    dataSetSize = dataSet.shape[0]
    diffMat = tile(inX, (dataSetSize,1)) - dataSet
    sqDiffMat = diffMat**2
    sqDistances = sqDiffMat.sum(axis=1)
    distances = sqDistances**0.5
    sortedDistIndicies = distances.argsort()
    classCount={}
    for i in range(k):
        voteIlabel = labels[sortedDistIndicies[i]]
        classCount[voteIlabel] = classCount.get(voteIlabel,0) + 1
    sortedClassCount = sorted(classCount.items(), key=operator.itemgetter(1),
reverse=True)
    return sortedClassCount[0][0]
```

（2）定义 file2matrix() 函数来读取文件数据,并存储为矩阵。其中,filename 为数据集的文件名。最后返回 X 的值及标签。在函数中,首先打开文件,按行读取文件,将每一行按\t（即按一次 Tab 键）分隔,将前 3 列作为自变量存储,将第 4 列作为标签存储,记录读取行数,最后返回自变量及标签。

```
def file2matrix(filename):
    fr = open(filename)
    numberOfLines = len(fr.readlines())
    returnMat = zeros((numberOfLines,3))
    classLabelVector = []
    fr = open(filename)
    index = 0
    for line in fr.readlines():
        line = line.strip()
        listFromLine = line.split('\t')
        returnMat[index,:] = listFromLine[0:3]
        classLabelVector.append(int(listFromLine[-1]))
        index += 1
    return returnMat,classLabelVector
```

（3）通过 autoNorm() 函数进行数据归一化/标准化,这里选取最大/最小归一化（a - min(a))/(max(a) - min(a)）。其中,dataSet 为数据集。最后返回归一化后的数据集、最大值减最小值及最小值。在函数中,首先获取最大值,获取最小值,然后用最大值减最小值,之后申请一段空间,用于存放处理好的数据,初始化为 0,获取数据集维度,进行最大/最小归一化。

```
def autoNorm(dataSet):
    minVals = dataSet.min(0)
    maxVals = dataSet.max(0)
    ranges = maxVals - minVals
    normDataSet = zeros(shape(dataSet))
    m = dataSet.shape[0]
    normDataSet = dataSet - tile(minVals, (m,1))
    normDataSet = normDataSet/tile(ranges, (m,1))
    return normDataSet, ranges, minVals
```

(4) 通过 datingClassTest() 函数,使用上述定义的几个函数,对 datingTestSet.txt 文件中的参数做 k 近邻算法分类。在函数中,首先设置一个划分训练集和测试集的参数。然后读取文件,进行标准化。然后获取标准化后的数据维度,给出一个分界线,小于这个分界线的索引作为测试集,其余作为训练集。之后申请一个变量,统计错误个数。之后开始 k 近邻计算过程,进行分类,返回分类结果,每次将测试集的一组参数输入,同时输入已知标签的向量及标签。之后打印返回的分类结果,统计分类错误的个数。

```
def datingClassTest():
    hoRatio = 0.50
    datingDataMat,datingLabels = file2matrix('datingTestSet2.txt')
    normMat, ranges, minVals = autoNorm(datingDataMat)
    m = normMat.shape[0]
    numTestVecs = int(m * hoRatio)
    errorCount = 0.0

    for i in range(numTestVecs):
        classifierResult = classify0(normMat[i,:],normMat[numTestVecs:m,:],
datingLabels[numTestVecs:m],3)
        print('the classifier came back with:'+str(classifierResult), ',the
real answer is:'+str(datingLabels[i]))
        if (classifierResult != datingLabels[i]): errorCount += 1.0
    print("the total error rate is: %f" % (errorCount/float(numTestVecs)))
    print(errorCount)
```

(5) 通过 img2vector() 函数读取手写体识别数据文件,文件详见 trainingDigits 文件夹。其中,filename 为文件名。最后返回读进去的数据矩阵。在函数中,首先申请一个维度为 1×1024 的向量空间,初始化为 0。然后打开 filename 文件,按行读文件。最后返回读进去的数据矩阵。

```
def img2vector(filename):
    returnVect = zeros((1,1024))
    fr = open(filename)
```

```
    for i in range(32):
        lineStr = fr.readline()
        for j in range(32):
            returnVect[0,32 * i+j] = int(lineStr[j])
    return returnVect
```

（6）通过 handwritingClassTest()函数进行手写体数字识别。在函数中,首先载入训练数据集,获取文件数量,然后申请空间,存储文件矩阵,维度为文件数量 m×1024。之后读取文件数据、标签,将".txt"文件名按"."分隔,取"."前面的文件名,然后将文件名按"_"分隔,并存储标签和数据矩阵。然后读取文件数据、分类。继续进行上面环节的处理。将矩阵作为自变量使用 k 近邻算法分类,然后打印分类结果,统计分类错误的数量。

```
def handwritingClassTest():
    hwLabels = []
    trainingFileList = listdir('trainingDigits')
    m = len(trainingFileList)
    trainingMat = zeros((m,1024))
    for i in range(m):
        fileNameStr = trainingFileList[i]
        fileStr = fileNameStr.split('.')[0]
        classNumStr = int(fileStr.split('_')[0])
        hwLabels.append(classNumStr)
        trainingMat[i,:] = img2vector('trainingDigits/%s' % fileNameStr)
    testFileList = listdir('testDigits')
    errorCount = 0.0
    mTest = len(testFileList)
    for i in range(mTest):
        fileNameStr = testFileList[i]
        fileStr = fileNameStr.split('.')[0]
        classNumStr = int(fileStr.split('_')[0])
        vectorUnderTest = img2vector('testDigits/%s' % fileNameStr)

        classifierResult = classify0(vectorUnderTest, trainingMat, hwLabels, 3)
        print("the classifier came back with: %d, the real answer is: %d" %
(classifierResult, classNumStr))
        if (classifierResult != classNumStr): errorCount += 1.0
    print("\nthe total number of errors is: %d" % errorCount)
    print("\nthe total error rate is: %f" % (errorCount/float(mTest)))
```

7.2　k 近邻算法案例

北京计开公司的房屋销售部,为了能够在客户出租房屋时,第一时间给出合理的租金价格,现对房屋租住市场进行调研,得到租房价格数据集。租房价格可以根据房间规格

（面积、房间数、租赁方式等）在已有的市场价格数据集里查找相近规格的房子，查看相似户型的房租价格区间。k 近邻算法案例数据格式示例如表 7-1 所示。

表 7-1　k 近邻算法案例数据格式示例

序号	区域	房屋楼层	卧室	客厅	卫生间	电梯	面积（m²）	租金区间
1	7	0	3	1	1	0	81	2
2	1	2	1	1	1	0	60	4
3	8	1	2	1	1	1	78	4
⋮								

其中，区域中，0 表示东城区，1 表示西城区，2 表示朝阳区，3 表示丰台区，4 表示石景山区，5 表示海淀区，6 表示门头沟区，7 表示房山区，8 表示通州区，9 表示顺义区，10 表示昌平区，11 表示大兴区，12 表示怀柔区，13 表示平谷区，14 表示密云区，15 表示延庆区；房屋楼层中 0 表示低楼层，1 表示中楼层，2 表示高楼层；电梯中 0 表示没有电梯，1 表示有电梯；租金中 0 表示 0～999 元，1 表示 1000～1999 元，2 表示 2000～2999 元，3 表示 3000～3999 元，4 表示 4000～4999 元，5 表示 5000～5999 元，6 表示 6000 元以上。

根据已有的 3330 条租房信息，建造符合上述数据格式的数据，进行 k 近邻算法训练后，对数据进行租金价格区间预测。

7.2.1　实验原理

k 近邻算法是通过测量不同特征值之间的距离进行分类。它的思路是，如果一个样本在特征空间中的 k 个最相似（即特征空间中最邻近）的样本中的大多数属于某一个类别，则该样本也属于这个类别。k 通常是不大于 20 的整数。在 k 近邻算法中，所选择的邻居都是已经正确分类的对象。该方法在定类决策上只依据最邻近的一个或者几个样本的类别来决定待分样本所属的类别。k 近邻算法的思想，就是在训练集中数据和标签已知的情况下，输入测试数据，将测试数据的特征与训练集中对应的特征进行相互比较，找到训练集中与之最为相似的前 k 个数据，则该测试数据对应的类别就是 k 个数据中出现次数最多的那个分类，其算法的描述如下。

（1）计算测试数据与各个训练数据之间的距离；

（2）按照距离的递增关系进行排序；

（3）选取距离最小的 k 个点；

（4）确定前 k 个点所在类别的出现频率；

（5）返回前 k 个点中出现频率最高的类别作为测试数据的预测分类。

7.2.2　实验步骤

该实验的步骤如下。

（1）加载数据，定义属性；

（2）拆分测试集和训练集；

（3）模型训练，调参；

（4）预测；

（5）输出结果。

7.2.3　实验结果

1. 源程序清单

```
from numpy import *
import operator
from os import listdir


def KNN_Classify(X, dataSet, labels, k):
    '''
    函数说明：
        k 近邻算法的核心，分类
    ---------------
    参数：
        X: float 类型，k 近邻算法输入的 X，无标签，可以理解成自变量
        dataSet: List 类型，数据集；k 近邻算法模型内已有标签的点，作为目标，用于计算与
X 的欧氏距离，取 k 个最小值的点的标签作为 X 的标签
        labels: List 类型，dataSet 的标签，也就是分属于哪一个类别
        k: int 类型，k 近邻的 k 值，决定模型最后选取 k 个点的标签计算结果
    ---------------
    返回值：
        classify_result: int 类型，为分类结果(标签信息)
    '''

    #计算欧氏距离
    distances =(((tile(X, (dataSet.shape[0],1)) - dataSet)**2).sum(axis = 1))**0.5
    #将距离从小到大排序,保存成索引的形式,也就是按序号排序
    sortedDistIndicies = distances.argsort()
    #申请一个 dict(字典)存放每个类的数量
    classCount={}
    #统计最近的 k 个点的分类标签
    for i in range(k):
        #获取欧氏距离最小的 k 个点的分类标签,统计 k 个点中每个分类的个数
        classCount[labels[sortedDistIndicies[i]]] = classCount.get(labels
[sortedDistIndicies[i]],0) + 1
    #取 k 个点中最多的情况作为 X 的标签
    sortedClassCount = sorted(classCount.items(), key = operator.itemgetter
(1), reverse=True)
    #得到分类结果
    classify_result = sortedClassCount[0][0]
    return  classify_result                #返回分类结果
```

```python
def TurnFileIntoMatrix(filename):
    '''
    函数说明:
        读取数据文件
    ---------------
    参数:
        filename: Str 类型,数据集的文件名
    ---------------
    返回值:
        Mat:array 类型,从文件中读取的数据值
        Label:list 类型,从文件中读取的标签
    '''
    #打开文件
    fr = open(filename)
    #获得文件中的行数
    numberOfLines = len(fr.readlines())
    #初始化一个矩阵,用于存储数据
    Mat = zeros((numberOfLines,3))
    #初始化一个 List,用于存放标签
    Label = []
    #重新打开文件(为了让读取文件的指针回滚,用 fr.seek(0)可以得到同样的效果)
    fr = open(filename)
    #初始化一个记录行数的计数器
    index = 0
    #按行读取文件
    for line in fr.readlines():
        #删除换行符
        line = line.strip()
        #将每一行按\t(即按一次 Tab 键)分隔
        listFromLine = line.split('\t')
        #前 3 列作为自变量存储
        Mat[index,:] = listFromLine[0:3]
        #第 4 列作为标签存储
        Label.append(int(listFromLine[-1]))
        #记录读取行数
        index += 1
    #返回自变量及标签
    return Mat,Label


def Normalization(dataSet):
    '''
    函数说明:
        数据归一化/标准化,这里选取最大/最小归一化:(a - min(a))/(max(a) - min(a))
```

```
        ---------------
        参数:
            dataset: 见 classfi0()
        ---------------
        返回值:
            Norm: array 类型,归一化后的数据集
        '''

        #申请一段空间,用于存放处理好的数据,初始化为 0
        Norm = zeros(shape(dataSet))
        #最大值、最小值归一化
        Norm = dataSet - tile(dataSet.min(0), (dataSet.shape[0],1))
        Norm = Norm/tile(dataSet.max(0) - dataSet.min(0), (dataSet.shape[0],1))
        return Norm


def Test_1():
        '''
        函数说明:
            对 datingTestSet2.txt 测试
        ---------------
        参数:
            无
        ---------------
        返回值:
            无
        '''
        #设置一个划分训练集和测试集的参数
        hoRatio = 0.50
        #读取文件
        datingDataMat,datingLabels = TurnFileIntoMatrix('datingTestSet2.txt')
        #标准化
        normMat = Normalization(datingDataMat)
        #获取标准化后的数据维度
        m = normMat.shape[0]
        #给出一个分界线,小于这个分界线的索引作为测试集,其余作为训练集
        numTestVecs = int(m * hoRatio)
        #申请一个变量,统计错误个数
        errorCount = 0.0
        #开始 k 近邻算法计算过程
        for i in range(numTestVecs):
            #分类,返回分类结果,每次将测试集的一组参数输入,同时输入已知标签的向量及标签
            classifierResult = KNN_Classify(normMat[i,:], normMat[numTestVecs:
m,:],datingLabels[numTestVecs:m],3)
            #打印返回的分类结果
```

```
        print('the classifier came back with:'+str(classifierResult), ',the
real answer is:'+str(datingLabels[i]))
        #统计分类错误的个数
        if (classifierResult != datingLabels[i]): errorCount += 1.0
    #输出错误率
    print("the total error rate is: %f" % (errorCount/float(numTestVecs)))
    #输出错误数
    print(errorCount)


def ReadImage(filename):
    '''
    函数说明：
        读取手写体识别数据文件，文件详见/trainingDigits/
    ---------------
    参数：
        filename: 见 TurnFileIntoMatrix(filename)
    ---------------
    返回值：
        returnVect: array 类型，读取的数据矩阵
    '''
    returnVect = zeros((1,1024))        #申请一个维度为 1 * 1024 的向量空间，初始化为 0
    fr = open(filename)                 #打开 filename 文件
    #按行读文件
    for i in range(32):
        lineStr = fr.readline()
        for j in range(32):
            returnVect[0,32 * i+j] = int(lineStr[j])
    #返回矩阵
    return returnVect


def HandWritingClassify():
    '''
    函数说明：
        手写体数字识别
    ---------------
    参数：
        无
    ---------------
    返回值：
        无
    '''
    hwLabels = []
    #读取训练集文件
    trainingFileList = listdir('trainingDigits')
```

```
#获取文件数量
m = len(trainingFileList)
#申请空间,存储文件矩阵,维度为文件数量 m * 1024
trainingMat = zeros((m,1024))
#读取文件数据、标签
for i in range(m):
    #获得文件名
    fileNameStr = trainingFileList[i]
    #按.分隔,取.前面的文件名
    fileStr = fileNameStr.split('.')[0]
    #将文件名按_分隔
    classNumStr = int(fileStr.split('_')[0])
    #将标签存储
    hwLabels.append(classNumStr)
    #将数据矩阵存储
    trainingMat[i,:] = ReadImage('trainingDigits/%s' % fileNameStr)
#获得测试集文件
testFileList = listdir('testDigits')
#初始化值,记录错误数量
errorCount = 0.0
#获取测试集文件数量
mTest = len(testFileList)
#读取文件数据、分类
for i in range(mTest):
    #与上一个循环类似
    fileNameStr = testFileList[i]
    fileStr = fileNameStr.split('.')[0]
    classNumStr = int(fileStr.split('_')[0])
    vectorUnderTest = ReadImage('testDigits/%s' % fileNameStr)
    #将矩阵作为自变量使用 k 近邻算法分类
    classifierResult = KNN_Classify(vectorUnderTest, trainingMat, hwLabels, 3)
    #打印分类结果
    print("the classifier came back with: %d, the real answer is: %d" %
(classifierResult, classNumStr))
    #统计分类错误的数量
    if (classifierResult != classNumStr): errorCount += 1.0
#打印错误数量
print("\nthe total number of errors is: %d" % errorCount)
#打印错误率
print("\nthe total error rate is: %f" % (errorCount/float(mTest)))
```

2. 进行实验结果分析,呈现数据结果

100 个样本数据中,分类结束后得到的混淆矩阵与模型评估如图 7-2 所示。

1 个实际归属为第一类的实例被错误预测为第二类；
4 个实际归属为第二类的实例被错误预测为第三类；
3 个实际归属为第三类的实例被错误预测为第二类；
5 个实际归属为第三类的实例被错误预测为第四类；
5 个实际归属为第四类的实例被错误预测为第三类；
1 个实际归属为第四类的实例被错误预测为第五类；
3 个实际归属为第五类的实例被错误预测为第二类；
1 个实际归属为第五类的实例被错误预测为第三类；
3 个实际归属为第五类的实例被错误预测为第四类；
1 个实际归属为第六类的实例被错误预测为第三类；
1 个实际归属为第六类的实例被错误预测为第三类；
4 个实际归属为第六类的实例被错误预测为第四类；
精确率约为 0.72
召回率为 0.69

```
========= 混淆矩阵 =========
[[ 0  1  0  0  0  0]
 [ 0 13  4  0  0  0]
 [ 0  3 22  5  0  0]
 [ 0  0  5 23  1  0]
 [ 0  3  1  3  9  0]
 [ 0  0  1  4  0  2]]
========= 模型评估 =========
精确率 Precision = 0.7150714285714287
召回率 Recall = 0.69
```

图 7-2　混淆矩阵与模型评估

分类报告如图 7-3 所示。

```
========= 分类报告 =========
              precision    recall  f1-score   support

           1       0.00      0.00      0.00         1
           2       0.65      0.76      0.70        17
           3       0.67      0.73      0.70        30
           4       0.66      0.79      0.72        29
           5       0.90      0.56      0.69        16
           6       1.00      0.29      0.44         7

    accuracy                           0.69       100
   macro avg       0.65      0.52      0.54       100
weighted avg       0.72      0.69      0.68       100
```

图 7-3　分类报告

具体主题相关的指标、维度、属性关联情况如图 7-4 所示。

```
shiying@LAPTOP-SHIYING:/mnt/c/asiainfo/git/pub_tools/sx_lesson$ python3 lesson.py
      area_code floor_code house_bedroom house_parlour house_washroom elevator_code acreage rent
0             7          0             3             1              1             0      81    2
1             5          2             1             1              1             0      60    4
2             8          0             1             1              1             0      27    2
3             7          1             2             1              1             0      69    2
4             2          2             2             1              1             0      57    4
...         ...        ...           ...           ...            ...           ...     ...  ...
3325          2          1             2             1              1             0      70    5
3326          0          1             2             1              1             0      55    5
3327          6          2             1             1              1             0      40    2
3328          3          0             2             1              1             0      58    5
3329          2          0             1             1              1             0      51    5

[3330 rows x 8 columns]
```

图 7-4　具体主题相关的指标、维度、属性关联情况

7.2.4　实验总结

在实验中进行数据的预处理时,当数据存在多个特征时,其中某些特征数量级较大,其他较小时最后的分类结果会被该特征所主导,而弱化了其他特征的影响,这是因为各个特征的量纲不同所致,需要将数据进行归一化。这里采用的是离差标准化,是对原始数据的线性变换,使结果落到 [0,1]。

原始数据的不合理的排序有可能导致最后出现过拟合的问题,因此,在训练和测试之前,必须进行随机化,可以使用 random.shuffle 方法进行随机化。

在实验中 k 值设定为多大为最优呢? k 太小,分类结果易受噪声点影响; k 太大,近邻中又可能包含太多的其他类别的点。对距离加权,可以降低 k 值设定的影响, k 值通常是采用交叉检验来确定(以 $k=1$ 为基准)经验规则: k 一般低于训练样本数的平方根。

类别如何判定最合适? 投票法没有考虑近邻的距离的远近,距离更近的近邻也许更应该决定最终的分类,所以加权投票法更恰当一些。

如何选择合适的距离衡量? 高维度对距离衡量的影响:当变量数越多,欧氏距离的区分能力就越差。变量值域对距离的影响:值域越大的变量常常会在距离计算中占据主导作用,因此应先对变量进行标准化。

训练样本是否要一视同仁? 在训练集中,有些样本可能是更值得依赖的。可以给不同的样本施加不同的权重,加强依赖样本的权重,降低不可信赖样本的影响。

k 近邻算法是一种懒惰算法,平时不好好学习,考试(对测试样本分类)时才临阵磨枪(临时去找 k 个近邻)。懒惰的后果是构造的模型很简单,但对测试样本进行分类的开销大,因为要扫描全部训练样本并计算距离。已经有一些方法可以提高计算的效率,如压缩训练样本量等。

欠拟合指的是模型不能够在训练集上获得足够低的训练误差,往往由于特征维度过少,导致拟合的函数无法满足训练集,导致误差较大。过拟合指的是模型训练误差与测试误差之间差距过大。具体来说,就是模型在训练集上训练过度,导致泛化能力过差。所有为了减少测试误差的策略统称为正则化方法,不过代价可能是增大训练误差。因此,在最终的实验过程中,将数据集调小了。

k 近邻算法不仅可以用于分类,还可以用于回归。通过找出一个样本的 k 个最近邻居,将这些邻居的属性的平均值赋给该样本,就可以得到该样本的属性。更有用的方法是将不同距离的邻居对该样本产生的影响给予不同的权值,如权值与距离成正比(组合函数)。

(1) 文本分类。文本分类主要应用于信息检索、机器翻译、自动文摘、信息过滤、邮件分类等任务。文本分类在搜索引擎中有着大量的使用,网页分类/分层技术是检索系统的一项关键技术,搜索引擎需要研究如何对网页进行分类、分层,对不同类别的网页采用差异化的存储和处理,以保证在有限的硬件资源下,提供给用户一个高效的检索系统,同时提供给用户相关、丰富的检索结果。在搜索引擎中,文本分类主要有如下用途:相关性排序会根据不同的网页类型做相应的排序规则;根据网页是索引页面还是信息页面,下载调度时会做不同的调度策略;在做页面信息抽取时,会根据页面分类的结果做不同的抽取策略;在做检索意图识别的时候,会根据用户所点击的链接所属的类别来推断检索串的类别。

(2) 回归。通过找出一个样本的 k 个最近邻居,将这些邻居的属性的平均值赋给该样本,就可以得到该样本的属性。更有用的方法是将不同距离的邻居对该样本产生的影响给予不同的权值(weight),如权值与距离成正比。

(3) 可以使用 k 近邻算法做到比较通用的现有用户产品推荐,基于用户的最近邻(长得最像的用户)买了什么产品来推荐是介于电子商务网站和 SNS 网站之间的精确营销。只需要定期(如每月)维护更新最近邻表就可以,基于最近邻表做搜索推荐可以很实时。

在编码过程中,还有几个问题或者说需要改进的地方。一是数据的降维问题,维数太多可能出现维度灾难,那么在维度达到多少的时候需要降维(这里没有降维)。二是投票法的问题,当两种标签的训练数据量差别较大时,单纯使用投票法很可能得到错误的标签,应该考虑加权。第三点跟第二点有一定的联系,就是两种标签的数据量差距很大的时候,怎样避免过拟合的情况发生。

7.3 k 均值聚类原理与实现

7.3.1 什么是 k 均值聚类算法

k 均值聚类(k-means)是基于样本集合划分的聚类算法。k 均值聚类将样本集合划分为 k 个子集,构成 k 个类,将 n 个样本分到 k 个类中,每个样本到其所属类的中心距离最小,每个样本仅属于一个类,这就是 k 均值聚类,同时根据一个样本仅属于一个类,也表示了 k 均值聚类是一种硬聚类算法。

7.3.2 k 均值聚类的算法过程

输入:n 个样本的集合;

输出:样本集合的聚类。

过程:

(1) 初始化。随机选择 k 的样本作为初始聚类的中心。

(2) 对样本进行聚类。针对初始化时选择的聚类中心,计算所有样本到每个中心的距离,默认欧氏距离,将每个样本聚集到与其最近的中心的类中,构成聚类结果。

(3) 计算聚类后的类中心,计算每个类的质心,即每个类中样本的均值,作为新的类中心。

(4) 然后重新执行步骤(2)和(3),直到聚类结果不再发生改变。

k 均值聚类算法的时间复杂度是 $O(nmk)$,n 表示样本个数,m 表示样本维数,k 表示类别个数。

k 均值聚类的算法过程如图 7-5 所示。

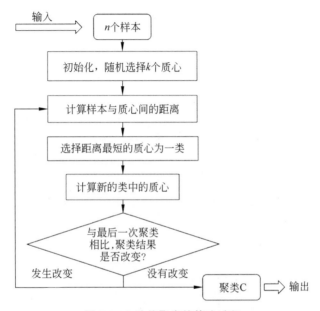

图 7-5　k 均值聚类的算法过程

下面来看一个实例,有这样 5 个样本的集合,需要使用 k 均值聚类算法,将 5 个样本聚于两类,5 个样本分别是 $(0,2)(0,0)(1,0)(5,0)(5,2)$,如图 7-6 所示。

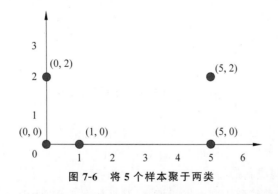

图 7-6　将 5 个样本聚于两类

首先进行初始化。随机选择两个样本作为初始聚类的中心,如图 7-7 所示。

然后,对样本进行聚类。计算每个样本距离每个中心的距离,将每个样本聚集到与其最近的中心的类中,构成两类,如图 7-8 所示。

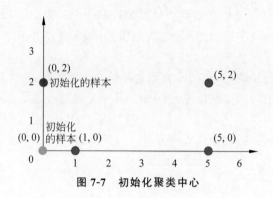

图 7-7　初始化聚类中心

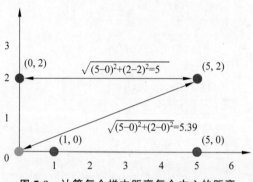

图 7-8　计算每个样本距离每个中心的距离

采用相同的方法对剩余两个样本进行聚类,结果如图 7-9 所示。

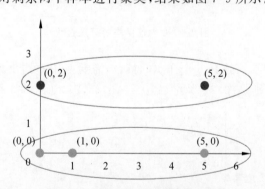

图 7-9　对剩余两个样本进行聚类

然后计算新的类中心。对新的类计算样本的均值,作为新的类中心,如图 7-10 所示。

对样本再次进行聚类。计算每个样本距离每个中心的距离,将每个样本聚集到与其最近的中心的类中,构成新的类,如图 7-11 所示。

使用相同的方法对其余 4 个点进行聚类,结果如图 7-12 所示。

可以看出,第二次聚类结果与第一次聚类结果相同,则聚类停止,得到最终的结果。

那么,如果选择不同的初始聚类中心,同样的数据会出现什么结果呢?

通过图 7-13 可以看出,选择不同的初始中心,会得到不同的聚类结果。

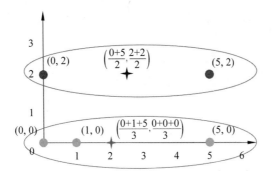

图 7-10　计算新的类中心

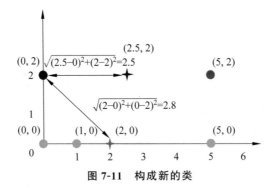

图 7-11　构成新的类

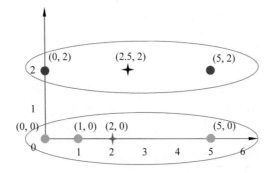

图 7-12　对其余 4 个点进行聚类

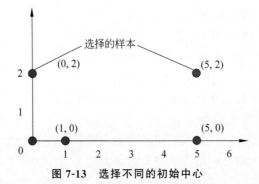

图 7-13　选择不同的初始中心

7.3.3　*k* 均值聚类的算法代码

（1）通过 loadDataSet()函数从文件中导入数据集。

```
def loadDataSet(fileName):
    dataMat = []
    fr = open(fileName)
    for line in fr.readlines():
        curLine = line.strip().split('\t')
        fltLine = list(map(float,curLine))
        dataMat.append(fltLine)
    return dataMat
```

（2）通过 distEclud()函数计算两个向量的欧氏距离。

```
def distEclud(vecA, vecB):
    return sqrt(sum(power(vecA - vecB, 2)))    #la.norm(vecA-vecB)
```

（3）通过 randCent()函数，随机选取 *k* 个聚类质心。其中，dataSet 为数据集，*k* 为质心个数，最后返回质心。

```
def randCent(dataSet, k):
    n = shape(dataSet)[1]
    centroids = mat(zeros((k,n)))
     for j in range (n): # create random cluster centers, within bounds of
each dimension
        minJ = min(dataSet[:,j])
        rangeJ = float(max(dataSet[:,j]) - minJ)
        centroids[:,j] = mat(minJ + rangeJ * random.rand(k,1))
    return centroids
```

（4）通过 kMeans()函数，定义 *k* 均值聚类函数。其中，dataSet 为数据集，*k* 表示分为 *k* 类，distMeas 为计算数据到质心距离，createCent 为创建质心函数。在最后的返回值中，centroids 表示质心位置，clusterAssment 中第一列是所属分类下标，第二列是点到质心距离，即创建 *k* 个点作为起始质心（随机选择）。当任意一个点的簇分类结果发生改变时，对数据集中的每个数据点和每个质心，计算点到质心的距离。将数据点分配到距其最近的簇；根据每个簇的均值重新计算每个质心。在函数中，首先获取数据集样本数，然后初始化一个(m,2)的矩阵，创建初始的 *k* 个质心向量，设定聚类结果是否发生变化为 Ture，只要聚类结果一直发生变化，就一直执行聚类算法，直至所有数据点聚类结果不变。当聚类结果的布尔类型变化为 False 时，遍历数据集每个样本向量，初始化最小距离至正无穷；最小距离对应索引为 −1。循环 *k* 个类的质心，计算数据点到质心的欧氏距离，如果距离小于当前最小距离，当前距离定为当前最小距离；最小距离对应索引对应为 j（第 j 个类），当前聚类结果中第 i 个样本的聚类结果发生变化：布尔类型置为 True，继续聚类算法。更新当前变化样本的聚类结果和平方误差，打印 *k* 均值聚类的质心，遍历每一个质心,将数据集中所有属于当前质心类的样本通过条件过滤筛选出来,计算这些数据的均值(axis=0:求列的均值),作为该类质心向量。最后返回 k 个聚类,聚类结果及误差。

```python
def kMeans(dataSet, k, distMeas=distEclud, createCent=randCent):
    m = shape(dataSet)[0]
    clusterAssment = mat(zeros((m,2)))
    centroids = createCent(dataSet, k)
    clusterChanged = True
    while clusterChanged:
        clusterChanged = False
        for i in range(m):
            minDist = inf; minIndex = -1
            for j in range(k):
                distJI = distMeas(centroids[j,:],dataSet[i,:])
                if distJI < minDist:
                    minDist = distJI; minIndex = j
            if clusterAssment[i,0] != minIndex: clusterChanged = True
            clusterAssment[i,:] = minIndex,minDist**2

        print (centroids)
        for cent in range(k):
            ptsInClust = dataSet[nonzero(clusterAssment[:,0].A==cent)[0]]
            centroids[cent,:] = mean(ptsInClust, axis=0)   #assign centroid to mean
    return centroids, clusterAssment
```

（5）通过 biKmeans() 函数定义 biKmeans() 聚类函数。其中,dataSet 为数据集,k 表示分为 k 类,distMeas 为计算数据到质心的距离。在最后的返回值中,centroids 表示质心位置,clusterAssment 中第一列是所属分类下标,第二列是点到质心的距离。最后返回 k 个聚类,聚类结果及误差。

```python
def biKmeans(dataSet, k, distMeas=distEclud):
    m = shape(dataSet)[0]
    clusterAssment = mat(zeros((m,2)))
    centroid0 = mean(dataSet, axis=0).tolist()[0]
    centList =[centroid0]
    for j in range(m):
        clusterAssment[j,1] = distMeas(mat(centroid0), dataSet[j,:])**2
    while (len(centList) < k):
        lowestSSE = inf
        for i in range(len(centList)):
            ptsInCurrCluster = dataSet[nonzero(clusterAssment[:,0].A==i)[0],:]
            centroidMat, splitClustAss = kMeans(ptsInCurrCluster, 2, distMeas)
            sseSplit = sum(splitClustAss[:,1])
```

```
            sseNotSplit = sum(clusterAssment[nonzero(clusterAssment[:,0].A!=
i)[0],1])
            print ("sseSplit, and notSplit: ",sseSplit,sseNotSplit)
            if (sseSplit + sseNotSplit) < lowestSSE:
                bestCentToSplit = i
                bestNewCents = centroidMat
                bestClustAss = splitClustAss.copy()
                lowestSSE = sseSplit + sseNotSplit
        bestClustAss[nonzero(bestClustAss[:,0].A == 1)[0],0] = len(centList)
                                                #change 1 to 3,4, or whatever
        bestClustAss[nonzero(bestClustAss[:,0].A == 0)[0],0]
= bestCentToSplit
        print ('the bestCentToSplit is: ',bestCentToSplit)
        print ('the len of bestClustAss is: ', len(bestClustAss))
        centList[bestCentToSplit] = bestNewCents[0,:].tolist()[0]
        centList.append(bestNewCents[1,:].tolist()[0])
        clusterAssment[nonzero(clusterAssment[:,0].A == bestCentToSplit)
[0],:]= bestClustAss
    return mat(centList), clusterAssment
```

（6）通过 testSet.txt 文件测试 kMeans() 函数和 biKmeans() 函数。

```
datMat=mat(loadDataSet('testSet.txt'))
myCentroids,clustAssing=kMeans(datMat,4)
[[ 2.97368342  4.50232074]
 [-3.14461139 -1.220215  ]
 [ 1.31175431  2.31010544]
 [-2.06031055  2.93401647]]
[[ 2.7439995   3.8556006 ]
 [-2.79466329 -2.86098742]
 [ 2.88498959 -0.759652  ]
 [-2.45009747  2.89275747]]
[[ 2.54391447  3.21299611]
 [-3.19984738 -2.96423548]
 [ 2.9902113  -2.5100698 ]
 [-2.46154315  2.78737555]]
[[ 2.6265299   3.10868015]
 [-3.38237045 -2.9473363 ]
 [ 2.80293085 -2.7315146 ]
 [-2.46154315  2.78737555]]

datMat3=mat(loadDataSet('testSet2.txt'))
centList,myNewAssments=biKmeans(datMat3,3)
[[ 2.76784535  1.18957507]
 [-3.17394359 -1.10883783]]
```

```
[[ 2.76275171  3.12704005]
 [-1.73028592  0.20133246]]
[[ 2.93386365  3.12782785]
 [-1.70351595  0.27408125]]
sseSplit, and notSplit:  541.2976292649145 0.0
the bestCentToSplit is:  0
the len of bestClustAss is:  60
[[1.97652113 1.33305691]
 [2.80345932 4.36981345]]
[[2.9930168  1.8203236 ]
 [2.91414593 3.5636626 ]]
[[3.1604785  1.93671333]
 [2.836743   3.6383055 ]]
sseSplit, and notSplit:  26.928372264482334 501.7683305828214
[[-3.80621945  1.35128129]
 [-0.7693178  -3.45483723]]
[[-2.94737575  3.3263781 ]
 [-0.45965615 -2.7782156 ]]
sseSplit, and notSplit:  67.2202000797829 39.52929868209309
the bestCentToSplit is:  1
the len of bestClustAss is:  40
```
centList
```
matrix([[ 2.93386365,  3.12782785],
        [-2.94737575,  3.3263781 ],
        [-0.45965615, -2.7782156 ]])
```

（7）通过 plot()函数绘制原数据集图像。其中,dataSet 为数据集。

```
def plot(dataSet):
    x = dataSet[:, 0].tolist()
    y = dataSet[:, 1].tolist()
    plt.scatter(x, y)
    plt.show()
```

（8）通过 plotKMeans()函数绘制聚类后数据集图像。其中,dataSet 为数据集,clusterAssment 为聚类结果,centroids 表示质心位置。

```
def plotKMeans(dataSet, clusterAssment, cenroids):
    m = shape(dataSet)[0]
    x0 = dataSet[nonzero(clusterAssment[:, 0] == 0), 0][0].tolist()
    y0 = dataSet[nonzero(clusterAssment[:, 0] == 0), 1][0].tolist()
    x1 = dataSet[nonzero(clusterAssment[:, 0] == 1), 0][0].tolist()
    y1 = dataSet[nonzero(clusterAssment[:, 0] == 1), 1][0].tolist()
    x2 = dataSet[nonzero(clusterAssment[:, 0] == 2), 0][0].tolist()
    y2 = dataSet[nonzero(clusterAssment[:, 0] == 2), 1][0].tolist()
    x3 = dataSet[nonzero(clusterAssment[:, 0] == 3), 0][0].tolist()
```

```
        y3 = dataSet[nonzero(clusterAssment[:, 0] == 3), 1][0].tolist()
        plt.scatter(x0, y0, color = 'red', marker='*')
        plt.scatter(x1, y1, color = 'yellow', marker='o')
        plt.scatter(x2, y2, color = 'blue', marker='s')
        plt.scatter(x3, y3, color = 'green', marker='^')
        for i in range(shape(cenroids)[0]):
            plt.scatter(cenroids[i, 0], cenroids[i, 1], color='k', marker='+', s=
200)
        plt.show()


if __name__ == '__main__':
        dataSet = loadDataSet('testSet2.txt')
        dataMat = mat(dataSet)
        plot(dataMat)
        cenroids, clusterAssment = kMeans(dataMat, 2)
        print(cenroids, clusterAssment)
        plotKMeans(dataMat, clusterAssment, cenroids)
```

```
[[1.03243777 3.59277741]
 [0.797333   1.05126887]]
[[ 0.18533303  3.48840062]
 [-0.60633415 -1.73406977]]
[[ 0.03159237  3.35037329]
 [-0.48472159 -2.445199  ]]
[[-0.00675605  3.22710297]
 [-0.45965615 -2.7782156 ]]
[[-0.00675605  3.22710297]
 [-0.45965615 -2.7782156 ]] [[0.00000000e+00 1.08435724e+01]
 [0.00000000e+00 1.15291655e+01]
 [1.00000000e+00 1.02184582e+00]
 [0.00000000e+00 3.55915016e+00]
 [0.00000000e+00 4.74982956e+00]
 [1.00000000e+00 3.87167519e+00]
```

```
[0.00000000e+00 7.83989775e+00]
[0.00000000e+00 9.61405951e+00]
[1.00000000e+00 3.53809057e+00]
[0.00000000e+00 1.37355664e+01]
[0.00000000e+00 4.39471728e-01]
[1.00000000e+00 2.56674394e-02]
[0.00000000e+00 5.47620209e+00]
[0.00000000e+00 8.58850041e+00]
[1.00000000e+00 2.11734245e+00]
[0.00000000e+00 1.44228725e+01]
[0.00000000e+00 1.88713505e+01]
[1.00000000e+00 9.76749869e-03]
[0.00000000e+00 8.25991037e+00]
[0.00000000e+00 1.30087682e+01]
[1.00000000e+00 9.41791924e-01]
[0.00000000e+00 2.78013075e+00]
[0.00000000e+00 4.33512814e+00]
[1.00000000e+00 1.48785604e-01]
[0.00000000e+00 2.08107319e+01]
[0.00000000e+00 2.50909313e+01]
[1.00000000e+00 1.80316434e+00]
[0.00000000e+00 5.18159388e+00]
[0.00000000e+00 1.12434093e+01]
[1.00000000e+00 1.28807718e+00]
[0.00000000e+00 1.45606309e+01]
[0.00000000e+00 1.85671532e+01]
[1.00000000e+00.2.12516750e+00]
[0.00000000e+00 1.54878136e+01]
[0.00000000e+00 4.50605356e+00]
[1.00000000e+00 8.79445646e-01]
[0.00000000e+00 1.34957950e+00]
[0.00000000e+00 4.54298923e+00]
[1.00000000e+00 2.36276631e+00]
[0.00000000e+00 7.04284979e+00]
[0.00000000e+00 2.72580131e+00]
[1.00000000e+00 2.10599050e+00]
[0.00000000e+00 2.13669430e+01]
[0.00000000e+00 1.96409912e+01]
[1.00000000e+00 1.54957269e+00]
[0.00000000e+00 1.08975649e+01]
[0.00000000e+00 1.81786166e+01]
[1.00000000e+00 1.13851139e+00]
[0.00000000e+00 2.18932141e+01]
[0.00000000e+00 4.13599108e+00]
```

```
[1.00000000e+00 1.98934951e-01]
[0.00000000e+00 1.65382537e+01]
[0.00000000e+00 9.58029775e+00]
[1.00000000e+00 2.16005416e+00]
[0.00000000e+00 1.79684109e+00]
[0.00000000e+00 8.44901796e+00]
[1.00000000e+00 2.60198288e-01]
[0.00000000e+00 8.82797533e+00]
[0.00000000e+00 1.34074201e+01]
[1.00000000e+00 1.61040000e+00]]
```

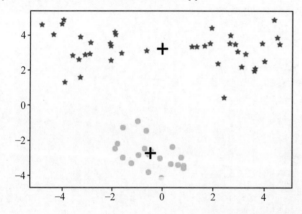

7.4　k 均值聚类案例

北京计开公司的信用卡客户维护部门,为了更好地区分客户,根据不同的客户群体采取不同的理财产品推销策略,现根据已有客户的信息进行聚类分析,将客户划分成不同的群体。客户群体数据格式如表 7-2 所示。

表 7-2　客户群体数据格式表

客户 ID	年龄	性别	受教育水平	婚姻状况	年收入水平(k)	消费评分(0～5)
810347208	51	2	1	1	120	4
810347336	43	1	2	1	60	2
⋮						

其中客户 ID 列为客户识别号,其他列的取值规则如下。性别:男为 1,女为 2;受教育水平:高中及以下为 1,大学本科为 2,研究生为 3;年收入水平取区间最大值。

根据已有的信用卡客户数据,任选数据建造符合上述数据格式的数据集,将客户划分为 3 个消费群体,并计算出每个群体的平均年龄、平均受教育水平、平均年收入水平以及平均消费评分。

7.4.1　实验原理

k 均值算法的步骤如下。

（1）首先确定 k 值（即把数据聚为几类，k 值是 k 均值算法中唯一的参数）；

（2）从原始数据集中随机选择 k 个点作为初始均值点（步骤（1）和（2）为准备工作）；

（3）依次从原始数据集中取出数据，每取出一个数据就和 k 个均值点分别计算距离（默认计算两点间的欧氏距离），和谁更近就归为这个均值点所在的簇；

（4）当步骤（3）结束后，分别计算各簇当前的均值点（即求该簇中所有点的平均值）；

（5）比较当前的均值点和上一步得到的均值点是否相同，如果相同，则 k 均值算法结束，否则，将当前的均值点替换掉之前的均值点，然后重复步骤（3）。

而本实验采用的 k 均值算法在聚类中心的初始化过程中的基本原则是使得初始的聚类中心之间的相互距离尽可能远，这样可以避免出现上述的问题。

k 均值++算法的初始化过程如下。

（1）在数据集中随机选择一个样本点作为第一个初始化的聚类中心。

（2）选择其余的聚类中心。

（3）计算样本中的每一个样本点与已经初始化的聚类中心之间的距离，并选择其中最短的距离，记为 d_i。

（4）以概率选择距离最大的样本作为新的聚类中心，重复上述过程，直到 k 个聚类中心都被确定。

（5）对 k 个初始化的聚类中心，利用 k 均值算法计算最终的聚类中心。

在上述的 k 均值++算法中可知，k 均值++算法与 k 均值算法最本质的区别是在 k 个聚类中心的初始化过程。

7.4.2　实验步骤

该实验步骤如下。

（1）洗数据；

（2）构建数据集；

（3）导入数据；

（4）得到聚类结果；

（5）分别求 3 个消费群体的平均年龄、平均受教育水平、平均年收入水平以及平均消费评分；

（6）利用轮廓系数根据聚类结果进行效果评价。

7.4.3　实验结果

1. 源程序清单

```
#首先构建数据集
import pandas as pd
from numpy import *
import numpy as np
data = pd.read_csv('信用卡数据集.csv',encoding='gbk')
mydata2 = pd.DataFrame(data=data,columns=['客户ID','性别','年龄','受教育水平',
'婚姻状况','年收入水平','消费评分(0-5)'])
```

```python
mydata2.loc[mydata2['性别']=='F','性别'] = 2
mydata2.loc[mydata2['性别']=='M','性别'] = 1
mydata2.loc[mydata2['受教育水平']=='Unknown','受教育水平'] = 0
mydata2.loc[mydata2['受教育水平']=='High School','受教育水平'] = 1
mydata2.loc[mydata2['受教育水平']=='Uneducated','受教育水平'] = 1
mydata2.loc[mydata2['受教育水平']=='Graduate','受教育水平'] = 2
mydata2.loc[mydata2['受教育水平']=='College','受教育水平'] = 2
mydata2.loc[mydata2['受教育水平']=='Post-Graduate','受教育水平'] = 3
mydata2.loc[mydata2['受教育水平']=='Doctorate','受教育水平'] = 3
mydata2.loc[mydata2['婚姻状况']=='Unknown','婚姻状况'] = 0
mydata2.loc[mydata2['婚姻状况']=='Married','婚姻状况'] = 1
mydata2.loc[mydata2['婚姻状况']=='Single','婚姻状况'] = 2
mydata2.loc[mydata2['婚姻状况']=='Divorced','婚姻状况'] = 2
mydata2.loc[mydata2['年收入水平']=='Unknown','年收入水平'] = 0
mydata2.loc[mydata2['年收入水平']=='Less than $40k','年收入水平'] = 40
mydata2.loc[mydata2['年收入水平']=='$41k - $60k','年收入水平'] = 60
mydata2.loc[mydata2['年收入水平']=='$61k - $80k','年收入水平'] = 80
mydata2.loc[mydata2['年收入水平']=='$81k - $120k','年收入水平'] = 120
mydata2.loc[mydata2['年收入水平']=='$120k +','年收入水平'] = 130
mydata2=mydata2[0:1000]
print(mydata2)
test = pd.DataFrame(mydata2)
#test.to_csv('清洗后数据.csv')
mydata2 = pd.DataFrame(data=mydata2,columns=['性别','年龄','受教育水平','婚姻
状况','年收入水平','消费评分(0-5)'])
#mydata2 = mydata2.apply(lambda x: (x - np.min(x)) / (np.max(x) - np.min(x)))
                                        #数据进行归一化处理

print(mydata2)
test = pd.DataFrame(mydata2)
test.to_csv('实验.csv')


def loadDataSet(fileName):
    '''
    加载数据集
    :param fileName:
    :return:
    '''
    #初始化一个空列表
    dataSet = []
    #读取文件
    fr = open(fileName)
    #循环遍历文件所有行
    for line in fr.readlines():
        #切割每一行的数据
```

```
            curLine = line.strip().split('\t')
            #将数据转换为浮点类型,便于后面的计算
            #fltLine = [float(x) for x in curLine]
            #将数据追加到 dataMat
            fltLine = list(map(float,curLine))  #映射所有的元素为 float(浮点数)类型
            dataSet.append(fltLine)
    #返回 dataMat
    return matrix(dataSet)
def randCent(dataMat, k):
    '''
    #为给定数据集构建一个包含 k 个随机质心的集合
    #随机质心必须要在整个数据集的边界之内,这可以通过找到数据集每一维的最小和最大值
    #来完成
    #然后生成 0 到 1.0 的随机数并通过取值范围和最小值,以便确保随机点在数据的边界之内
    :param dataMat:
    :param k:
    :return:
    '''
    #获取样本数与特征值
    m, n = np.shape(dataMat)
    #初始化质心,创建(k,n)个以零填充的矩阵
    centroids = np.mat(np.zeros((k, n)))
    #循环遍历特征值
    for j in range(n):
        #计算每一列的最小值
        minJ = min(dataMat[:, j])
        #计算每一列的范围值
        rangeJ = float(max(dataMat[:, j]) - minJ)
        #计算每一列的质心,并将值赋给 centroids
        centroids[:, j] = np.mat(minJ + rangeJ * np.random.rand(k, 1))
    #返回质心
    return centroids
def distEclud(vecA, vecB):
    return np.sqrt(np.sum(np.power(vecA - vecB, 2)))


#k-means++初始化质心
def initialize(dataSet, k):
    '''
    K-means++初始化质心
    :param data: 数据集
    :param k: cluster 的个数
    :return:
    '''
    #得到数据样本的维度
```

```python
        n = np.shape(dataSet)[1]
        #初始化为一个(k,n)的全零矩阵
        centroids = np.mat(np.zeros((k, n)))
        #step1: 随机选择样本点之中的一个点
        centroids[0, :] = dataSet[np.random.randint(dataSet.shape[0]), :]
                                        #np.random.randint()
        #plotCent(data, np.array(centroids))
        #迭代
        for c_id in range(k - 1):
            dist = []
            for i in range(dataSet.shape[0]):    #遍历所有点
                point = dataSet[i, :]
                d = sys.maxsize
                for j in range(centroids.shape[0]):
                            #扫描所有质心,选出该样本点与最近的类中心的距离
                    temp_dist = distEclud(point, centroids[j, :])
                    d = min(d, temp_dist)
                dist.append(d)
            dist = np.array(dist)
            next_centroid = dataSet[np.argmax(dist), :]
                        #返回的是 dist 里面最大值的下标,对应的是上面循环中的 i
            centroids[c_id+1, :] = next_centroid
                        #选出了下一次的聚类中心,开始 k+1 轮循环
            dist = []
            #plotCent(data, np.array(centroids))
    return centroids
def kMeans(dataSet, k, distMeas=distEclud, createCent=randCent):
    '''
    :param dataSet: 输入的数据集
    :param k: 聚类的个数,可调
    :param distMeas: 计算距离的方法,可调
    :param createCent: 初始化质心的位置的方法,可调
    :return: k 个类质心的位置坐标,样本所处的类到该类质心的距离
    '''
    #获取数据集样本数
    m = np.shape(dataSet)[0]
    #初始化一个(m,2)全零矩阵,用来记录每个样本所属类,距离类中心的距离
    clusterAssment = np.mat(np.zeros((m, 2)))
    #创建初始的 k 个质心向量
    centroids = createCent(dataSet, k)
    #聚类结果是否发生变化的布尔类型
    clusterChanged = True
    #终止条件:所有数据点聚类结果不发生变化
    while clusterChanged:
```

```python
            #聚类结果变化布尔类型置为 False
            clusterChanged = False
            #遍历数据集每一个样本向量
            for i in range(m):
                #初始化最小距离为正无穷,最小距离对应的索引为-1
                minDist = float('inf')
                minIndex = -1
                #循环 k 个类的质心
                for j in range(k):
                    #计算数据点到质心的欧氏距离
                    distJI = distMeas(centroids[j, :], dataSet[i, :])
                    #如果距离小于当前最小距离
                    if distJI < minDist:
                        #当前距离为最小距离,最小距离对应索引应为 j(第 j 个类)
                        minDist = distJI
                        minIndex = j
                #当前聚类结果中第 i 个样本的聚类结果发生变化:布尔值置为 True,继续聚类
                #算法
                if clusterAssment[i, 0] != minIndex:
                    clusterChanged = True
                #更新当前变化样本的聚类结果和平方误差
                clusterAssment[i, :] = minIndex, minDist**2
            #打印 k 均值聚类的质心
            #print(centroids)
            #遍历每一个质心
            for cent in range(k):
                #将数据集中所有属于当前质心类的样本通过条件过滤筛选出来
                ptsInClust = dataSet[np.nonzero(clusterAssment[:, 0].A == cent)[0]]
                #计算这些数据的均值(axis=0:求列均值),作为该类质心向量
                centroids[cent, :] = np.mean(ptsInClust, axis=0)
        #返回 k 个聚类,聚类结果及误差
        return centroids, clusterAssment


if __name__ == '__main__':
    dataSet = loadDataSet('实验.txt')#加载需要聚类的数据集
    dataMat = mat(dataSet)
    #plot(dataMat)
    centroids, clusterAssment = kMeans(dataMat,3)
    print(centroids, clusterAssment)
    test = pd.DataFrame(centroids)
    test.to_csv('实验聚类质心.csv')


    def plotKMeans(dataSet, clusterAssment, centroids):
        """
```

```
        函数说明:绘制聚类后情况
        :param dataSet: 数据集
        :param clusterAssment: 聚类结果
        :param cenroids: 质心坐标
        :return:
        """
    m = shape(dataSet)[0]
    x0 = dataSet[nonzero(clusterAssment[:, 0] == 0), 0][0].tolist()
    y0 = dataSet[nonzero(clusterAssment[:, 0] == 0), 1][0].tolist()
    x1 = dataSet[nonzero(clusterAssment[:, 0] == 1), 0][0].tolist()
    y1 = dataSet[nonzero(clusterAssment[:, 0] == 1), 1][0].tolist()
    x2 = dataSet[nonzero(clusterAssment[:, 0] == 2), 0][0].tolist()
    y2 = dataSet[nonzero(clusterAssment[:, 0] == 2), 1][0].tolist()
    x3 = dataSet[nonzero(clusterAssment[:, 0] == 3), 0][0].tolist()
    y3 = dataSet[nonzero(clusterAssment[:, 0] == 3), 1][0].tolist()
    import matplotlib.pyplot as plt
    plt.scatter(x0, y0, color='red', marker='*')
    plt.scatter(x1, y1, color='yellow', marker='o')
    plt.scatter(x2, y2, color='blue', marker='s')
    plt.scatter(x3, y3, color='green', marker='^')
    for i in range(shape(centroids)[0]):
        plt.scatter(centroids[i, 0], centroids[i, 1], color='k', marker='+', s=
200)
    plt.show()
    test = pd.DataFrame(clusterAssment)
    #test.to_csv('实验聚类导出.csv')
    dataA = pd.read_csv(r'实验聚类导出.csv')
    label=dataA['labels']
    from sklearn.cluster import KMeans
    kms = KMeans(n_clusters=3)
    kms.fit(mydata2)
    from sklearn import metrics
    from sklearn.cluster import KMeans
    import matplotlib.pyplot as plt
    #创建遍历,找到最合适的 k 值
    scores = []
    for k in range(2, 15):
        labels = KMeans(n_clusters=k).fit(dataSet).labels_
        score = metrics.silhouette_score(dataSet, labels)
                                              #轮廓系数法进行聚类效果评价
        scores.append(score)
    #通过画图找出最合适的 k 值
    plt.plot(list(range(2, 15)), scores)
    plt.xlabel('Number of Clusters Initialized')
```

```
plt.ylabel('Sihouette Score')
plt.show()
```

2. 进行实验结果分析,呈现数据结果

(1)首先按要求构建数据集,如图 7-14 所示。

```
C:\Users\jyc\AppData\Local\Programs\Python\Python37\python.exe C:/Users/jyc/PycharmProjects/pythonProject/综合实验.py
     客户id 性别  年龄 受教育水平 婚姻状况 年收入水平   消费评分(0-5)
0   768805383  1  45    1    1   80         3
1   818770008  2  49    2    2   40         5
2   713982108  1  51    2    1   120        3
3   769911858  2  40    1    1   40         4
4   709106358  1  40    1    1   80         3
..     ...    .. ...   ...  ...  ...       ...
995 717127083  1  37    2    1   120        3
996 772460508  1  53    1    1   60         1
997 720484908  2  65    3    1   60         1
998 771237933  1  47    1    0   120        1
999 794664183  1  38    1    1   80         0

[1000 rows x 7 columns]
    性别  年龄 受教育水平 婚姻状况 年收入水平   消费评分(0-5)
0   1  45    1    1   80         3
1   2  49    2    2   40         5
2   1  51    2    1   120        3
3   2  40    1    0   40         4
4   1  40    1    1   80         3
..  .. ...   ...  ...  ...       ...
995 1  37    2    1   120        3
996 1  53    1    1   60         1
997 2  65    3    1   60         1
998 1  47    1    0   120        1
999 1  38    1    1   80         0

[1000 rows x 6 columns]
[[ 1.70765661 48.774942    1.42691415  1.32018561 48.16705336
   2.15081206]
 [ 1.         48.28252033  1.45528455  1.28658537 103.90243902
   2.4004065 ]
 [ 1.94805195 48.81818182  1.50649351  1.32467532  0.
   2.31168831]] [[ 1.          582.75045856]
 [ 0.          75.74532329]
 [ 1.          267.2545236 ]

 [ 0.          407.25808431]
 [ 1.          264.60005205]
 [ 1.          683.10818213]]
```

图 7-14　构建数据集

(2)聚类结果。本次聚类将 1000 条预处理过的数据聚类为 3 类:3 类的名称分别为 0,1,2,具体各类数目如下:0 类为 332;1 类为 374;2 类为 294,所占百分比如图 7-15 所示。

(3)对数据进行聚类后,计算出各群体平均年龄、平均受教育水平、平均年收入水平以及平均消费评分,如表 7-3 所示。

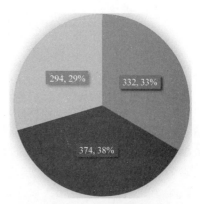

图 7-15　聚类结果图

表 7-3　计算各群体的平均年龄、平均受教育水平、平均年收入水平以及平均消费评分

群体类别	平均年龄	平均受教育水平	平均年收入	平均消费评分
0	48.774942	1.426914153	48.16705336	2.150812065
1	48.28252033	1.455284553	103.902439	2.400406504
2	48.81818182	1.506493506	0	2.311688312

由结果可知，各消费群体平均年龄均在 48 岁左右，其中 2 类的平均年龄最高，1 类的平均年龄最低；平均受教育水平为高中及以下和大学本科，其中 2 类的平均受教育水平最高，0 类的平均受教育水平最低；平均年收入水平分别为 48.1k、103.9k 和 0（代表收入未知），工资水平差距较为明显，其中 1 类的平均年收入最高；平均消费评分各群体间差距较小但均在 2～2.5 分。

（4）利用轮廓系数法对聚类结果进行评价。从图 7-16 中可以看到，在 $k=3$ 时，轮廓系数值约为 0.625，说明聚类效果比较理想；在 $k=5$ 时达到该聚类效果最优。

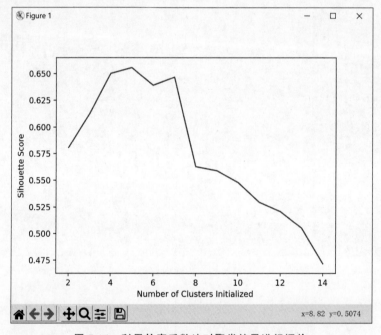

图 7-16　利用轮廓系数法对聚类结果进行评价

7.4.4　实验总结

在本实验给出的数据集中，数据的表示形式不适合使用 Python 进行处理。可以将数据按照取值规则进行转换，例如将数据"男"替换为数字"1"，"女"替换为数字"2"；"年收入水平"低于 40k 的记为 40，"年收入水平"在 40k 到 60k 之间的记为 60，"年收入水平"在 60k 到 80k 之间的记为 80，"年收入水平"在 80k 到 120k 之间的记为 120，"年收入水平"高于 120k 的记为 130 等。

在本实验中对 k 均值算法进行优化,使用 k 均值++算法。k 均值++算法引入一种用于度量聚类效果的指标——SSE(Sum of Squared Error,误差平方和)。SSE 值越小表示数据点越接近于它们的质心,聚类效果也越好。因为对误差取了平方,因此更加重视那些远离中心的点。k 均值++算法弥补了 k 均值算法收敛到局部最小值的缺点,提高了分类性能。

在实验要求中,要求将数据聚成 3 类,但这真的是最佳聚类数目吗? 带着这个疑问,尝试利用轮廓系数法对数据聚成 3 类的结果进行评价,在 $k=3$ 时,聚类效果比较理想,同时在 $k=5$ 时可以达到最优的聚类效果。

7.5　本 章 小 结

通过本章的学习,读者可以了解到 k 近邻分类与 k 均值聚类算法的基本概念,并分别通过两个案例来深入领会 k 近邻分类与 k 均值聚类算法的使用原理与方法。从本章第一个实验中可以得知,k 近邻算法不仅可以用于分类,还可以用于回归。通过找出一个样本的 k 个最近邻居,将这些邻居的属性的平均值赋给该样本,就可以得到该样本的属性。更有用的方法是将不同距离的邻居对该样本产生的影响给予不同的权值,如权值与距离成正比(组合函数)。在第二个实验中对 k 均值算法进行优化,使用了 k 均值++算法。因为对误差取了平方,因此更加重视那些远离中心的点。k 均值++算法弥补了 k 均值算法收敛到局部最小值的缺点,提高了分类性能。

第 8 章

神经网络算法

8.1 人工神经网络模型

8.1.1 人工神经网络的概念

人工神经网络(Artificial Neural Network,ANN),简称为神经网络(NN),是基于生物学中神经网络的基本原理,在理解和抽象了人脑结构和外界刺激响应机制后,以网络拓扑知识为理论基础,模拟人脑的神经系统对复杂信息的处理机制的一种数学模型。该模型以并行分布的处理能力、高容错性、智能化和自学习等能力为特征,将信息的加工和存储结合在一起,以其独特的知识表示方式和智能化的自适应学习能力,引起各学科领域的关注。它实际上是一个由大量简单元件相互连接而成的复杂网络,具有高度的非线性,能够通过非线性关系实现复杂的逻辑操作。

神经网络是一种运算模型,由大量的结点(或称神经元)之间相互连接构成。每个结点代表一种特定的输出函数,称为激活函数(activation function)。每两个结点间的连接都代表一个对于通过该连接信号的加权值,称为权重(weight),神经网络就是通过这种方式来模拟人类的记忆。网络的输出则取决于网络的结构、连接方式、权重和激活函数。而网络自身通常都是对自然界某种算法或者函数的逼近,也可能是对一种逻辑策略的表达。神经网络的构筑理念是受到生物的神经网络运作启发而产生的。人工神经网络则是把对生物神经网络的认识与数学统计模型相结合,借助数学统计工具来实现。在人工智能学的人工感知领域,通过数学统计学的方法,使神经网络能够具备类似于人的决定能力和简单的判断能力,这种方法是对传统逻辑学演算的进一步延伸。

人工神经网络中,神经元处理单元可表示不同的对象,如特征、字母、概念,或者一些有意义的抽象模式。网络中处理单元的类型分为 3 类:输入单元、输出单元和隐单元。输入单元接收外部世界的信号与数据;输出单元实现系统处理结果的输出;隐单元是处在输入和输出单元之间,不能由系统外部观察的单元。神经元间的连接权值反映了单元间的连接强度,信息的表示和处理体现在网络处理单元的连接关系中。人工神经网络是一种非程序化、适应性、大脑风格的信息处理方法,其本质是通过网络的变换和动力学行为得到一种并行分布式的信息处理功能,并在不同程度和层次上模仿人脑神经系统的信息处理功能。

神经网络,是一种应用类似于大脑神经突触连接结构进行信息处理的数学模型,它是在人类对自身大脑组织结合和思维机制的认识及理解基础之上模拟出来的,是根植于神经科学、数学、思维科学、人工智能、统计学、物理学、计算机科学以及工程科学的一门技术。

8.1.2　人工神经网络的发展

神经网络的发展有悠久的历史。其发展过程大致可以概括为如下 4 个阶段。

1. 第一阶段——启蒙时期

（1）M-P 神经网络模型。20 世纪 40 年代，人们就开始了对神经网络的研究。1943 年，美国心理学家麦卡洛克（McCulloch）和数学家皮茨（Pitts）提出了 M-P 模型，此模型比较简单，但是意义重大。在模型中，通过把神经元看作功能逻辑器件来实现算法，从此开创了神经网络模型的理论研究。

（2）Hebb 规则。1949 年，心理学家赫布（Hebb）出版了 *The Organization of Behavior*（《行为组织学》），他在书中提出了突触连接强度可变的假设。这个假设认为学习过程最终发生在神经元之间的突触部位，突触的连接强度随突触前后神经元的活动而变化。这一假设发展成为后来神经网络中非常著名的 Hebb 规则。这一规则告诉人们，神经元之间突触的联系强度是可变的，这种可变性是学习和记忆的基础。Hebb 规则为构造有学习功能的神经网络模型奠定了基础。

（3）感知器模型。1957 年，罗森布拉特（Rosenblatt）以 M-P 模型为基础，提出了感知器（perceptron）模型。感知器模型具有现代神经网络的基本原则，并且它的结构非常符合神经生理学。这是一个具有连续可调权值向量的 M-P 神经网络模型，经过训练可以达到对一定的输入向量模式进行分类和识别的目的，它虽然比较简单，却是第一个真正意义上的神经网络。Rosenblatt 证明了两层感知器能够对输入进行分类，他还提出了带隐含层处理元件的三层感知器这一重要的研究方向。Rosenblatt 的神经网络模型包含了一些现代神经计算机的基本原理，从而形成神经网络方法和技术的重大突破。

（4）Adaline 网络模型。1959 年，美国著名工程师威德罗（Widrow）和霍夫（Hoff）等提出了自适应线性元件（adaptive linear element，简称为 Adaline）和 Widrow-Hoff 学习规则（又称为最小均方差算法或 δ 规则）的神经网络训练方法，并将其应用于实际工程，成为第一个用于解决实际问题的人工神经网络，促进了神经网络的研究应用和发展。Adaline 网络模型是一种连续取值的自适应线性神经元网络模型，可以用于自适应系统。

2. 第二阶段——低潮时期

人工智能的创始人 Minsky 和 Papert 对以感知器为代表的网络系统的功能及局限性从数学上做了深入研究，于 1969 年发表了轰动一时的 *Perceptrons* 一书，指出简单的线性感知器的功能是有限的，它无法解决线性不可分的两类样本的分类问题，如简单的线性感知器不可能实现"异或"的逻辑关系等。这一论断给当时人工神经元网络的研究带来沉重的打击，开始了神经网络发展史上长达 10 年的低潮期。

（1）自组织神经网络 SOM 模型。1972 年，芬兰的 T.Kohonen 教授，提出了自组织神经网络（Self-Organizing Neural Network）。后来的神经网络主要是根据 T.Kohonen 的工作来实现的。SOM 网络是一类无导师学习网络，主要用于模式识别、语音识别及分类问题。它采用"胜者为王"的竞争学习算法,与先前提出的感知器有很大的不同,同时,它的学习训练方式是无指导训练,是一种自组织网络。这种学习训练方式往往是在不知道有哪些分类类型存在时,用作提取分类信息的一种训练。

(2)自适应共振理论(ART)。1976 年,美国的 Grossberg 教授提出了著名的自适应共振理论(Adaptive Resonance Theory,ART),其学习过程具有自组织和自稳定的特征。

3. 第三阶段——复兴时期

(1)Hopfield 模型。1982 年,美国物理学家霍普菲尔德(Hopfield)提出了一种离散神经网络,即离散 Hopfield 网络,从而有力地推动了神经网络的研究。在这一网络中,它首次将李雅普诺夫(Lyapunov)函数引入其中,后来的研究学者也将 Lyapunov 函数称为能量函数。Lyapunov 函数证明了网络的稳定性。1984 年,Hopfield 又提出了一种连续神经网络,将网络中神经元的激活函数由离散型改为连续型。1985 年,Hopfield 和 Tank 利用 Hopfield 神经网络解决了著名的旅行商问题(travelling salesman problem)。Hopfield 神经网络是一组非线性微分方程。Hopfield 的模型不仅对人工神经网络信息存储和提取功能进行了非线性数学概括,提出了动力方程和学习方程,还对网络算法提供了重要公式和参数,使人工神经网络的构造和学习有了理论指导,在 Hopfield 模型的影响下,激发了大量学者研究神经网络的热情,积极投身于这一学术领域中。因为 Hopfield 神经网络在众多方面具有巨大潜力,所以人们对神经网络的研究十分重视,更多的人开始研究神经网络,极大地推动了神经网络研究的发展。

(2)Boltzmann 机模型。1983 年,Kirkpatrick 等认识到模拟退火算法可用于 NP 完全组合优化问题的求解,这种模拟高温物体退火过程来找寻全局最优解的方法最早由 Metropli 等于 1953 年提出。1984 年,Hinton 与年轻学者 Sejnowsky 等合作提出了大规模并行网络学习机,并明确提出隐单元的概念,这种学习机后来被称为 Boltzmann(玻尔兹曼)机。Hinton 和 Sejnowsky 利用统计物理学的概念和方法,首次提出的多层网络的学习算法,称为 Boltzmann 机模型。

(3)BP 神经网络模型。1986 年,鲁姆哈特(Rumelhart)等在多层神经网络模型的基础上,提出了多层神经网络权值修正的误差反向传播学习算法,即 BP 算法(error Back-Propagation algorithm),解决了多层前向神经网络的学习问题,证明了多层神经网络具有很强的学习能力,它可以完成许多学习任务,解决许多实际问题。

(4)并行分布处理理论。1986 年,在由 Rumelhart 和 McClelland 主编的 *Parallel Distributed Processing*:*Exploration in the Microstructures of Cognition* 书中,他们建立了并行分布处理理论,主要致力于认知的微观研究,同时对具有非线性连续转移函数的多层前馈网络的误差反向传播算法即 BP 算法进行了详尽的分析,解决了长期以来没有权值调整有效算法的难题;求解了感知机所不能解决的问题,回答了 *Perceptrons* 一书中关于神经网络局限性的问题,从实践上证实了人工神经网络有很强的运算能力。

(5)细胞神经网络模型。1988 年,Chua 和 Yang 提出了细胞神经网络(CNN)模型,它是一个细胞自动机特性的大规模非线性计算机仿真系统。Kosko 建立了双向联想存储模型(BAM),它具有非监督学习能力。

(6)Darwinism 模型。Edelman 提出的 Darwinism 模型在 20 世纪 90 年代初产生了

很大的影响,它建立了一种神经网络系统理论。

(7) 1988 年,Linsker 对感知机网络提出了新的自组织理论,并在香农信息论的基础上形成了最大互信息理论,从而点燃了基于 NN 的信息应用理论的光芒。

(8) 1988 年,Broomhead 和 Lowe 用径向基函数(Radialbasis Function,RBF)提出分层网络的设计方法,从而将 NN 的设计与数值分析和线性适应滤波挂钩。

(9) 1991 年,Haken 把协同引入神经网络。在他的理论框架中,他认为,认知过程是自发的,并断言模式识别过程即模式形成过程。

(10) 1994 年,廖晓昕关于细胞神经网络的数学理论与基础的提出,带来了这个领域新的进展。通过拓展神经网络的激活函数类,给出了更一般的时滞细胞神经网络(DCNN)、Hopfield 神经网络(HNN)、双向联想记忆网络(BAM)模型。

(11) 20 世纪 90 年代初,Vapnik 等提出了支持向量机(Supportvector Machines,SVM)和 VC 维(Vapnik-Chervonenkis Dimension)的概念。

经过多年的发展,这一阶段已有上百种神经网络模型被提出。

4. 第四阶段——高潮时期

深度学习(Deep Learning,DL)由 Hinton 等于 2006 年提出,是机器学习(Machine Learning,ML)的一个新领域。深度学习本质上是构建含有多隐含层的机器学习架构模型,通过大规模数据进行训练,得到大量更具代表性的特征信息。深度学习算法打破了传统神经网络对层数的限制,可根据设计者需要选择网络层数。

8.1.3　人工神经网络的特点

神经网络是由存储在网络内部的大量神经元通过结点连接权组成的一种信息响应网状拓扑结构,它采用了并行分布式的信号处理机制,因而具有较快的处理速度和较强的容错能力。

(1) 神经网络模型用于模拟人脑神经元的活动过程,其中包括对信息的加工、处理、存储和搜索等。人工神经网络具有如下基本特点。

① 高度的并行性。人工神经网络由许多相同的简单处理单元并联组合而成,虽然每一个神经元的功能简单,但大量简单神经元并行处理能力和效果却十分惊人。人工神经网络和人类的大脑类似,不但结构上是并行的,它的处理顺序也是并行和同时的。在同一层内的处理单元都是同时操作的,即神经网络的计算功能分布在多个处理单元上,而一般计算机通常只有一个处理单元,其处理顺序是串行的。

人脑神经元之间传递脉冲信号的速度远低于冯·诺依曼计算机的工作速度,前者为毫秒量级,后者的时钟频率通常可达 108Hz 或更高。但是,由于人脑是一个大规模并行与串行组合的处理系统,因而在许多问题上可以做出快速判断、决策和处理,其速度可以远高于串行结构的冯·诺依曼计算机。人工神经网络的基本结构模仿人脑,具有并行处理的特征,可以大大提高工作速度。

② 高度的非线性全局作用。人工神经网络的每个神经元接收大量其他神经元的输入,并通过并行网络产生输出,影响其他神经元,网络之间的这种互相制约和互相影响,实现了从输入状态到输出状态空间的非线性映射,从全局的观点来看,网络整体性能不是网

络局部性能的叠加,而表现出某种集体性的行为。

非线性关系是自然界的普遍特性。大脑的智慧就是一种非线性现象。人工神经元处于激活或抑制两种不同的状态,这种行为在数学上表现为一种非线性人工神经网络。具有阈值的神经元构成的网络具有更好的性能,可以提高容错性和存储容量。

③ 联想记忆功能和良好的容错性。人工神经网络通过自身的特有网络结构将处理的数据信息存储在神经元之间的权值中,具有联想记忆功能,从单一的某个权值看不出其所记忆的信息内容,因而是分布式的存储形式,这就使得网络有很好的容错性,并可以进行特征提取、缺损模式复原、聚类分析等模式信息处理工作,又可以做模式联想、分类、识别工作。它可以从不完善的数据和图形中进行学习并做出决定。由于知识存于整个系统中,而不只是一个存储单元中,即使部分结点不参与运算,对整个系统的性能也不会产生重大的影响。人工神经网络还能够处理那些有噪声或不完全的数据,具有泛化功能和很强的容错能力。

一个神经网络通常由多个神经元广泛连接而成。一个系统的整体行为不仅取决于单个神经元的特征,而且可能主要由单元之间的相互作用、相互连接所决定。通过单元之间的大量连接模拟大脑的非局限性。联想记忆是非局限性的典型例子。

④ 良好的自适应、自学习功能。人工神经网络通过学习训练获得网络的权值与结构,呈现出很强的自学习能力和对环境的自适应能力。神经网络所具有的自学习过程模拟了人的形象思维方法,这是与传统符号逻辑完全不同的一种非逻辑语言,能自适应地根据所提供的数据,通过学习和训练,找出输入和输出之间的内在关系,从而求取问题的解,并不依据对问题的经验知识和规则,这对于弱化权重确定人为因素是十分有益的。

⑤ 知识的分布存储。在神经网络中,知识不是存储在特定的存储单元中,而是分布在整个系统中,要存储多个知识就需要很多连接。在计算机中,只要给定一个地址就可得到一个或一组数据。在神经网络中要获得存储的知识则采用“联想”的办法,这类似人类和动物的联想记忆。人类善于根据联想正确识别图形,人工神经网络也是这样。神经网络采用分布式存储方式表示知识,通过网络对输入信息的响应将激活信号分布在网络神经元上,通过网络训练和学习使得特征被准确地记忆在网络的连接权值上,当同样的模式再次输入时网络就可以进行快速判断。

⑥ 非凸性。一个系统的演化方向,在一定条件下取决于某个特定的状态函数。如能量函数,它的极值相当于系统比较稳定的状态。非凸性是指这种函数有多个极值,故系统具有多个较稳定的平衡状态,这将导致系统演化的多样性。

正是神经网络所具有的这种学习和适应能力及自组织、非线性和运算高度并行的能力,解决了传统人工智能对于直觉处理方面的缺陷,如对非结构化信息、语音模式识别等的处理,使之成功应用于神经专家系统、组合优化、智能控制、预测、模式识别等领域。

(2) 人工神经网络是一种旨在模仿人脑结构及其功能的信息处理系统。因此,它在功能上具有如下智能特点。

① 联想记忆功能。由于神经网络具有分布存储信息和并行计算的性能,因此它具有对外界刺激和输入信息进行联想记忆的能力。这种能力是通过神经元之间的协同结构及

信息处理的集体行为来实现的。神经网络通过预先存储信息和学习机制进行自适应训练,可以从不完整的信息和噪声干扰中恢复原始的、完整的信息。这一功能使神经网络在图像复原、语音处理、模式识别与分类方面具有重要的应用前景。联想记忆又分为自联想记忆和异联想记忆两种。

②　分类与识别功能。神经网络对外界输入样本有很强的识别与分类能力。对输入样本的分类实际上是在样本空间找出符合分类要求的分隔区域,每个区域内的样本属于一类。

③　优化计算功能。优化计算是指在已知的约束条件下,寻找一组参数组合,使该组合确定的目标函数达到最小。将优化约束信息(与目标函数有关)存储于神经网络的连接权矩阵中,神经网络的工作状态以动态系统方程式描述。设置一组随机数据作为起始条件,当系统的状态趋于稳定时,神经网络方程的解作为输出优化结果。优化计算在 TSP及生产调度问题上有重要应用。

④　非线性映射功能。在许多实际问题中,如过程控制、系统辨识、故障诊断、机器人控制等诸多领域,系统的输入与输出之间存在复杂的非线性关系,对于这类系统,往往难以用传统的数理方程建立其数学模型。神经网络在这方面有独到的优势,设计合理的神经网络通过对系统输入输出样本进行训练学习,从理论上讲,能够以任意精度逼近任意复杂的非线性函数。神经网络的这一优良性能使其可以作为多维非线性函数的通用数学模型。

8.1.4　人工神经网络的结构

1. 生物神经元的结构

神经细胞是构成神经系统的基本单元,称为生物神经元,简称为神经元。神经元主要由 3 部分构成:细胞体、轴突和树突,如图 8-1 所示。

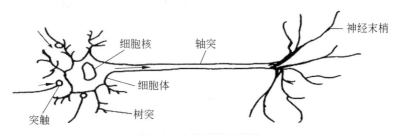

图 8-1　生物神经元结构

突触是神经元之间相互连接的接口部分,即一个神经元的神经末梢与另一个神经元的树突相接触的交界面,位于神经元的神经末梢尾端。突触是轴突的终端。

大脑可视作由 1000 多亿神经元组成的神经网络。神经元的信息传递和处理是一种电化学活动。树突由于电化学作用接收外界的刺激,通过胞体内的活动体现为轴突电位,当轴突电位达到一定的值则形成神经脉冲或动作电位;再通过轴突末梢传递给其他的神经元。从控制论的观点来看,这一过程可被看作一个多输入单输出非线性系统的动态过程。

神经元的功能特性如下：时空整合功能；神经元的动态极化性；兴奋与抑制状态；结构的可塑性；脉冲与电位信号的转换；突触延期和不应期；学习、遗忘和疲劳。

2. 人工神经元结构

人工神经元的研究源于脑神经元学说，19 世纪末，在生物、生理学领域，Waldeger 等创建了神经元学说。

人工神经网络是由大量处理单元经广泛互连而组成的人工网络，用来模拟脑神经系统的结构和功能。而这些处理单元称作人工神经元。人工神经网络可被看成以人工神经元为结点，用有向加权弧连接起来的有向图。在此有向图中，人工神经元就是对生物神经元的模拟，而有向弧则是轴突—突触—树突对的模拟。有向弧的权值表示相互连接的两个人工神经元间相互作用的强弱。人工神经元的结构如图 8-2 所示。

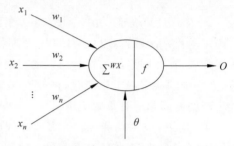

图 8-2 人工神经元结构

神经网络从如下两方面模拟大脑：

（1）神经网络获取的知识是从外界环境中学习得来的。

（2）内部神经元的连接强度，即突触权值，用于存储获取的知识。

神经网络系统由能够处理人类大脑不同部分之间信息传递的，由大量神经元连接形成的拓扑结构组成，依赖于这些庞大的神经元数目和它们之间的联系，人类的大脑能够收到输入的信息的刺激由分布式并行处理的神经元相互连接进行非线性映射处理，从而实现复杂的信息处理和推理任务。

对于某个处理单元（神经元）来说，假设来自其他处理单元（神经元）i 的信息为 x_i，它们与本处理单元的互相作用强度即连接权值为 w_i，$i=0,1,\cdots,n-1$，处理单元的内部阈值为 θ。

那么本处理单元（神经元）的输入为 $\sum\limits_{i=0}^{n-1} w_i x_i$，而处理单元的输出为

$$y = f\left(\sum_{i=0}^{n-1} w_i x_i - \theta\right)$$

其中，x_i 为第 i 个元素的输入，w_i 为第 i 个处理单元与本处理单元的互连权重，即神经元连接权值。f 称为激活函数或作用函数，它决定结点（神经元）的输出。θ 表示隐含层神经结点的阈值。

神经网络的主要工作是建立模型和确定权值，一般有前向型和反馈型两种网络结构。通常神经网络的学习和训练需要一组输入数据和输出数据对，选择网络模型和传递、训练函数后，神经网络计算得到输出结果，根据实际输出和期望输出之间的误差进行权值的修正，在网络进行判断的时候就只有输入数据而没有预期的输出结果。神经网络一个相当重要的能力是其网络能通过它的神经元权值和阈值的不断调整从环境中进行学习，直到网络的输出误差达到预期的结果，就认为网络训练结束。

对于这样一种多输入、单输出的基本单元可以进一步从生物化学、电生物学、数学等方面给出描述其功能的模型。利用大量神经元相互连接组成的人工神经网络,将显示出人脑的若干特征,人工神经网络也具有初步的自适应与自组织能力。在学习或训练过程中改变突触权重 w_{ij} 值,以适应周围环境的要求。同一网络因学习方式及内容不同可具有不同的功能。人工神经网络是一个具有学习能力的系统,可以发展知识,以致超过设计者原有的知识水平。通常,它的学习(或训练)方式可分为两种,一种是有监督(supervised)或称有导师的学习,这种方式利用给定的样本标准进行分类或模仿;另一种是无监督(unsupervised)学习或称无导师学习,这种方式只规定学习方式或某些规则,而具体的学习内容随系统所处环境(即输入信号情况)而异,系统可以自动发现环境特征和规律性,具有更近似于人脑的功能。

在人工神经网络设计及应用研究中,通常需要考虑 3 方面的内容,即神经元激活函数、神经元之间的连接形式和网络的学习(训练)。

3. 神经网络的学习形式

在构造神经网络时,其神经元的传递函数和转换函数就已经确定了。在网络的学习过程中是无法改变转换函数的,因此,如果想要改变网络输出的大小,只能通过改变加权求和的输入来达到。由于神经元只能对网络的输入信号进行响应处理,想要改变网络的加权输入只能修改网络神经元的权参数,因此,神经网络的学习就是改变权值矩阵的过程。

4. 神经网络的工作过程

神经网络的工作过程包括离线学习和在线判断两部分。学习过程中各神经元进行规则学习,权参数调整,进行非线性映射关系拟合以达到训练精度;判断阶段则是训练好的、稳定的网络读取输入信息通过计算得到输出结果。

5. 神经网络的学习规则

神经网络的学习规则是修正权值的一种算法,分为联想式和非联想式学习,有监督学习和无监督学习等。下面介绍几个常用的学习规则。

(1) 误差修正型规则。

这是一种有监督的学习方法,根据实际输出和期望输出的误差进行网络连接权值的修正,最终网络误差小于目标函数达到预期结果。

误差修正法中权值的调整与网络的输出误差有关,包括 δ 学习规则、Widrow-Hoff 学习规则、感知器学习规则和误差反向传播的 BP 学习规则等。

(2) 竞争型规则。这是一种无监督学习方法,网络仅根据提供的一些学习样本进行自组织学习,没有期望输出,通过神经元相互竞争对外界刺激模式响应的权利进行网络权值的调整来适应输入的样本数据。

对于无监督学习的情况,事先不给定标准样本,直接将网络置于"环境"之中,学习(训练)阶段与应用(工作)阶段成为一体。

(3) Hebb 规则。利用神经元之间的活化值(激活值)来反映它们之间连接性的变化,即根据相互连接的神经元之间的活化值(激活值)来修正其权值。

在 Hebb 规则中,学习信号简单地等于神经元的输出。Hebb 规则代表一种纯前馈、无导师学习。该规则至今在各种神经网络模型中起着重要作用。典型的应用如利用 Hebb 规则训练线性联想器的权矩阵。

(4) 随机型规则。在学习过程中结合了随机、概率论和能量函数的思想,根据目标函数(即网络输出均方差)的变化调整网络的参数,最终使网络目标函数达到收敛值。

6. 激活函数

在神经网络中,网络解决问题的能力与效率除了与网络结构有关外,在很大程度上取决于网络所采用的激活函数。激活函数的选择对网络的收敛速度有较大的影响,针对不同的实际问题,激活函数的选择不同。

神经元在输入信号作用下产生输出信号的规律由神经元功能函数(activation function)f 给出,也称为激活函数,或转移函数,这是神经元模型的外特性。它包含了从输入信号到净输入,再到激活值,最终产生输出信号的过程,综合了净输入、f 函数的作用。f 函数形式多样,利用它们的不同特性可以构成功能各异的神经网络。

常用的激活函数有以下几种形式。

(1) 阈值函数。该函数通常称为阶跃函数。当激活函数采用阶跃函数时,人工神经元模型即 MP 模型。此时神经元的输出取 1 或 0,反映了神经元的兴奋或抑制。

(2) 线性函数。该函数可以在输出结果为任意值时作为输出神经元的激活函数,但是当网络复杂时,线性激活函数大大降低网络的收敛性,故一般较少采用。

(3) 对数 S 形函数。对数 S 形函数的输出介于 0~1,常被要求为输出在 0~1 的信号选用。它是神经元中使用最为广泛的激活函数之一。

(4) 双曲正切 S 形函数。双曲正切 S 形函数类似于被平滑的阶跃函数,形状与对数 S 形函数相同,以原点对称,其输出介于 −1~1,常常被要求为输出在 −1~1 的信号选用。

7. 神经元之间的连接形式

神经网络是一个复杂的互连系统,单元之间的互连模式将对网络的性质和功能产生重要影响。互连模式种类繁多,以下具体介绍前向网络和反馈网络两种。

(1) 前向网络(前馈网络)。网络可以分为若干"层",各层按信号传输先后顺序依次排列,第 i 层的神经元只接收第 $i-1$ 层神经元给出的信号,各神经元之间没有反馈。前向网络可以用一个有向无环路图表示,如图 8-3 所示。

从图 8-3 中可以看出,输入结点并无计算功能,只是为了表征输入向量各元素值。各层结点表示具有计算功能的神经元,称为计算单元。每个计算单元可以有任意个输入,但只有一个输出,它可以送到多个结点,作为输入。输入结点层称为第 0 层。计算单元的各结点层从下至上依次称为第 1 至第 N 层,由此构成 N 层前向网络。也可以把输入结点层称为第 1 层,于是对 N 层网络将变为 $N+1$ 个结点层序号。

第一结点层与输出结点统称为"可见层",而其他中间层则称为隐含层(hidden layer),这些神经元称为隐结点。BP 网络就是典型的前向网络。

(2) 反馈网络。典型的反馈网络如图 8-4(a)所示。

每个结点都表示一个计算单元,同时接收外加输入和其他各结点的反馈输入,每个结

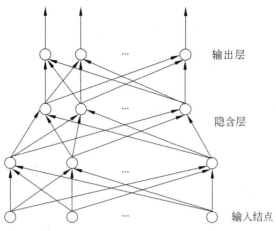

图 8-3　前向网络结构

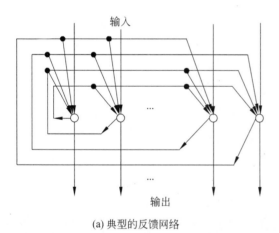

(a) 典型的反馈网络

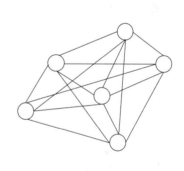

(b) 完全的无向图表示的反馈网络

图 8-4　反馈网络

点也都直接向外部输出。Hopfield 网络即属于此种类型。在某些反馈网络中,各神经元除接收外加输入与其他各结点反馈输入之外,还包括自身反馈。有时,反馈网络可以表示为一张完全的无向图,如图 8-4(b)所示。图中,每一个连接都是双向的。这里,第 i 个神经元对于第 j 个神经元的反馈与第 j 至 i 个神经元反馈之突触权重相等,即 $w_{ij} = w_{ji}$。

以上介绍了两种最基本的人工神经网络结构,实际上,人工神经网络还有许多种连接形式,例如,从输出层到输入层有反馈的前向网络,同层内或异层间有相互反馈的多层网络等。

8.1.5　人工神经网络模型

1. 人工神经网络的分类

人工神经网络按性能可以分为连续型和离散型网络;按拓扑结构可以分为前向网络和反馈网络;按学习方法可以分为有监督的学习网络和无监督的学习网络;按连接突触性

质可以分为一阶线性关联网络和高阶非线性关联网络。

前向网络有自适应线性神经网络(Adaptive Linear,Adaline)、单层感知器、多层感知器、BP 等。

前向网络中各神经元接收前一级的输入,并输出到下一级,网络中没有反馈,可以用一个有向无环路图表示。这种网络实现信号从输入空间到输出空间的变换,它的信息处理能力来自简单非线性函数的多次复合。网络结构简单,易于实现。反向传播网络是一种典型的前向网络。

反馈网络有 Hopfield、Hamming、BAM 等。反馈网络内神经元间有反馈,可以用一个无向的完备图表示。这种神经网络的信息处理是状态的变换,可以用动力学系统理论处理。系统的稳定性与联想记忆功能有密切关系。Hopfield 网络、Boltzmann 机均属于这种类型。

2. 生物神经元模型

人脑是自然界所造就的高级动物,人的思维是由人脑来完成的,而思维则是人类智能的集中体现。人脑的皮层中包含 100 亿个神经元、60 万亿个神经突触,以及它们的连接体。神经系统的基本结构和功能单位就是神经细胞,即神经元,它主要由细胞体、树突、轴突和突触组成。人类的神经元具备以下几个基本功能特性:时空整合功能、神经元的动态极化性、兴奋与抑制状态,结构的可塑性,脉冲与电位信号的转换,突触延期和不延期,学习、遗忘和疲劳,神经网络是由大量的神经元单元相互连接而构成的网络系统。

3. 人工神经网络模型

人工神经网络,是通过模仿生物神经网络的行为特征,进行分布式并行信息处理的数学模型。这种网络依靠系统的复杂度,通过调整内部大量结点之间相互连接的关系,从而达到信息处理的目的。人工神经网络具有自学习和自适应的能力,可以通过预先提供的一批相互对应的输入输出数据,分析两者的内在关系和规律,最终通过这些规律形成一个复杂的非线性系统函数,这种学习分析过程被称作"训练"。神经元的每一个输入连接都有突触连接强度,用一个连接权值来表示,即将产生的信号通过连接强度放大,每一个输入量都对应一个相关联的权重。处理单元将经过权重的输入量化,然后相加求得加权值之和,计算出输出量,这个输出量是权重和的函数,一般称此函数为传递函数。

4. 感知器模型

感知器模型是美国学者 Rosenblatt 为研究大脑的存储、学习和认知过程而提出的一类具有自学习能力的神经网络模型,它把神经网络的研究从纯理论探讨引向了从工程上的实现。

(1) 单层感知器

Rosenblatt 提出的感知器模型是一个只有单层计算单元的前向神经网络,称为单层感知器。单层感知器模型的算法思想:首先把连接权和阈值初始化为较小的非零随机数,然后把有 n 个连接权值的输入送入网络,经加权运算处理,得到的输出如果与所期望的输出有较大的差别,就对连接权值参数按照某种算法进行自动调整,经过多次反复,直到所得到的输出与所期望的输出间的差别满足要求为止。

（2）线性不可分问题

单层感知器不能表达的问题被称为线性不可分问题。1969 年,Minsky 证明了"异或"问题是线性不可分问题。线性不可分函数的数量随着输入变量个数的增加而快速增加,甚至远远超过了线性可分函数的个数。也就是说,单层感知器不能表达的问题的数量远远超过了它所能表达的问题的数量。

（3）多层感知器

在单层感知器的输入部分和输出层之间加入一层或多层处理单元,就构成了二层或多层感知器。在多层感知器模型中,只允许某一层的连接权值可调,这是因为无法知道网络隐含层的神经元的理想输出,因而难以给出一个有效的多层感知器学习算法。多层感知器克服了单层感知器的许多缺点,一些单层感知器无法解决的问题,在多层感知器中就可以解决。例如,应用二层感知器就可以解决异或逻辑运算问题。

5. 反向传播模型

反向传播模型也称为 BP 模型,是一种用于前向多层的反向传播学习算法。之所以称它是一种学习方法,是因为用它可以对组成前向多层网络的各人工神经元之间的连接权值进行不断修改,从而使该前向多层网络能够将输入它的信息变换成所期望的输出信息。之所以将其称作反向学习算法,是因为在修改各人工神经元的连接权值时,所依据的是该网络的实际输出与其期望的输出之差,将这一差值反向一层一层地向回传播,来决定连接权值的修改。

BP 算法的网络结构是一个前向多层网络。它是在 1986 年,由 Rumelhant 和 McClelland 提出的,是一种多层网络的"逆推"学习算法。其基本思想是,学习过程由信号的正向传播与误差的反向传播两个过程组成。正向传播时,输入样本从输入层传入,经隐含层逐层处理后,传向输出层。若输出层的实际输出与期望输出不符,则转向误差的反向传播阶段。误差的反向传播是将输出误差以某种形式通过隐含层向输入层逐层反传,并将误差分摊给各层的所有单元,从而获得各层单元的误差信号,此误差信号即作为修正各单元权值的依据。这种信号正向传播与误差反向传播的各层权值调整过程,是周而复始地进行。权值不断调整过程,也就是网络的学习训练过程。此过程一直持续到网络输出的误差减少到可以接受的程度,或进行到预先设定的学习次数为止。

反向传播网络的学习算法:BP 算法的学习目的是对网络的连接权值进行调整,使调整后的网络对任一输入都能得到所期望的输出。

学习过程由正向传播和反向传播组成。正向传播用于对前向网络进行计算,即对某一输入信息,经过网络计算后求出它的输出结果。反向传播用于逐层传递误差,修改神经元间的连接权值,以使网络对输入信息经过计算后所得到的输出能达到期望的误差要求。

BP 算法的学习过程如下。

（1）选择一组训练样例,每一个样例由输入信息和期望的输出结果两部分组成。

（2）从训练样例集中取一个样例,把输入信息输入网络中。

（3）分别计算经神经元处理后的各层结点的输出。

（4）计算网络的实际输出和期望输出的误差。

（5）从输出层反向计算到第一个隐含层，并按照某种能使误差向减小方向发展的原则，调整网络中各神经元的连接权值。

（6）对训练样例集中的每一个样例重复以上学习过程的第（3）～（5）步，直到对整个训练样例集的误差达到要求为止。

在以上的学习过程中，第（5）步是最重要的，如何确定一种调整连接权值的原则，使误差沿着减小的方向发展，是 BP 学习算法必须解决的问题。

BP 算法的优点如下。

理论基础牢固，推导过程严谨，物理概念清晰，通用性好等。因此，BP 算法是目前用来训练前向多层网络较好的算法。

BP 算法的缺点如下。

（1）收敛速度慢；

（2）网络中隐结点个数的选取尚无理论上的指导；

（3）从数学角度看，BP 算法是一种梯度最速下降法，这就可能出现局部极小的问题。当出现局部极小时，从表面上看，误差符合要求，但这时所得到的解并不一定是问题的真正解。因此，BP 算法是不完备的。

BP 算法的局限性如下。

（1）误差函数在数据集确定的情况下可被看作权重的函数，在权重空间的基础上加入误差维度，然后所有＜权重，误差＞点组成的曲面即误差曲面。通常情况下，误差曲面示意图中纵坐标用于指示误差，而横坐标表示权重。在误差曲面上有些区域平坦，此时误差对权值的变化不敏感，误差下降缓慢，调整时间长，影响收敛速度。这时误差的梯度变化很小，即使权值的调整量很大，误差仍然下降很慢。造成这种情况的原因与各结点的净输入过大有关。

（2）存在多个极小点。从二维权空间的误差曲面可以看出，其上存在许多凸凹不平，其低凹部分就是误差函数的极小点。可以想象多维权空间的误差曲面，会更加复杂，存在更多个局部极小点，它们的特点都是误差梯度为 0。BP 算法权值调整依据是误差梯度下降，当梯度为 0 时，BP 算法无法辨别极小点性质，因此训练常陷入某个局部极小点而不能自拔，使训练难以收敛于给定误差。

BP 算法改进：误差曲面的平坦区将使误差下降缓慢，调整时间加长，迭代次数增多，影响收敛速度；而误差曲面存在的多个极小点会使网络训练陷入局部极小，从而使网络训练无法收敛于给定误差。这两个问题是 BP 网络标准算法的固有缺陷。

8.2 案例 8-1：股票价格波动分析

北京计开公司的投资部门，为了更好地帮助客户制订股票的投资理财计划，现统计上海证交所市场交易的 A 股股票完整历史的每日价格和成交量数据，数据以 CSV 格式包含了日期、开盘价、最高价、收盘价、最低价、成交量、成交金额等信息。

需要根据已有的数据集，选取股票数据作为训练集（2014 年 6 月 8 日—2016 年 6 月 8 日两年时间的股票数据），通过训练集来训练神经网络模型。然后选择不在训练集中的 10 只股票作为测试集,将其两年内的实际数据与模型的预测开盘价进行验证,如表 8-1 所示。

表 8-1　股票测试集

日期	开盘价(元)	最高价(元)	收盘价(元)	最低价(元)	成交量(股)	成交金额(元)
2016/5/12	3.6043	3.6409	3.3904	3.2988	174085100	4859102435
2016/5/28	3.3697	3.4674	3.3856	3.3636	29403500	821582199
⋮						

8.2.1　实验步骤

1. 建立模型

本案例建立的模型如图 8-5 所示。

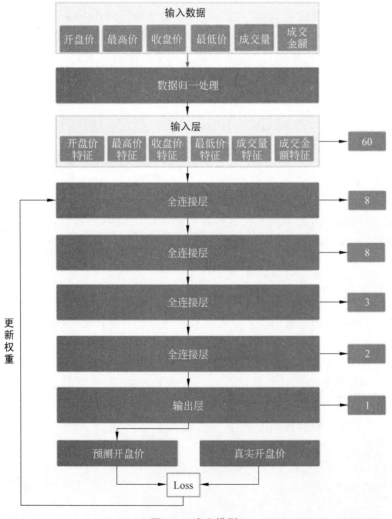

图 8-5　建立模型

在输入层一共有 6 个维度的数据,每次训练会输入 10 天的数据,一共有 60 个神经元;中间经过 4 个全连接的神经网络层(隐含层)得到一个预测的开盘价输出,每一层的神经元个数分别设置为 8、8、3、2。激活函数统一使用 relu() 函数;输出层的神经元设置为 1 个,且不使用激活函数。输出数据为 $(-1,1)$ 的浮点数值,表示未来一天的价格;初始化权重 w_0 和 b_0,w_0 是呈正态分布的随机值,b_0 则统一设初始值为 0,然后根据真实开盘价与预测开盘价的梯度更新权重。

2. 数据准备

本实验的金融数据来源于上海证交所市场交易的 A 股股票完整历史的每日价格和成交量数据。所采用的训练集的股票代码是从 600000~603969 中抽取的 100 只股票。时间区间为 2014 年 6 月 8 日—2016 年 6 月 8 日这两年的日 K 线数据。所采用的测试集股票代码是 603979~603999,以及来自沪深 300 指数的两只股票:000538(云南白药)和 000858(五粮液)近两年的数据作为测试集对模型进行验证。数据的维度包括开盘价、最高价、收盘价、最低价、成交量、成交金额,将这 6 个交易信息作为特征提取。

数据预处理采用最大最小归一化的方法,将所有数据全部映射到 $[-1,1]$。这样就可以避免不同的股票因为价格相差大而导致预测趋势产生的巨大波动。

3. 实验环境

编程语言:Python;

深度学习环境:TensorFlow;

编译器:Pycharm。

4. 训练过程

(1) 在数据输入之前先对数据进行归一化处理,在下面的归一化公式中:X_Scaled 表示归一化之后的数据,X_input 表示输入数据集中的每一个数据,X_min 表示输入数据集中的最小值,X_max 表示输入数据集中的最大值。

$$X\_Scaled = \frac{X\_input - X\_min}{X\_max - X\_min} \times 2 - 1$$

(2) 对于输入数据来说,做的工作主要就是加权求和,输入数据经过处理之后跟原来的数据维度保持一致,但是数值会随着权重和偏置值的变化而变化。

$$hidden = \sum_{i=1}^{N} x_i \times w_i + b$$

(3) 在上一步的数据计算完成之后得到结果 hidden,再使用激活函数对数据进行处理,这里选用 relu() 作为激活函数,将 hidden 中为负数的值变成 0,这样可以形成神经网络的稀疏性,减少参数间的依赖关系,最后将结果作为下一层的输出。

$$out = \sum_{i=1}^{N} relu(hidden) \times w_i + b$$

其中,relu() 函数的数学公式为

$$relu(x) = \begin{cases} 0 & (x < 0) \\ x & (x \geq 0) \end{cases}$$

（4）对于输出层来说就不需要加上激活函数了，加权求和就可以得到结果即表示未来一天的开盘价。

$$\text{pred} = \text{out} \times w_i + b$$

（5）这时候就得到了预测的开盘价 pred，与真实的开盘价 out，进行平方差均值计算就可以得到 loss。

$$\text{loss} = \frac{(\text{pred} - \text{out})^2}{2}$$

（6）得到 loss 之后就可以通过 TensorFlow 中的优化器来更新权重。

8.2.2　实验结果

1. 源程序清单

```
from math import sqrt
from numpy import concatenate
from matplotlib import pyplot
from pandas import read_csv
from pandas import DataFrame
from pandas import concat
from sklearn.preprocessing import MinMaxScaler
from sklearn.preprocessing import LabelEncoder
from sklearn.metrics import mean_squared_error
from keras.models import Sequential
from keras.layers import Dense
from keras.layers import LSTM
import numpy as np
def series_to_supervised(data):              #n_in,n_out 相当于 lag
    '''
    函数说明:
        用于将数据转换成有监督数据
    ---------------
    参数:
        data:numpy 类型,需要转换的数据
    ---------------
    返回值:
        agg:numpy 类型,转换后的数据
    '''
    #变量个数
    n_vars = 1 if type(data) is list else data.shape[1]
    df = DataFrame(data)
    print(df.head())
    cols, names = list(), list()
    #输入序列(t-n. ..., t-1)
    for i in range(1, 0, -1):
```

```
            cols.append(df.shift(i))
            print('shift 数据')
            print(cols[0][0:5])
            names += [('var%d(t-%d)' % (j + 1, i)) for j in range(n_vars)]
            print('names 数据')
            print(names[0:5])
        #预测序列(t, t+1, ... , t+n)
        for i in range(0, 1):
            cols.append(df.shift(-i))
            if i == 0:
                names += [('var%d(t)' % (j + 1)) for j in range(n_vars)]
            else:
                names += [('var%d(t+%d)' % (j + 1, i)) for j in range(n_vars)]
        #拼接
        agg = concat(cols, axis=1)
        print('拼接')
        print(agg[0:5])
        agg.columns = names
        #将空值 NaN 行删除
        agg.dropna(inplace=True)
        return agg
#数据读取
dataset = read_csv(r'result.csv', header=0, index_col=0)
values = dataset.values
print('原始数据')
print(values[0:5])
#使所有数据是 float 类型
values = values.astype('float32')
#数据归一化
scaler = MinMaxScaler(feature_range=(0, 1))
scaled = scaler.fit_transform(values)
#变成有监督数据
reframed = series_to_supervised(scaled, 1, 1)
#删除不预测的列
reframed.drop(reframed.columns[7:10], axis=1, inplace=True)
reframed.drop(reframed.columns[5], axis=1, inplace=True)
#把数据分为训练数据和测试数据
values = reframed.values
#使用一年的时间长度训练
n_train_hours = 38181
#划分训练数据和测试数据
train = values[:n_train_hours, :]
test = values[n_train_hours:, :]
#拆分输入输出
```

```
train_X, train_y = train[:, :-1], train[:, -1]
test_X, test_y = test[:, :-1], test[:, -1]
#转换输入为 LSTM 的输入格式
train_X = train_X.reshape((train_X.shape[0], 1, train_X.shape[1]))
test_X = test_X.reshape((test_X.shape[0], 1, test_X.shape[1]))
##模型定义
model = Sequential()
model.add(LSTM(50, input_shape=(train_X.shape[1], train_X.shape[2])))
model.add(Dense(1))
model.compile(loss='mae', optimizer='adam')
#模型训练
history = model.fit(train_X, train_y, epochs=5, batch_size=72, validation_
data=(test_X, test_y), verbose=2,shuffle=False)
#输出
pyplot.plot(history.history['loss'], label='train')
pyplot.plot(history.history['val_loss'], label='test')
pyplot.legend()
pyplot.show()
#进行预测
yhat = model.predict(test_X)
test_X = test_X.reshape((test_X.shape[0], test_X.shape[2]))
#预测数据逆缩放
inv_yhat = concatenate((yhat, test_X[:, 1:]), axis=1)
inv_yhat = scaler.inverse_transform(inv_yhat)
inv_yhat = inv_yhat[:, 0]
inv_yhat = np.array(inv_yhat)
#真实数据逆缩放
test_y = test_y.reshape((len(test_y), 1))
inv_y = concatenate((test_y, test_X[:, 1:]), axis=1)
inv_y = scaler.inverse_transform(inv_y)
inv_y = inv_y[:, 0]
#画出真实数据和预测数据
pyplot.plot(inv_y, label='True')
pyplot.plot(inv_yhat, label='prediction')
pyplot.legend()
pyplot.show()
#计算 RMSE
rmse = sqrt(mean_squared_error(inv_y, inv_yhat))
print('Test RMSE: %.3f' % rmse)
relative_error = 0
#打印结果
for i in range(0,8463):
    relative_error += (abs(inv_yhat[i] - inv_y[i]) / (inv_y[i] +
0.00000000000000000000000001) **2)
```

```
acc = 1 - np.sqrt(relative_error/8463)
print('准确率为:' + str(acc))
```

2. 进行实验结果分析,呈现数据结果

模型刚开始训练时的 loss 值在 0～0.35 波动,如图 8-6 所示,而且很不稳定,预测的价格趋势与真实的趋势相差非常大,当训练数据达到 400 之后模型才开始慢慢收敛至 0.15 左右。

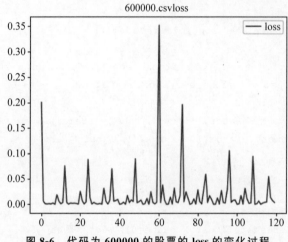

图 8-6 代码为 600000 的股票的 loss 的变化过程

图 8-6 显示的是股票代码为 600000 的 loss 的变化过程,横轴表示训练批次,纵轴表示 loss 值。

在图 8-7 中显示的是股票代码为 600000 的真实开盘价走势和神经网络拟合的开盘价走势。横轴表示归一化之后的开盘价,纵轴表示训练的数据,每一批数据共有 6×10 个,对应输入层的神经元个数。

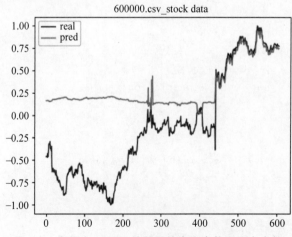

图 8-7 代码为 600000 的股票的真实走势和拟合走势

当模型训练到 80000 次时,loss 值的波动开始趋于稳定,结果如图 8-8 所示。正常情况下可以保持在 0~0.1。也就是在大多数情况下预测的趋势是准确的,但是一些重大的利好或利空消息也会让模型的预测出现偏差。

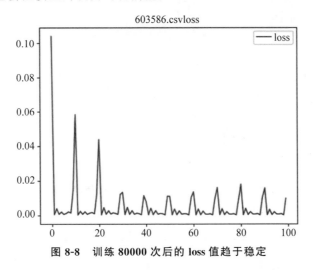

图 8-8 训练 80000 次后的 loss 值趋于稳定

通过图 8-9 可以很直观地看到预测趋势与真实趋势已经非常接近了,虽然也有一些误差,但是不像刚开始训练时的误差那么明显。

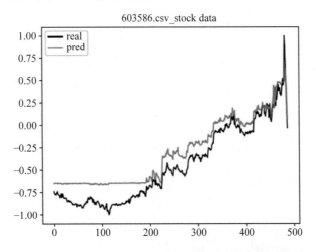

图 8-9 预测趋势与真实趋势已经非常接近了

图 8-10~图 8-15 都是在训练集中的预测效果,现使用一些股票的数据作为测试集进行预测。这些股票是从来没有在训练集中出现过的,可以保证测试集数据跟训练集数据完全独立。

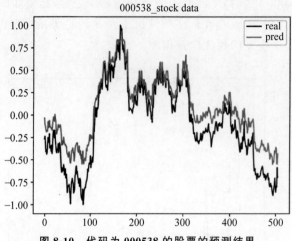

图 8-10   代码为 000538 的股票的预测结果

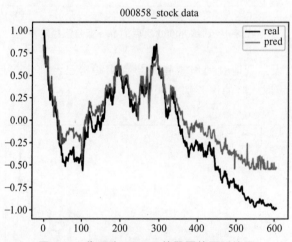

图 8-11   代码为 000858 的股票的预测结果

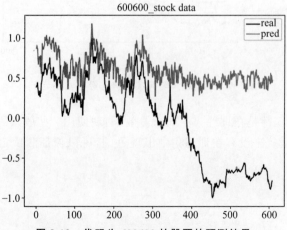

图 8-12   代码为 600600 的股票的预测结果

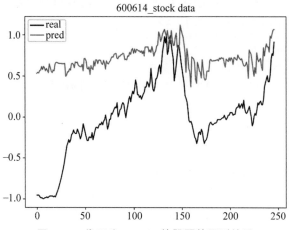

图 8-13 代码为 600614 的股票的预测结果

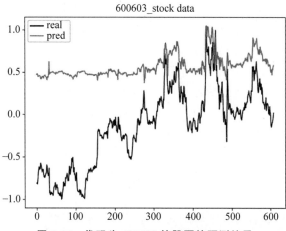

图 8-14 代码为 600603 的股票的预测结果

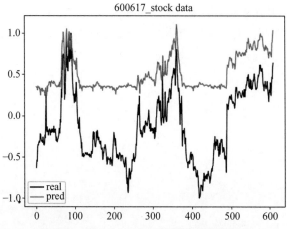

图 8-15 代码为 600617 的股票的预测结果

通过上述实验可知,模型误差最终为 0.1 以内,且没有出现过拟合的现象。在测试集上的表现较好,说明该模型具有一定的参考价值。

8.2.3 实验总结

在本实验中,起初在使用数据进行预测时,发现不同股票的预测价格趋势有较大波动。经过查阅资料和查看数据集发现,该问题出现的原因是不同股票的价格相差较大,因此,在对数据进行预处理时,对数据进行归一化处理,采用最大最小归一化的方法,将所有数据全部映射到 $[-1,1]$。

在神经网络的模型中使用梯度下降算法对参数进行更新时,梯度下降法的学习率参数 λ 在设置初始值时是无法确定的。首先参数不宜过大,将 λ 设置得太高,将无法很好地拟合,决策边界也无法很好地跟踪数据,从而使数据拟合不足;其次,学习率设置太小,需要花费过多的时间来收敛。为了保证收敛会选一个稍微小的数值,如 0.01、0.001,因此,在实验中通过多次实验对比选择最优的 λ 值作为固定学习率。

对于输入层的神经网络个数,考虑到数据的规模大小和程序运行时间的限制,数据一共有 6 个维度(开盘价(元)、最高价(元)、收盘价(元)、最低价(元)、成交量(股)、成交金额(元)),每次训练输入 10 天的数据,因此,输入层神经元个数为 60。

对于学习率的设置,本实验中选择了固定的学习率,但经过查找资料发现,还可以对学习率进一步优化,采用自适应学习率,也可以说是动态调整的学习率。通过某种算法来根据实时情况计算出最优学习率,而不是人为固定一个简单策略让梯度下降按部就班地实行。

8.3 本 章 小 结

通过本章的学习,读者可以了解到人工神经网络模型的概念以及人工神经网络的发展历史,本章介绍了两种最基本的人工神经网络结构,并通过一个实际案例:股票价格波动分析来训练神经网络模型,以此加深对人工神经网络的深入理解。实验表明,在神经网络的模型中使用梯度下降算法对参数进行更新时,参数不宜过大,将 λ 设置得太高,将无法很好地拟合,决策边界也无法很好地跟踪数据,从而使数据拟合不足;其次,学习率不宜太小,因为需要花费过多的时间来收敛。

第 9 章

线性回归模型

9.1　线　性　回　归

首先来了解什么是回归分析。这是一个来自统计学的概念。回归分析是指一种预测性的建模技术，主要是研究自变量和因变量的关系。通常使用线/曲线来拟合数据点，然后研究如何使曲线到数据点的距离差异最小。

例如，存在如图 9-1 所示的数据。

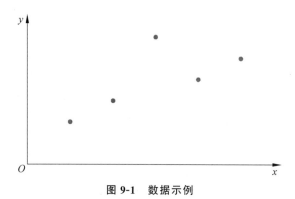

图 9-1　数据示例

然后拟合一条曲线 $f(x)$，如图 9-2 所示。

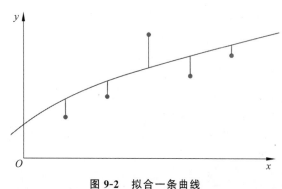

图 9-2　拟合一条曲线

回归分析的目标就是要拟合一条曲线，让图中红色线段（彩图可扫描图 9-2 右侧的二维码获取）加起来的和最小。

线性回归是回归分析的一种。具体流程为假设目标值(因变量)与特征值(自变量)之间线性相关,即满足一个多元一次方程,如 $f(\boldsymbol{x})=w_1\boldsymbol{x}_1+w_2\boldsymbol{x}_2+\cdots+w_n\boldsymbol{x}_n+b$。然后构建损失函数,最后通过令损失函数最小来确定参数(最关键的一步)。

线性回归的详细分析以简单的一元线性回归(一元代表只有一个未知自变量)来做介绍。

设有 n 组数据,自变量 $\boldsymbol{x}$,因变量 $\boldsymbol{y}$,然后假设它们之间的关系是 $f(\boldsymbol{x})=a\boldsymbol{x}+b$。那么线性回归的目标就是如何让 $f(\boldsymbol{x})$ 和 $\boldsymbol{y}$ 之间的差异最小,换句话说,就是 a,b 取什么值的时候 $f(\boldsymbol{x})$ 和 $\boldsymbol{y}$ 最接近。

这里需要先解决另一个问题,就是如何衡量 $f(\boldsymbol{x})$ 和 $\boldsymbol{y}$ 之间的差异。在回归问题中,均方误差是回归任务中最常用的性能度量。记 $J(a,b)$ 为 $f(\boldsymbol{x})$ 和 $\boldsymbol{y}$ 之间的差异,即

$$J(a,b)=\sum_{i=1}^{n}(f(\boldsymbol{x}_i)-\boldsymbol{y}_i)^2=\sum_{i=1}^{n}(a\boldsymbol{x}_i+b-\boldsymbol{y}_i)^2$$

其中,i 代表 n 组数据中的第 i 组,这里称 $J(a,b)$ 为损失函数,可以看出它是个二次凸函数。当 $J(a,b)$ 取最小值的时候,$f(\boldsymbol{x})$ 和 $\boldsymbol{y}$ 的差异最小,然后可以通过 $J(a,b)$ 取最小值来确定 a 和 b 的值。

而线性回归中需要解决的最关键的问题是确定 a 和 b 的值。下面介绍 3 种确定 a 和 b 的值的方法。

1. 最小二乘法

既然损失函数 $J(a,b)$ 是凸函数,那么分别关于 a 和 b 对 $J(a,b)$ 求偏导数,并令其为 0 并解出 a 和 b。这里直接给出结果:

$$\frac{\partial J(a,b)}{\partial a}=2\sum_{i=1}^{n}\boldsymbol{x}^{(i)}(a\boldsymbol{x}^{(i)}+b-\boldsymbol{y}^{(i)})=0,\frac{\partial J(a,b)}{\partial b}=2\sum_{i=1}^{n}(a\boldsymbol{x}^{(i)}+b-\boldsymbol{y}^{(i)})=0$$

解得:

$$a=\frac{\sum_{i=1}^{n}\boldsymbol{y}^{(i)}(\boldsymbol{x}^{(i)}-\bar{\boldsymbol{x}})}{\sum_{i=1}^{n}(\boldsymbol{x}^{(i)})^2-\frac{1}{n}\left(\sum_{i=1}^{n}\boldsymbol{x}^{(i)}\right)^2},b=\frac{1}{n}\sum_{i=1}^{n}(\boldsymbol{y}^{(i)}-a\boldsymbol{x}^{(i)})$$

2. 梯度下降法

首先介绍梯度的概念。梯度的本意是一个向量,表示某一函数(该函数一般是二元及以上的)在该点处的方向导数沿着该方向取得最大值,即函数在该点处沿着该方向(此梯度的方向)变化最快,变化率最大(该梯度的模)。

当函数是一元函数时,梯度就是导数。这里用一个最简单的例子来讲解梯度下降法,然后推广理解更为复杂的函数。

还是用同样的例子,有 n 组数据,自变量 $\boldsymbol{x}$,因变量 $\boldsymbol{y}$,但这次假设它们之间的关系是 $f(\boldsymbol{x})=a\boldsymbol{x}$,记 $J(a)$ 为 $f(\boldsymbol{x})$ 和 $\boldsymbol{y}$ 之间的差异,即

$$J(a)=\sum_{i=1}^{n}(f(\boldsymbol{x}^{(i)})-\boldsymbol{y}^{(i)})^2=\sum_{i=1}^{n}(a\boldsymbol{x}^{(i)}-\boldsymbol{y}^{(i)})^2$$

在梯度下降法中,需要先给参数 a 赋一个预设值,然后再一点一点地修改 a,直到 $J(a)$

取最小值时,确定 a 的值。下面直接给出梯度下降法的公式(其中 α 为正数):

$$\text{repeat}\{$$

$$a := a - \alpha\frac{\partial J(a)}{\partial a}$$

$$\}$$

$J(a)$ 和 a 的关系如图 9-3 所示。

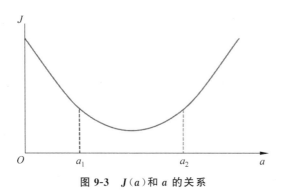

图 9-3 $J(a)$ 和 a 的关系

假设给 a 取的预设值是 a_1,那么 a 对 $J(a)$ 的导数为负数,则 $\alpha\dfrac{\partial J(a)}{\partial a}$ 也为负数,所以 $a-\alpha\dfrac{\partial J(a)}{\partial a}$ 意味着 a 向右移一点。然后重复这个动作,直到 $J(a)$ 到达最小值。

同理,假设给 a 取的预设值是 a_2,那么 a 对 $J(a)$ 的导数为正数,则 $a-\alpha\dfrac{\partial J(a)}{\partial a}$ 意味着 a 向左移一点。然后重复这个动作,直到 $J(a)$ 到达最小值。

因此可以看到,不管 a 的预设值取多少,$J(a)$ 经过梯度下降法的多次重复后,最后总能到达最小值。

这里再举个生活中的例子,梯度下降法中随机给 a 赋一个预设值,就好比我们随机出现在一个山坡上,然后想以最快的方式走到山谷的最低点,那么就得判断下一步该往哪个方向走,走完一步之后再次判断下一步的方向,以此类推,就能走到山谷的最低点了。而公式中的 α 称为学习率,在例子中可以理解为每一步跨出去的步伐有多大,α 越大,步伐就越大。(实际中 α 的取值不能太大也不能太小,太大会造成损失函数 J 接近最小值时,下一步就越过去了。好比在我们接近山谷的最低点时,步伐太大一步跨过去了,往回走的时候又是如此一大步跨过去,永远到达不了最低点;α 太小又会造成移动速度太慢,因为我们当然希望在确保走到最低点的前提下越快越好。)

到这里,梯度下降法的思想就基本介绍完了,只不过在例子中是用最简单的情况来说明,而事实上梯度下降法可以推广到多元线性函数上,这里直接给出公式。

假设有 n 组数据,其中目标值(因变量)与特征值(自变量)之间的关系为

$$f(\boldsymbol{x}^{(i)})=\theta_0+\theta_1\boldsymbol{x}_1^{(i)}+\cdots+\theta_n\boldsymbol{x}_n^{(i)}$$

其中,i 表示第 i 组数据。

损失函数为

$$J(\theta) = \sum_{i=1}^{n} (f(\boldsymbol{x}^{(i)}) - \boldsymbol{y}^{(i)})^2$$

则梯度下降法的公式为

$$\text{repeat}\{$$

$$\theta_j := \theta_j - \alpha \frac{\partial J(\theta)}{\partial \theta_j}$$

$$\}$$

3. 正规方程

正规方程一般用在多元线性回归中,这里不再用一元线性回归举例子了。

同样地,假设有 m 组数据,其中目标值(因变量)与特征值(自变量)之间的关系为

$$f(\boldsymbol{x}^{(i)}) = \theta_0 + \theta_1 \boldsymbol{x}_1^{(i)} + \cdots + \theta_m \boldsymbol{x}_m^{(i)}$$

其中,i 表示第 i 组数据,这里直接给出正规方程的公式:

$$\boldsymbol{\theta} = (\boldsymbol{X}^{\mathrm{T}} \boldsymbol{X})^{-1} \boldsymbol{X}^{\mathrm{T}} \boldsymbol{y}$$

推导过程如下:

记矩阵 $\boldsymbol{X}$ 为

$$\boldsymbol{X} = \begin{pmatrix} 1 & x_1^{(1)} & \cdots & x_m^{(1)} \\ \vdots & \vdots & & \vdots \\ 1 & x_1^{(m)} & \cdots & x_m^{(m)} \end{pmatrix}$$

向量 $\boldsymbol{\theta}$ 为

$$\boldsymbol{\theta} = \begin{pmatrix} \theta_0 \\ \theta_1 \\ \vdots \\ \theta_m \end{pmatrix}, \quad \boldsymbol{y} = \begin{pmatrix} y^{(1)} \\ \vdots \\ y^{(m)} \end{pmatrix}$$

则 $f(x^{(i)}) = \boldsymbol{X}\boldsymbol{\theta}$

损失函数为

$$J(\boldsymbol{\theta}) = \sum_{i=1}^{m} (f(x^{(i)}) - y^{(i)})^2 = (\boldsymbol{X}\boldsymbol{\theta} - \boldsymbol{y})^{\mathrm{T}}(\boldsymbol{X}\boldsymbol{\theta} - \boldsymbol{y})$$

对损失函数求导并令其为 0,有

$$J(\boldsymbol{\theta}) = \sum_{i=1}^{m} (f(x^{(i)}) - y^{(i)})^2 = (\boldsymbol{X}\boldsymbol{\theta} - \boldsymbol{y})^{\mathrm{T}}(\boldsymbol{X}\boldsymbol{\theta} - \boldsymbol{y})$$

解得 $\boldsymbol{\theta} = (\boldsymbol{X}^{\mathrm{T}} \boldsymbol{X})^{-1} \boldsymbol{X}^{\mathrm{T}} \boldsymbol{y}$。

至此,就求出了所有系数 $\boldsymbol{\theta}$。不过正规方程需要注意的是,$\boldsymbol{X}^{\mathrm{T}}\boldsymbol{X}$ 在实际中可能会出现奇异矩阵,往往因为特征值之间不独立。这时候需要对特征值进行筛选,剔除那些存在线性关系的特征值(如在预测房价中,特征值 1 代表以英尺(1 英尺=0.3048 米)为单位计算房子,特征值 2 代表以平方米为单位计算房子,这时特征值 1 和特征值 2 只需要保留一个即可)。

至此,3 种方法的讲解就结束了。下面是对上面 3 种确定系数 $\boldsymbol{\theta}$ 的方法的评估。

梯度下降法是通用的,在更为复杂的逻辑回归算法中也可以使用,但是对于较小的数据量来说它的速度并没有优势;正规方程的速度往往更快,但是当数量级达到一定量的时候,

还是梯度下降法更快,因为正规方程中需要对矩阵求逆,而求逆的时间复杂度是 n 的 3 次方;最小二乘法一般比较少用,虽然它的思想比较简单,在计算过程中需要对损失函数求导并令其为 0,从而解出系数 θ。这对于计算机来说很难实现,所以一般不使用最小二乘法。

9.2 线性回归实例

北京计开公司的信用卡发售部门,为了更好地统计客户信用卡的使用情况,更好地维护信用卡客户,提升客户的信用卡额度,提高客户对信用卡的使用依赖度,在对客户所持有的信用卡及其消费情况进行统计后,结果数据集如表 9-1 所示。

表 9-1 结果数据集

客户 ID	平均购物开销	总消费次数	信用卡额度
713982108	3418	1144	3418
768805383	12691	1291	11914
⋮			

通过以上数据集,可以选择数据对客户的平均购物开销、总消费次数和信用卡额度构建一元线性回归模型,来探寻收入水平对信用卡额度及消费评分的影响,搭建消费预测模型,并选择数据进行预测。

9.2.1 算法原理

1. 定义

线性回归是利用数理统计中回归分析来确定两种或两种以上变量间相互依赖的定量关系的一种统计分析方法,运用十分广泛。其表达形式为 $y = wx + B$,B 为误差且服从均值为 0 的正态分布。

回归分析中,若只包括一个自变量和一个因变量,且二者的关系可用一条直线近似表示,这种回归分析称为一元线性回归分析。如果回归分析中包括两个或两个以上的自变量,且因变量和自变量之间是线性关系,则称为多元线性回归分析。

线性回归是回归分析中第一种经过严格研究并在实际应用中广泛使用的类型。这是因为线性依赖于其未知参数的模型比非线性依赖于其未知参数的模型更容易拟合,而且产生的估计的统计特性更容易确定。

线性回归模型经常用最小二乘逼近来拟合,也可以用别的方法来拟合,如用最小化"拟合缺陷"在一些其他规范里(如最小绝对误差回归),或者在桥回归中最小化最小二乘损失函数的惩罚。相反,最小二乘逼近可以用来拟合那些非线性的模型。因此,尽管"最小二乘法"和"线性模型"是紧密相连的,但它们是不能画等号的。

2. 一般过程

(1) 收集数据:采用任意方法收集数据。

(2) 准备数据:回归需要数值型数据,标称型数据将被转成二值型数据。

（3）分析数据：绘出数据的可视化二维图将有助于对数据做出理解和分析，在采用缩减法求得新回归系数之后，可以将新拟合线绘在图上作为对比。

（4）训练算法：找到回归系数。

（5）测试算法：使用 R2 或者预测值和数据的拟合度来分析模型的效果。

（6）使用算法：使用回归可以在给定输入的时候预测出一个数值，这是对分类方法的提升，因为这样可以预测连续型数据而不仅是离散的类别标签。

9.2.2 实验步骤

1. 背景和目的

1）背景

随着社会不断发展、人民生活水平不断提高，人们的消费能力逐步提升。但不同人群的收入支出大不相同，其相应的消费能力也就不同。人们在生活中消费时，大多会使用信用卡进行预支消费，针对这些不同消费能力的人群，就需要根据以往的消费状况制定合理的信用卡额度。对此，北京计开公司的信用卡发售部门，为了更好地统计客户信用卡的使用情况，进而更好地维护信用卡客户，并适当提升客户的信用卡额度，提高客户对信用卡的使用依赖度。

2）目的

通过对客户所持有的信用卡及其消费情况进行统计，针对信用卡消费信息的不同属性，试图构建一元线性回归模型，来探寻消费水平对信用卡额度及消费评分的影响，搭建消费预测模型。

2. 实验过程

1）数据获取

北京计开公司的信用卡发售部门对客户所持有的信用卡及其消费情况进行统计后，得到包含客户 ID、年龄、消费评分、平均购物开销、总消费次数、信用卡额度等属性的结果数据集，共 10128 条数据，并以 CSV 格式进行存储。

2）数据处理

（1）数据预处理。本次实验使用的是北京计开公司的信用卡发售部门提供的信用卡相关信息数据，共 10128 条，并以 CSV 格式进行存储。由于回归需要数值型数据，标称型数据将被转成二值型数据。原始数据集如图 9-4 所示。

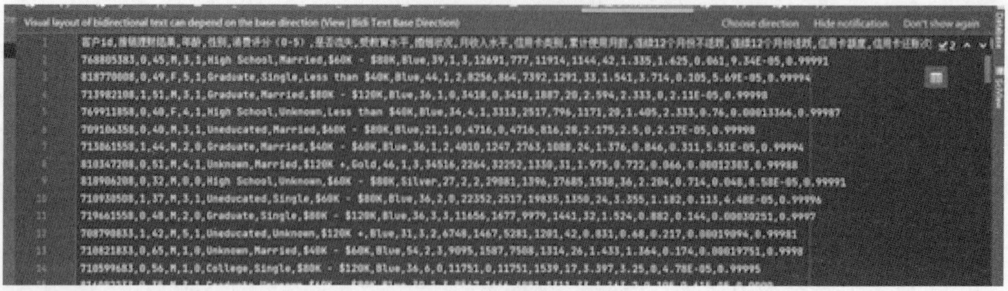

```
768805383,0,45,M,3,1,High School,Married,$60K - $80K,Blue,39,1,3,12691,777,11914,1144,42,1.335,1.625,0.061,9.34E-05,0.99991
818770008,0,49,F,5,1,Graduate,Single,Less than $40K,Blue,44,1,2,8256,864,7392,1291,33,1.541,3.714,0.105,5.69E-05,0.99994
713982108,1,51,M,3,1,Graduate,Married,$80K - $120K,Blue,36,1,0,3418,0,3418,1887,20,2.594,2.333,0,2.11E-05,0.99998
769911858,0,40,F,4,1,High School,Unknown,Less than $40K,Blue,34,4,1,3313,2517,796,1171,20,1.405,2.333,0.76,0.00013366,0.99987
709106358,0,40,M,3,1,Uneducated,Married,$60K - $80K,Blue,21,1,0,4716,0,4716,816,28,2.175,2.5,0,2.17E-05,0.99998
713061558,1,44,M,2,0,Graduate,Married,$40K - $60K,Blue,36,1,2,4010,1247,2763,1088,24,1.376,0.846,0.311,5.51E-05,0.99994
810347208,0,51,M,4,1,Unknown,Married,$120K +,Gold,46,1,3,34516,2264,32252,1330,31,1.975,0.722,0.066,0.00012383,0.99988
818906208,0,32,M,0,0,High School,Unknown,$60K - $80K,Silver,27,2,2,29081,1396,27685,1538,36,2.204,0.714,0.048,8.58E-05,0.99991
710930508,1,37,M,3,1,Uneducated,Single,$60K - $80K,Blue,36,2,0,22352,2517,19835,1350,24,3.355,1.182,0.113,4.48E-05,0.99996
719661558,0,48,M,2,0,Graduate,Single,$80K - $120K,Blue,36,3,3,11656,1677,9979,1441,32,1.524,0.882,0.144,0.00030251,0.9997
708790833,1,42,M,5,1,Uneducated,Unknown,$120K +,Blue,31,3,2,6748,1467,5281,1201,42,0.831,0.68,0.217,0.00019094,0.99981
710821833,0,65,M,1,0,Unknown,Married,$40K - $60K,Blue,54,2,3,9095,1587,7508,1314,26,1.433,1.364,0.174,0.00019751,0.9998
710599683,0,56,M,1,0,College,Single,$80K - $120K,Blue,36,6,0,11751,0,11751,1539,17,3.397,3.25,0,4.78E-05,0.99995
```

图 9-4 原始数据集

（2）数据清洗。数据集各列属性包括与信用卡额度相关的多条属性列。本次实验要求对平均购物开销和总消费次数进行分析，在原始数据集中选择不少于 2000 条数据，对上述两项属性构建一元线性回归模型，来探寻收入水平对信用卡额度及消费评分的影响，搭建消费预测模型，并选择 100 条数据进行预测。因此，本实验只选取数据集中 3 列，即客户 ID、平均购物开销、总消费次数、信用卡额度作为样本进行分析。选取的数据集如图 9-5 所示。

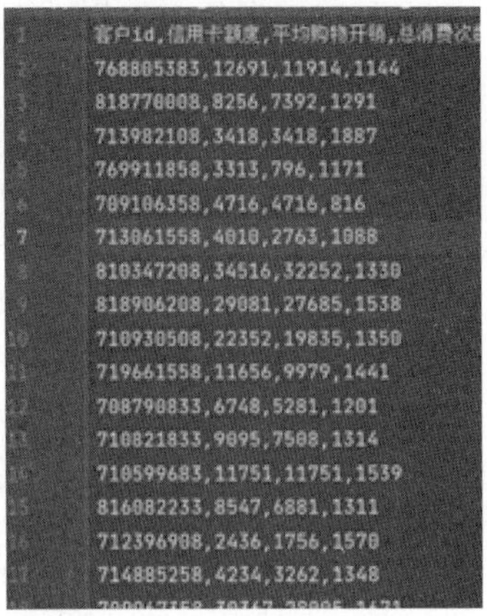

（3）数据预分析。样本字段说明如表 9-2 所示。

表 9-2 中的信息可以构建一元线性回归消费预测模型，平均购物开销与总消费次数作为自变量即影响因素，信用卡额度作为因变量即预测值。

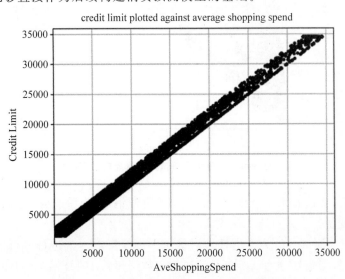

图 9-5　选取的数据集

表 9-2　样本字段说明

名　　称	类　　型	说　　明	备　　注
客户 ID	Char	每条数据的 ID 名	唯一标识
平均购物开销	Int	客户月平均开销	
总消费次数	Int	客户按月总消费次数	
信用卡额度	Int	客户信用卡额度	

① 平均购物开销与信用卡额度。

针对平均购物开销与信用卡额度的关系，绘制散点图，如图 9-6 所示，两者呈明显线性相关关系，能够直接作为后续构建消费预测模型的基础。

图 9-6　平均购物开销与信用卡额度散点图

② 总消费次数与信用卡额度。针对总消费次数与信用卡额度，其分布特征与信用卡额度并不相关，如图 9-7 所示。

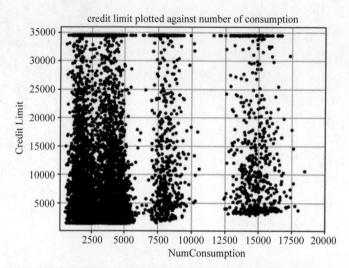

图 9-7   总消费次数与信用卡额度散点图

③ 消费水平与信用卡额度。针对平均购物开销与总消费次数的关系，首先将消费水平定义为平均购物开销×总消费次数，并绘制散点图，如图 9-8 所示，发现两者构建的消费水平与信用卡额度并不构成线性关系，其分布特征过于分散，并无明显关系。

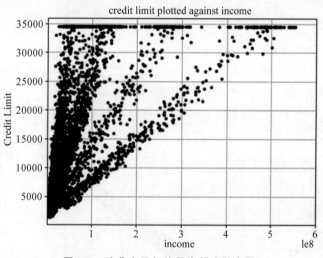

图 9-8   消费水平与信用卡额度散点图

由上述分析，将消费水平直接定义为平均购物开销，作为后续构建一元线性回归消费预测模型的自变量。

（4）训练集与测试集。为了更好地对信用卡额度影响因素进行分析，并建立消费预测模型，可以将数据集划分为训练集与测试集。数据集共 10128 条，其中训练集占 80%，测试集占 20%，可满足实验要求。

3）模型建立

（1）线性关系分析。将最终定义的消费水平-平均购物开销绘出数据的可视化二维图将有助于对数据做出理解和分析，如图 9-9 所示。消费水平与信用卡额度呈线性关系，其中，消费水平越高信用卡额度将会越高，符合一般现实情况。

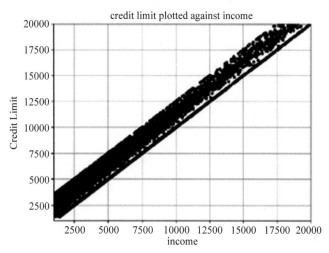

图 9-9 消费水平与信用卡额度散点图

（2）最佳拟合直线。根据散点图绘制最优直线。

9.2.3 实验结果

1. 源程序清单

```python
import matplotlib.pyplot as plt
import numpy as np
import pandas as pd
from sklearn.linear_model import LinearRegression
from sklearn.model_selection import train_test_split
def readfile(filename):
    '''
    函数说明：
        数据读取，选用平均购物开销与信用卡额度进行分析
    ---------------
    参数：
        filename:String 类型，文件名
    ---------------
    返回值：
        data:List 类型，读取的数据
    '''
    data_all = np.array(pd.read_csv(filename, encoding='gbk'))
    data = np.array([[data_all[:, 2]], [data_all[:, 1]]])
    return data
```

```
def runplt(title,X_name,Y_name,X1,X2,Y1,Y2):
    '''
    函数说明:
        绘图函数
    ---------------
    参数:
        X_name:String 类型,横坐标名称;
        Y_name:String 类型,纵坐标名称;
        X1:Numbers 类型,X 轴起始坐标;
        X2:Numbers 类型,X 轴终止坐标;
        Y1:Numbers 类型,Y 轴起始坐标;
        Y2:Numbers 类型,Y 轴终止坐标
    ---------------
    返回值:
        plt:绘图
    '''
    plt.figure()
    plt.title(title)
    plt.xlabel(X_name)
    plt.ylabel(Y_name)
    plt.grid(True)
    plt.xlim(X1, X2)
    plt.ylim(Y1, Y2)
    return plt
filename='信用卡数据集.csv'
data=readfile(filename)
#对数据进行处理,随机取 80%数据作为训练集,取 20%数据作为预测集
x = data[0].T
y = data[1].T
x_train, x_test, y_train, y_test = train_test_split(x, y, test_size=0.2, random_
state=23)
#title:图片标题
title='credit limit plotted against average shopping spend'
#X_name:横坐标名称
X_name='AveShoppingSpend'
#Y_name:纵坐标名称
Y_name='Credit Limit'
#X1:X 轴起始坐标
X1=100
#X2:X 轴终止坐标
X2=36000
#Y1:Y 轴起始坐标
Y1=100
#Y2:Y 轴终止坐标
Y2=36000
#创建模型
```

```
model=LinearRegression()
#拟合曲线
model.fit(x_train,y_train)
#对训练集数据进行了预测
y_train2=model.predict(x_train)
#曲线系数
w=model.coef_[0][0]
#曲线截距
b=model.intercept_[0]
#输出拟合曲线
print("拟合曲线为:y=%.4f * x+%.4f" % (w,b))
#画出拟合曲线
pil=runplt(title,X_name,Y_name,X1,X2,Y1,Y2)
plt.plot(x_train, y_train2, 'r-')
#画出残差
yr = model.predict(x_test)
#对测试集数据进行预测
for index, x in enumerate(x_test):
    plt.plot([x, x], [y_test[index], yr[index]], 'y-')
#根据最小二乘法,要得到更高的性能,应使均方误差最小化。均方误差为残差平方和的平均值
print("均方误差为: %.2f" % np.mean((model.predict(x_test)-y_test) ** 2))
#对回归模型进行评分,最好为1,最坏为0
print("模型得分", model.score(x_test, y_test))
#绘图
plt.show()
```

2. 进行实验结果分析,呈现数据结果

1) 最优拟合直线

最优拟合直线如图 9-10 所示,图中红线是根据训练集拟合出的曲线,彩图可扫描图 9-10 右侧的二维码获取。

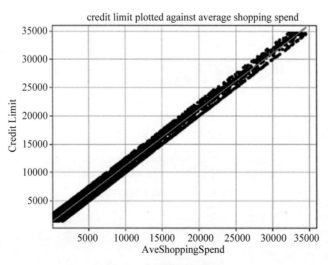

图 9-10　最优拟合直线

通过训练得到最优拟合方程为 $y = 0.9963x + 1182.9857$。

2）残差

残差输出结果如图 9-11 所示。

均方误差为：656319.99

图 9-11　残差输出结果

3）预测

预测测试集到拟合曲线的距离。如图 9-12 所示，横轴表示平均购物开销，纵轴表示信用卡额度。图 9-12 中直线是根据训练集拟合出的曲线，折线是测试集到拟合曲线的距离，彩图可扫描图左侧的二维码获取。

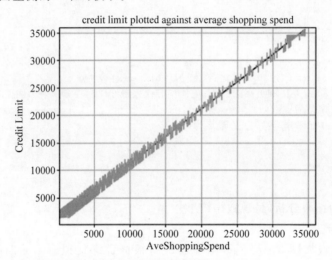

图 9-12　残差图

如图 9-13 所示，拟合曲线为 $y = 0.9963x + 1182.9857$。即在 1182.9857 的基础上平均购物开销每增加一个单位，信用卡额度增加 0.9963 个单位。

拟合曲线为：y=0.9963*x+1182.9857

图 9-13　拟合曲线方程

如图 9-14 所示，模型得分约为 0.99187，拟合效果较好。

模型得分　0.99187033460713

图 9-14　回归模型预测得分

9.3　本章小结

在实验中消费水平指代不明,因此,需要首先初步认为消费水平=平均购物开销×总消费次数(即消费水平=年度总开销),用多种方法对 3 组数据进行数据分析,发现消费水平和信用卡额度之间并没有明显的相关关系,因此判定,平均购物开销×总消费次数不能够代表消费水平。然后分别用平均购物开销和总消费次数与信用卡额度之间进行数据分析,发现总消费次数与信用卡额度之间没有任何相关关系,平均购物开销和信用卡额度之间存在明显的线性关系,最后,经实验后认定消费水平指代平均购物开销并求其二者之间的线性关系。

此外,信用卡额度和平均购物开销数据进行数据归一化处理,导致图像区分度不明显。

本实验没有明确要求使用归一化处理,平均购物开销存在极端最小值且归一化处理后导致图像区分度不明显,因此本实验不再使用归一化处理。

选定实验题目后思考线性回归的一般步骤为获取数据→数据处理→模型建立→使用算法。

在得到题目后观察数据,并进行线性回归的一般步骤。因数据已知,首先进行数据处理,数据处理共分为 3 部分,一是数据预处理,将标称型数据转换成二值型数据;二是数据清洗,只选取数据集中客户 ID、平均购物开销、总消费次数、信用卡额度作为样本进行分析;三是数据预分析,初步观察平均购物开销、总消费次数、信用卡额度之间的相关关系,判定消费水平指代平均购物开销,且消费水平和信用卡额度之间存在线性相关关系,建立满足实验的训练集和测试集。然后建立模型,通过绘制消费水平和信用卡额度的可视化二维图发现消费水平与信用卡额度呈线性关系,其中,消费水平越高信用卡额度越高,然后根据训练集散点图绘制最优直线,并用测试集来进行测试,最终得到二者之间的线性方程为 $y=0.9963x+1182.9857$,即在 1182.9857 的基础上平均购物开销每增加一个单位,信用卡额度增加 0.9963 个单位。模型得分约为 0.99187,拟合效果较好。接下来就可以使用该方程在已知平均购物开销的情况下预测信用卡额度。

第10章

逻辑回归模型

10.1　逻辑回归模型的算法原理

10.1.1　什么是逻辑回归

逻辑(logistic)回归与多重线性回归有很多相同之处，而最大的区别在于它们的因变量不同。正是因为如此，这两种回归可以归于同一个家族，即广义线性模型(generalized linear model)。

如果是连续的，就是多重线性回归；如果是二项分布，就是逻辑回归。逻辑回归的因变量可以是二分类的，也可以是多分类的，但是二分类的更为常用，也更加容易解释。因此，实际中最常用的就是二分类的逻辑回归。

逻辑回归在医疗领域的主要用途如下。

（1）寻找危险因素，即寻找某一疾病的危险因素等；

（2）预测，即根据模型，预测在不同的自变量情况下，发生某病或某种情况的概率有多大；

（3）判别，实际上跟预测有些类似，也是根据模型，判断某人患有某病或属于某种情况的概率有多大，也就是看这个人有多大的可能性患有某病。

逻辑回归主要在流行病学中应用较多，比较常用的情形是探索某疾病的危险因素，根据危险因素预测某疾病发生的概率等。例如，想探讨胃癌发生的危险因素，可以选择两组人群，一组是胃癌组，一组是非胃癌组，两组人群肯定有不同的体征和生活方式等。这里的因变量就是是否患有胃癌，即"是"或"否"，自变量就可以包括很多了，如年龄、性别、饮食习惯、幽门螺旋杆菌感染等。自变量既可以是连续的，也可以是分类的。

逻辑回归问题的常规步骤如下。

（1）寻找 h 函数（即 hypothesis 函数）；

（2）构造 J 函数（损失函数）；

（3）想办法使得 J 函数最小并求得回归参数（θ）；

（4）构造预测函数 h。

逻辑回归虽然名字里带有"回归"二字，但是它实际上是一种分类方法，主要用于两分类问题（即输出只有两种，分别代表两个类别），因此，利用了 Logistic 函数（或称为 sigmoid 函数），函数形式为 $g(z) = \dfrac{1}{1+\mathrm{e}^{-z}}$。sigmoid 函数在有个很漂亮的"S"形，如

图 10-1 所示。

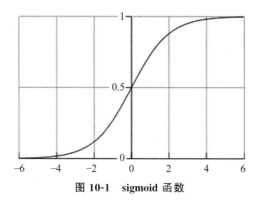

图 10-1　sigmoid 函数

图 10-2(a)是非线性的决策边界,图 10-2(b)是一个线性的决策边界。

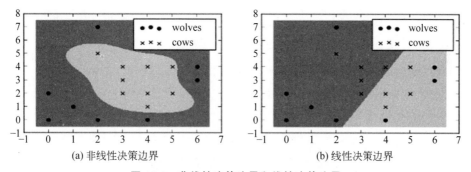

(a) 非线性决策边界　　　　　　(b) 线性决策边界

图 10-2　非线性决策边界和线性决策边界

对于线性边界的情况,边界形式如下: $\theta_0 + \theta_1 x_1 + \cdots + \theta_n x_n = \sum_{i=1}^{n} \theta_i x_i = \boldsymbol{\theta}^{\mathrm{T}} \boldsymbol{x}$。

构造预测函数为 $h_\theta(\boldsymbol{x}) = g(\boldsymbol{\theta}^{\mathrm{T}} \boldsymbol{x}) = \dfrac{1}{1 + \mathrm{e}^{-\boldsymbol{\theta}^{\mathrm{T}} \boldsymbol{x}}}$。

函数 $h_\theta(\boldsymbol{x})$ 的值有特殊的含义,它表示结果取 1 的概率,因此对于输入 $\boldsymbol{x}$ 分类结果为类别 1 和类别 0 的概率分别为

$$\begin{cases} P(y=1 \mid x;\theta) = h_\theta(x) \\ P(y=0 \mid x;\theta) = 1 - h_\theta(x) \end{cases}$$

下面构造损失函数 J。Cost 函数和 J 函数如下,它们是基于最大似然估计推导得到的。

$$\mathrm{Cost}(h_\theta x, y) = \begin{cases} -\log(h_\theta x), & y=1 \\ -\log(1 - h_\theta x), & y=0 \end{cases}$$

$$J(\theta) = \frac{1}{m} \sum_{i=1}^{n} \mathrm{Cost}(h_\theta(x^{(i)}), y^{(i)})$$

$$= -\frac{1}{m} \sum_{i=1}^{n} (y^{(i)} \log h_\theta(x^{(i)}) + (1 - y^{(i)}) \log(1 - h_\theta(x^{(i)})))$$

下面详细说明推导的过程。

首先，由 $P(y=1|x;\theta)=h_\theta(x)$，$P(y=0|x;\theta)=1-h_\theta(x)$，综合起来可以写成 $P(y|x;\theta)=(h_\theta(x))^y(1-h_\theta(x))^{1-y}$。

取似然函数为

$$L(\theta)=\prod_{i=1}^{m}P(y^{(i)}\mid x^{(i)};\theta)=\prod_{i=1}^{m}(h_\theta(x^{(i)}))^{y^{(i)}}(1-h_\theta(x^{(i)}))^{1-y^{(i)}},$$

对数似然函数为

$$l(\theta)=\log L(\theta)=\sum_{i=1}^{m}(y^{(i)}\log h_\theta(x^{(i)})+(1-y^{(i)})\log(1-h_\theta(x^{(i)}))).$$

最大似然估计就是求使 $l(\theta)$ 取最大值时的 θ，其实这里可以使用梯度上升法求解，求得的 θ 就是要求的最佳参数。可以将 $J(\theta)$ 取值如下：

$$J(\theta)=-\frac{1}{m}l(\theta)$$

因为乘了一个负的系数 $-1/m$，所以 $J(\theta)$ 取最小值时的 θ 为要求的最佳参数。

下面介绍梯度下降法求最小值的过程。

θ 更新过程如下：$\theta_j:=\theta_j-\alpha\frac{\delta}{\delta_{\theta_j}}J(\theta)$，

$$\frac{\delta}{\delta_{\theta_j}}J(\theta)=-\frac{1}{m}\sum_{i=1}^{m}\left(y^{(i)}\frac{1}{h_\theta(x^{(i)})}\frac{\delta}{\delta_{\theta_j}}h_\theta(x^{(i)})-(1-y^{(i)})\frac{1}{1-h_\theta(x^{(i)})}\frac{\delta}{\delta_{\theta_j}}h_\theta(x^{(i)})\right)$$

$$=-\frac{1}{m}\sum_{i=1}^{m}\left(y^{(i)}\frac{1}{g(\boldsymbol{\theta}^{\mathrm{T}}\boldsymbol{x}^{(i)})}-(1-y^{(i)})\frac{1}{1-g(\boldsymbol{\theta}^{\mathrm{T}}\boldsymbol{x}^{(i)})}\right)\frac{\delta}{\delta_{\theta_j}}g(\boldsymbol{\theta}^{\mathrm{T}}\boldsymbol{x}^{(i)})$$

$$=-\frac{1}{m}\sum_{i=1}^{m}\left(y^{(i)}\frac{1}{g(\boldsymbol{\theta}^{\mathrm{T}}\boldsymbol{x}^{(i)})}-(1-y^{(i)})\frac{1}{1-g(\boldsymbol{\theta}^{\mathrm{T}}\boldsymbol{x}^{(i)})}\right)$$

$$g(\boldsymbol{\theta}^{\mathrm{T}}\boldsymbol{x}^{(i)})(1-g(\boldsymbol{\theta}^{\mathrm{T}}\boldsymbol{x}^{(i)}))\frac{\delta}{\delta_{\theta_j}}\boldsymbol{\theta}^{\mathrm{T}}\boldsymbol{x}^{(i)}$$

$$=-\frac{1}{m}\sum_{i=1}^{m}(y^{(i)}(1-g(\boldsymbol{\theta}^{\mathrm{T}}\boldsymbol{x}^{(i)}))-(1-y^{(i)})g(\boldsymbol{\theta}^{\mathrm{T}}\boldsymbol{x}^{(i)}))x_j^{(i)}$$

$$=-\frac{1}{m}\sum_{i=1}^{m}(y^{(i)}-g(\boldsymbol{\theta}^{\mathrm{T}}\boldsymbol{x}^{(i)}))x_j^{(i)}$$

$$=\frac{1}{m}\sum_{i=1}^{m}(h_\theta(x^{(i)})-y^{(i)})x_j^{(i)} \tag{10-1}$$

上述计算过程的 θ 更新过程可以写成：

$$\theta_j:=\theta_j-\alpha\frac{1}{m}\sum_{i=1}^{m}(h_\theta(x^{(i)})-y^{(i)})x_j^{(i)}$$

10.1.2 向量化

向量化(vectorization)是使用矩阵计算来代替 for 循环，以简化计算过程，提高效率。

如式(10-1)中，$\sum(\cdots)$ 是一个求和的过程，显然需要一个 for 语句循环 m 次，因此，根本没有完全地实现向量化。

下面介绍向量化的过程。

假设模型：$h_\theta(x) = g(\boldsymbol{\theta}^\mathrm{T}\boldsymbol{x}) = \dfrac{1}{1+\mathrm{e}^{-\theta^\mathrm{T}x}}$，则 $J(\theta)$ 公式为

$$J(\theta) = -\frac{1}{m}\sum_{i=1}^{m}(y^{(i)}\log h_\theta(x^{(i)}) + (1-y^{(i)})\log(1-h_\theta(x^{(i)})))$$

$$\frac{\delta}{\delta_{\theta_j}}J(\theta) = \frac{1}{m}\sum_{i=1}^{m}(h_\theta(x^{(i)}) - y^{(i)})x_j^{(i)}$$

将上述公式向量化：

$$J(\theta) = -\frac{1}{m}(\boldsymbol{y}^\mathrm{T}\log(\boldsymbol{h}) + (1-\boldsymbol{y}^\mathrm{T})\log(1-\boldsymbol{h}))$$

$$\frac{\delta}{\delta_\theta}J(\theta) = \frac{1}{m}\boldsymbol{X}^\mathrm{T}(\boldsymbol{h} - \boldsymbol{y})$$

其中，$h = g(\boldsymbol{\theta}^\mathrm{T}\boldsymbol{x})$，由于 $h-y$ 的维度是 $m\times 1$，$\boldsymbol{X}$ 也是 $m\times 1$，所以需对 $\boldsymbol{X}$ 转置。

10.1.3　正则化

对于线性回归或逻辑回归的损失函数构成的模型，可能会有些权重很大，有些权重很小，导致过拟合（就是过分拟合了训练数据），使得模型的复杂度提高，泛化能力较差（对未知数据的预测能力）。

图 10-3(a)为欠拟合，图 10-3(b)为合适的拟合，图 10-3(c)为过拟合。

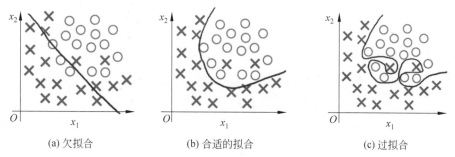

(a) 欠拟合　　　　　　　　(b) 合适的拟合　　　　　　　　(c) 过拟合

图 10-3　欠拟合、合适的拟合和过拟合

出现此类问题的主因：过拟合问题往往源自过多的特征。

解决方法如下：①减少特征数量（减少特征会失去一些信息，即使特征选得很好），可以用人工选择要保留的特征或者模型选择算法；②正则化（regularization）在特征较多时比较有效，可以保留所有特征，但减少 θ 的大小。

正则化是结构风险最小化策略的实现，是在经验风险上加一个正则化项或惩罚项。正则化项一般是模型复杂度的单调递增函数，模型越复杂，正则化项就越大。

例如房价预测问题，其采用的是多项式回归。若当函数公式为 $\theta_0 + \theta_1 x + \theta_2 x^2$，结果已经实现优化覆盖，可以适当拟合，则当函数公式定义为 $\theta_0 + \theta_1 x + \theta_2 x^2 + \theta_3 x^3 + \theta_4 x^4$ 时，必然会出现过拟合。

从直观来看,如果想解决这个例子中的过拟合问题,最好能将 x^3、x^4 的影响消除,也就是让 $\theta_3 \approx 0, \theta_4 \approx 0$。假设对 θ_3、θ_4 进行惩罚,并且令其很小,一个简单的办法就是给原有的 Cost 函数加上两个略大惩罚项,例如:$\min\limits_{\theta} \dfrac{1}{2m} \sum\limits_{i=1}^{n} (h_\theta(x_i) - y_i)^2 + 1000\theta_3^2 + 1000\theta_4^2$。这样在最小化 Cost 函数的时候,$\theta_3 \approx 0, \theta_4 \approx 0$。

正则项可以取不同的形式,在回归问题中取平方损失,就是参数的 L2 范数,也可以取 L1 范数。取平方损失时,模型的损失函数变为

$$J(\theta) = \frac{1}{2m} \sum_{i=1}^{n} (h_\theta(x_i) - y_i)^2 + \lambda \sum_{j=1}^{n} \theta_j^2 \tag{10-2}$$

式(10-2)中,λ 是正则项系数:如果它的值很大,说明对模型的复杂度惩罚大,对拟合数据的损失惩罚小,这样它就不会过分拟合数据,在训练数据上的偏差较大,在未知数据上的方差较小,但是可能出现欠拟合的现象;如果它的值很小,说明比较注重对训练数据的拟合,在训练数据上的偏差会小,但是可能会导致过拟合。

正则化后的梯度下降算法 θ 的更新变为

$$\theta_j := \theta_j - \frac{\alpha}{m} \sum_{i=1}^{m} (h_\theta(x_i) - y_i)x_i^j - \frac{\lambda}{m}\theta_j$$

正则化后的线性回归的正规方程的公式为

$$\boldsymbol{\theta} = \left(\boldsymbol{X}^{\mathrm{T}}\boldsymbol{X} + \lambda \begin{bmatrix} 0 & & & & \\ & 1 & & & \\ & & 1 & & \\ & & & \ddots & \\ & & & & 1 \end{bmatrix} \right)^{-1} \boldsymbol{X}^{\mathrm{T}}\boldsymbol{Y}$$

10.1.4　多类分类问题

对于多类分类问题,可以将其看作二类分类问题:保留其中的一类,剩下的作为另一类。

对于每一个类 i 训练一个逻辑回归模型的分类器 $h_\theta^{(i)}(x)$,并且预测 $y = i$ 时的概率;对于一个新的输入变量 x,分别对每一个类进行预测,取概率最大的那个类作为分类结果:$\max\limits_{i} h_\theta^{(i)}(x)$。

10.2　案例 10-1:客户流失预警模型

北京计开公司的信用卡售后部门,为了更好地统计客户信用卡的使用情况,更好地进行信用卡客户的维护和理财推销工作,需要及时了解客户的流失情况,现对客户所持有的信用卡及其消费情况进行统计后,数据结构如表 10-1 所示。

表 10-1　数据结构表

客户 ID	累计使用月数	信用卡额度	距离上次消费时间	平均购物开销	总消费次数	是否流失
768805383	39	12691	42	11914	1144	1
⋮						

其中,客户 ID 列为客户识别号,其他列的取值规则如下。是否流失：是为 0,否为 1。通过以上数据集,选择合适的数据,对上述属性构建逻辑回归模型,搭建流失客户预测模型。

10.2.1　实验原理

逻辑回归是机器学习中的一种基本算法。逻辑回归的核心函数是 sigmoid(),这个函数被人们称为阶跃函数。该函数的特性就是当 x 正向增长时,y 的值无限趋近于 1;当 x 负向增长时,y 的值无限趋近于 0。接下来就要确定数据中的维度如何对 x 产生影响,这里用 weight 表示一组对数据集维度的影响系数。这个系数需要不断迭代去更新,这就需要用到梯度上升算法。梯度上升算法简单来讲就是找到那个让函数值上升最快的系数,因为这组系数对函数变化的反应最剧烈,可以最大化地反映属性对标签的作用。总结来说,逻辑回归就是通过梯度上升算法寻找最优系数,然后通过 sigmoid 函数判断数据的标签。

10.2.2　实验步骤

本实验的步骤如下。
(1) 数据处理；
(2) 用训练数据求最优系数；
(3) 用最优系数判断测试数据集的标签；
(4) 返回训练模型的错误率。

10.2.3　实验结果

1. 源程序清单

```python
import numpy as np
import pandas as pd
import random


def classifyVector(inX, weights):
    '''
    函数说明:
        通过 sigmoid() 函数确定数据的标签
    ---------------
    参数:
        inX:NumPy 矩阵类型,用来存储数据的属性
        weights:NumPy 矩阵类型,用来存储数据的属性的权重
    ---------------
    返回值:
        label:用来记录一项数据的标签
    '''
    #使用 sigmoid() 函数确定一项数据的标签的概率
```

```
        prob = sigmoid(sum(inX * weights))
        #如果 sigmoid()函数的值大于 0.5,则该数据的标签定义为 1,即不会流失;反之则定义为
        #0,即会流失
        if prob > 0.5:
            label = 1
        else:
            label = 0
        return label


def sigmoid(inZ):
    '''
    函数说明:
        sigmoid()函数是逻辑回归的核心函数,为判断数据的分类提供依据
    ---------------
    参数:
        inZ:int 类型,sigmoid()函数的自变量
    ---------------
    返回值:
        sig:float 类型,用来存储 sigmoid()函数的值,来判断一项数据的标签
    '''
    #sigmoid()在数学上是一种跃阶函数,当自变量的值大于 0.5 时,自变量的值会无限趋近
    #于 1;反之,自变量的值趋近于 0
    if inZ >= 0:
        sig = 1.0 / (1 + np.exp(-inZ))
    else:
        sig = np.exp(inZ) / (1 + np.exp(inZ))
    return sig


def stocGradAsent(dataMatrix, classLabels, numIter=150):
    '''
    函数说明:
        随机梯度上升算法,用来寻找训练数据的每个属性的权重
    ---------------
    参数:
        dataMatrix:NumPy 矩阵类型,用来存储数据的属性
        classLabels:list 类型,用来存储数据的标签
        numIter:int 型,用来决定梯度上升算法的迭代次数,默认迭代 150 次
    ---------------
    返回值:
        weights:NumPy 矩阵类型,用来存储训练数据的属性的权重
    '''
    #获得训练数据的属性矩阵 dataMatrix 的行数和列数,m 为存储行数,n 为存储列数
    m, n = np.shape(dataMatrix)
    #初始化权重矩阵 weights,为了进行矩阵乘法,weights 的行数要与 dataMatrix 的列数
```

```
    #相等
    weights = np.ones(n)
    #通过迭代,优化训练数据的属性的权重
    for j in range(numIter):
        #初始化,作为训练数据索引 dataIndex 的列表,存储从 0 到 m 的数字
        dataIndex = list(range(m))
        #对数据集进行梯度上升运算,寻找最优的权重
        for i in range(m):
            #确定梯度算法中的步长 alpha,alpha 会根据每次迭代中 i 和 j 的增加而减小,
            #缓解数据波动
            alpha = 4 / (1.0 + j + i) + 0.01
            #在数据集中随机选取一项数据,获得一项数据的全部信息 randIndexlist
            randIndexlist = random.sample(dataIndex, 1)
            #获得随机选取索引 randIndex
            randIndex = randIndexlist[0]
            #使用 sigmoid() 函数获得上一轮权重矩阵与数据属性矩阵相乘的结果
            h = sigmoid(sum(dataMatrix[randIndex] * weights))
            #计算存储预测的结果和真实结果的偏差值 error
            error = classLabels[randIndex] - h
            #用偏差值更新原有的权重矩阵
            weights = weights + alpha * error * dataMatrix[randIndex]
            #将随机选取的数据的索引从索引列表中删除
            for num in range(len(dataIndex)):
                if dataIndex[num] == randIndex:
                    del (dataIndex[num])
                    break
    return weights


def colicTest():
    '''
    函数说明:
        将信用卡数据集读取到 database 中,并对数据进行训练
        ---------------
    参数:
        无
        ---------------
    返回值:
        errorRate:float 类型,用来记录训练的错误率
    '''
    #获得信用卡数据集 database
    database = pd.read_csv("信用卡数据集.csv", delimiter=',', encoding='gb18030')
    #将数据集 database 转换成 NumPy 矩阵类型,方便进行矩阵运算
    database = np.array(database)
    #初始化训练数据属性 trainingSet
```

```
trainingSet = []
#初始化训练数据标签 trainingLabels
trainingLabels = []
#初始化记录处理数据数量 count
count = 0
#将数据集中的属性和标签分别提取出来
for line in database:
    #用来计算处理的数据个数
    count += 1
    #初始化临时存储一项数据的所有属性 lineArr
    lineArr = []
    #将一项数据的第 10 列的属性，即累计使用月数存入 lineArr 列表中
    lineArr.append(float(line[10]))
    #将一项数据的第 13 列的属性，即信用卡额度存入 lineArr 列表中
    lineArr.append(float(line[13]))
    #将一项数据的第 17 列的属性，即距离上次消费的时间存入 lineArr 列表中
    lineArr.append(float(line[17]))
    #将一项数据的第 15 列的属性，即平均购物开销存入 lineArr 列表中
    lineArr.append(float(line[15]))
    #将一项数据的第 16 列的属性，即总消费次数存入 lineArr 列表中
    lineArr.append(float(line[16]))
    #将一项数据的所有属性存入 trainingSet 列表中
    trainingSet.append(lineArr)
    #将一项数据的第 5 列的标签存入 trainingLabels 列表中
    trainingLabels.append(float(line[5]))
    #判断是否已提取了 5000 项数据，如是则终止提取数据
    if count == 5000:
        break
#将 trainingSet 列表转换成 NumPy 矩阵类型，方便进行矩阵运算
trainingSet = np.array(trainingSet)
#使用 stocGradAsent() 函数，找到训练数据的属性的权重矩阵
trainWeights = stocGradAsent(trainingSet, trainingLabels, 800)
#初始化记录错误数量 errorCount
errorCount = 0
#初始化记录测试集数据量 numTestVec
numTestVec = 0.0
#初始化记录处理数据数量 count
count = 0
#从数据集中选取 2000 项数据进行测试
for line in database:
    #用来计算已处理的数据个数
    count += 1
    #用来确保使用第 2001~2500 个数据进行测试
    if count > 5499:
```

```
                break
    #将测试数据的属性和标签提取出来
    if count > 4999:
        #每处理一条测试数据,记录测试数据数量的 numTestVec 将加 1
        numTestVec += 1.0
        lineArr = []
        #将一项数据的第 10 列的属性,即累计使用月数存入 lineArr 列表中
        lineArr.append(float(line[10]))
        #将一项数据的第 13 列的属性,即信用卡额度存入 lineArr 列表中
        lineArr.append(float(line[13]))
        #将一项数据的第 17 列的属性,即距离上次消费的时间存入 lineArr 列表中
        lineArr.append(float(line[17]))
        #将一项数据的第 15 列的属性,即平均购物开销存入 lineArr 列表中
        lineArr.append(float(line[15]))
        #将一项数据的第 16 列的属性,即总消费次数存入 lineArr 列表中
        lineArr.append(float(line[16]))
        #将存储测试数据的 lineArr 列表转换成 NumPy 类型,方便进行矩阵运算
        lineArr = np.array(lineArr)
        #使用 classifyVector() 函数预测测试数据的标签,并且和真实值进行比较,如
        #果两者不同,则将记录错误数量 errorCount 加 1
        if int(classifyVector(lineArr, trainWeights)) != int(line[5]):
            errorCount += 1
#计算 2000 条测试数据的错误率
errorRate = (float(errorCount) / numTestVec)
#将错误率输出
print("the error rate of this test is: %f" % errorRate)
return errorRate


def multiTest():
    '''
    函数说明:
        对 colivTest() 函数重复训练,检测平均错误率
    ---------------
    参数:
        无
    ---------------
    返回值:
        无
    '''
    #用来定义重复训练的次数
    numTests = 10
    #用来记录训练结果中的错误率
    errorSum = 0.0
    #重复用 colicTest() 函数对数据进行判断,将每一次的错误率累计
    for k in range(numTests):
        errorSum += colicTest()
```

```
#输出训练的次数及平均错误率
print("after %d iterations the average error rate is: %f" % (numTests,
errorSum / float(numTests)))

multiTest()
```

2. 进行实验结果分析

呈现的数据结果如图 10-4 所示。

```
the error rate of this test is: 0.481668
E:/大学研究生学习/人工智能与机器学习/finaltask/逻辑回归_使用信用卡数据集.py:17: RuntimeWarning: overflow encountered in exp
  return 1.0 / (1 + np.exp(-inX))
the error rate of this test is: 0.481668
E:/大学研究生学习/人工智能与机器学习/finaltask/逻辑回归_使用信用卡数据集.py:17: RuntimeWarning: overflow encountered in exp
  return 1.0 / (1 + np.exp(-inX))
the error rate of this test is: 0.481668
E:/大学研究生学习/人工智能与机器学习/finaltask/逻辑回归_使用信用卡数据集.py:17: RuntimeWarning: overflow encountered in exp
  return 1.0 / (1 + np.exp(-inX))
the error rate of this test is: 0.505782
E:/大学研究生学习/人工智能与机器学习/finaltask/逻辑回归_使用信用卡数据集.py:17: RuntimeWarning: overflow encountered in exp
  return 1.0 / (1 + np.exp(-inX))
the error rate of this test is: 0.481668
E:/大学研究生学习/人工智能与机器学习/finaltask/逻辑回归_使用信用卡数据集.py:17: RuntimeWarning: overflow encountered in exp
  return 1.0 / (1 + np.exp(-inX))
the error rate of this test is: 0.518332
E:/大学研究生学习/人工智能与机器学习/finaltask/逻辑回归_使用信用卡数据集.py:17: RuntimeWarning: overflow encountered in exp
  return 1.0 / (1 + np.exp(-inX))
the error rate of this test is: 0.499139
E:/大学研究生学习/人工智能与机器学习/finaltask/逻辑回归_使用信用卡数据集.py:17: RuntimeWarning: overflow encountered in exp
  return 1.0 / (1 + np.exp(-inX))
the error rate of this test is: 0.481668
E:/大学研究生学习/人工智能与机器学习/finaltask/逻辑回归_使用信用卡数据集.py:17: RuntimeWarning: overflow encountered in exp
  return 1.0 / (1 + np.exp(-inX))
the error rate of this test is: 0.482406
E:/大学研究生学习/人工智能与机器学习/finaltask/逻辑回归_使用信用卡数据集.py:17: RuntimeWarning: overflow encountered in exp
  return 1.0 / (1 + np.exp(-inX))
the error rate of this test is: 0.509227
after 10 iterations the average error rate is: 0.492323
```

图 10-4　呈现的数据结果

10.3　本章小结

本实验首先考虑数据处理,因为 CSV 文件的编码格式并不是 UTF-8,因此需要找到合适的解码方式。然后是梯度上升算法的优化,梯度上升算法按照数据输入的顺序进行系数优化,因此无论迭代几次,模型的结果都是一样的,因此采用随意梯度上升算法,随机选择数据去优化,使得模型的鲁棒性更强。最关键的问题就是最终结果的准确性不高,这种情况的原因可能是数据不具有较好的线性可分,但是因为维度较高,不利于用绘图来进行分析。

在学习逻辑回归算法时,找到的案例都是简单应用两个维度去推演的,因此,当遇到本实验的高维度问题时,就在数据如何进行分析、如何呈现上存在疑虑。而最终的结果虽然可以进行标签的判断,并通过数字方式呈现判断的准确性,却仍未解决通过可视化的方式去呈现结果。

第11章

AdaBoost 算法与数据聚类模型

11.1　AdaBoost 算法原理

11.1.1　AdaBoost 是什么

AdaBoost 是英文"Adaptive Boosting"(自适应增强)的缩写,由 Yoav Freund 和 Robert Schapire 在 1995 年提出。它的自适应在于:前一个基本分类器分错的样本会得到加强,加权后的全体样本再次被用来训练下一个基本分类器。同时,在每一轮中加入一个新的弱分类器,直到达到某个预定的足够小的错误率或达到预先指定的最大迭代次数。

具体来说,整个 AdaBoost 迭代算法有如下 3 步。

(1)初始化训练数据的权值分布。如果有 N 个样本,则每一个训练样本最开始时都被赋予相同的权值:1/N。

(2)训练弱分类器。具体训练过程中,如果某个样本点已经被准确地分类,那么在构造下一个训练集中,它的权值就被降低;相反,如果某个样本点没有被准确地分类,那么它的权值就得到提高。然后,权值更新过的样本集被用于训练下一个分类器,整个训练过程如此迭代地进行下去。

(3)将各训练得到的弱分类器组合成强分类器。各个弱分类器的训练过程结束后,加大分类误差率小的弱分类器的权重,使其在最终的分类函数中起着较大的决定作用;而降低分类误差率大的弱分类器的权重,使其在最终的分类函数中起着较小的决定作用。换言之,误差率低的弱分类器在最终分类器中占的权重较大,否则较小。

11.1.2　AdaBoost 算法流程

给定一个训练数据集 $T=\{(x_1,y_1),(x_2,y_2),\cdots,(x_N,y_N)\}$,其中实例 $x\in\chi$,而实例空间 $\chi\subset\mathbb{R}^n$,y_i 属于标记集合 $\{-1,+1\}$,AdaBoost 的目的就是从训练数据中学习一系列弱分类器或基本分类器,然后将这些弱分类器组合成一个强分类器。

AdaBoost 的算法流程如下。

(1)初始化训练数据的权值分布。每一个训练样本最开始时都被赋予相同的权值:$1/N$。$\boldsymbol{D}_1=(w_{11},w_{12},\cdots,w_{1i}\cdots,w_{1N})$,$w_{1i}=\dfrac{1}{N}$,$i=1,2,\cdots,N$。

(2)进行多轮迭代,用 $m=1,2,\cdots,M$ 表示迭代的第多少轮。

① 使用具有权值分布 $\boldsymbol{D}_m$ 的训练数据集学习,得到基本分类器 $G_m(x):\chi\to\{-1,+1\}$。

② 计算 $G_m(x)$ 在训练数据集上的分类误差率：

$$e_m = P(G_m(x_i) \neq y_i) = \sum_{i=1}^{N} w_{mi} I(G_m(x_i) \neq y_i) \tag{11-1}$$

由式(11-1)可知，$G_m(x)$ 在训练数据集上的 误差率 e_m 就是被 $G_m(x)$ 误分类样本的权值之和。

③ 计算 $G_m(x)$ 的系数，α_m 表示 $G_m(x)$ 在最终分类器中的重要程度(目的是得到基本分类器在最终分类器中所占的权重)

$$\alpha_m = \frac{1}{2} \log \frac{1 - e_m}{e_m} \tag{11-2}$$

由式(11-2)可知，$e_m \leqslant 1/2$ 时，$\alpha_m \geqslant 0$，且 α_m 随着 e_m 的减小而增大，意味着分类误差率越小的基本分类器在最终分类器中的作用越大。

④ 更新训练数据集的权值分布(目的是得到样本的新的权值分布)，用于下一轮迭代。

$$\boldsymbol{D}_{m+1} = (w_{m+1,1}, w_{m+1,2}, \cdots, w_{m+1,i}, \cdots, w_{m+1,N})$$

$$w_{m+1,i} = \frac{w_{mi}}{Z_m} \exp(-\alpha_m y_i G_m(x_i)), i = 1, 2, \cdots, N \tag{11-3}$$

使得被基本分类器 $G_m(x)$ 误分类样本的权值增大，而被正确分类样本的权值减小。通过这样的方式，AdaBoost 方法能"重点关注"或"聚焦于"那些较难分类的样本上。

其中，Z_m 是规范化因子，使得 $\boldsymbol{D}_{m+1}$ 成概率分布形式：

$$Z_m = \sum_{i=1}^{N} w_{mi} \exp(-\alpha_m y_i G_m(x_i)) \tag{11-4}$$

(3) 组合各个弱分类器 $f(x) = \sum_{m=1}^{M} \alpha_m G_m(x)$，从而得到的最终分类器如下：

$$G(x) = \text{sign}(f(x)) = \text{sign}\left(\sum_{m=1}^{M} \alpha_m G_m(x)\right) \tag{11-5}$$

11.1.3　AdaBoost 实例

下面给定训练样本(见表 11-1)，请用 AdaBoost 算法学习一个强分类器。

表 11-1　训练样本

序号	1	2	3	4	5	6	7	8	9	10
x	0	1	2	3	4	5	6	7	8	9
Y	1	1	1	−1	−1	−1	1	1	1	−1

求解过程如下。

1. 初始化训练数据的权值分布

令每个权值 $W_{1i} = 1/N = 0.1$，其中，$N = 10$，$i = 1, 2, \cdots, 10$，然后分别对 $m = 1, 2, 3, \cdots$ 的值进行迭代。

拿到这 10 个数据的训练样本后，根据 x 和 y 的对应关系，要把这 10 个数据分为两类,一类是 1,一类是 -1,根据数据的特点发现:0、1、2 这 3 个数据对应的类是 1;3、4、5 这 3 个数据对应的类是 -1;6、7、8 这 3 个数据对应的类是 1,9 是比较孤独的,对应类是 -1。抛开孤独的 9 不讲,"0、1、2""3、4、5""6、7、8"是 3 类不同的数据,分别对应的类是 1、-1 和 1。从直观上推测可知,可以找到对应的数据分界点,如 2.5、5.5、8.5 可以将这几类数据分成两类。当然,这只是主观臆测,下面通过计算来验证这个推测。

2. 迭代过程 1

(1) 对于 $m=1$,在权值分布为 $\boldsymbol{D}_1$(10 个数据,每个数据的权值皆初始化为 0.1)的训练数据上,经过计算可得:阈值 v 取 2.5 时误差率为 0.3($x<2.5$ 时取 1,$x>2.5$ 时取 -1,则 6、7、8 分类错误,误差率为 0.3)。阈值 v 取 5.5 时误差率最低为 0.4($x<5.5$ 时取 1,$x>5.5$ 时取 -1,则 3、4、5、6、7、8 皆分类错误,误差率为 0.6,大于 0.5,不可取。故令 $x>$ 5.5 时取 1,$x<5.5$ 时取 -1,则 0、1、2、9 分类错误,误差率为 0.4)。阈值 v 取 8.5 时误差率为 0.3($x<8.5$ 时取 1,$x>8.5$ 时取 -1,则 3、4、5 分类错误,误差率为 0.3)。

可以看到,无论阈值 v 取 2.5,还是 8.5,总会分类错误 3 个样本,故可任取其中一个样本,如 2.5,弄成第一个基本分类器为

$$G_1(x)=\begin{cases}1 & x<2.5\\-1 & x>2.5\end{cases}$$

(2) 在(1)中阈值 v 取 2.5 时则 6、7、8 分类错误,所以误差率为 0.3,更加详细的解释是:因为样本集中 0、1、2 对应的类(Y)是 1,因为它们本身都小于 2.5,所以被 $G_1(x)$ 分在了相应的类 1 中,分类正确。3、4、5 本身对应的类(Y)是 -1,因它们本身都大于 2.5,所以被 $G_1(x)$ 分在了相应的类 -1 中,也分对了。但 6、7、8 本身对应类(Y)是 1,却因为它们本身大于 2.5 而被 $G_1(x)$ 分在了类 -1 中,所以这 3 个样本了。9 本身对应的类(Y)是 -1,因为它本身大于 2.5,所以被 $G_1(x)$ 分在了相应的类 -1 中,分类正确。

(3) 得到 $G_1(x)$ 在训练数据集上的误差率(被 $G_1(x)$ 误分类样本 6、7、8 的权值之和)$e_1=P(G_1(x_i)\neq y_i)=3\times 0.1=0.3$。

然后根据误差率 e_1 计算 G_1 的系数:$\alpha_1=\dfrac{1}{2}\log\dfrac{1-e_1}{e_1}=0.4236$。这个 α_1 代表 $G_1(x)$ 在最终的分类函数中所占的权重,为 0.4236。

(4) 更新训练数据的权值分布,用于下一轮迭代:

$$\begin{cases}\boldsymbol{D}_{m+1}=(w_{m+1,1},w_{m+1,2},\cdots,w_{m+1,i},\cdots,w_{m+1,N})\\w_{m+1,i}=\dfrac{w_{mi}}{Z_m}\exp(-\alpha_m y_i G_m(x_i)),i=1,2,\cdots,N\end{cases}$$

值得一提的是,由权值更新的公式可知,每个样本的新权值是变大还是变小,取决于它是被分错还是被分正确,即如果某个样本被分错了,则 $y_i G_m(x_i)$ 为负,负负得正,结果使得整个式子变大(样本权值变大),否则变小。

(5) 第一轮迭代后,最后得到各数据新的权值分布 $D_2=$(0.0715,0.0715,0.0715,0.0715,0.0715,0.0715,0.1666,0.1666,0.1666,0.0715)。由此可以看出,因为样本中是数据 6、7、8 被 $G_1(x)$ 分错类了,所以它们的权值由之前的 0.1 增大到 0.1666,反之,其他数据皆被正确分类,所以它们的权值皆由之前的 0.1 减小到 0.0715。

分类函数 $f_1(x) = \alpha_1 G_1(x) = 0.4236 \times G_1(x)$。

此时,得到的第一个基本分类器 $\text{sign}(f_1(x))$ 在训练数据集上有 3 个错误分类点(即 6、7、8)。

从上述第一轮的整个迭代过程可以看出:被误分类样本的权值之和影响误差率,误差率影响基本分类器在最终分类器中所占的权重。

3. 迭代过程 2

对于 $m=2$,在权值分布为 $\boldsymbol{D}_2 = (0.0715, 0.0715, 0.0715, 0.0715, 0.0715, 0.0715, 0.1666, 0.1666, 0.1666, 0.0715)$ 的训练数据上,经过计算可得:阈值 v 取 2.5 时误差率为 0.1666×3($x < 2.5$ 时取 1,$x > 2.5$ 时取 -1,则 6、7、8 分类错误,误差率为 0.1666×3)。阈值 v 取 5.5 时误差率最低为 0.0715×4($x > 5.5$ 时取 1,$x < 5.5$ 时取 -1,则 0、1、2、9 分类错误,误差率为 $0.0715 \times 3 + 0.0715$)。阈值 v 取 8.5 时误差率为 0.0715×3($x < 8.5$ 时取 1,$x > 8.5$ 时取 -1,则 3、4、5 分错,误差率为 0.0715×3)。

因此,阈值 v 取 8.5 时误差率最低,故第二个基本分类器为

$$G_2(x) = \begin{cases} 1 & x < 8.5 \\ -1 & x > 8.5 \end{cases}$$

还是用如表 11-1 所示的样本。很明显,$G_2(x)$ 把样本 3、4、5 分错类了,根据 $\boldsymbol{D}_2$ 可知它们的权值为 0.0715,0.0715,0.0715,因此 $G_2(x)$ 在训练数据集上的误差率 $e_2 = P(G_2(x_i) \neq y_i) = 0.0715 \times 3 = 0.2143$。

计算 G_2 的系数:$\alpha_2 = \dfrac{1}{2} \log \dfrac{1-e_2}{e_2} = 0.6496$。

更新训练数据的权值分布:

$$\boldsymbol{D}_{m+1} = (w_{m+1,1}, w_{m+1,2}, \cdots, w_{m+1,i}, \cdots, w_{m+1,N})$$

$$w_{m+1,i} = \frac{w_{mi}}{Z_m} \exp(-\alpha_m y_i G_m(x_i)), i = 1, 2, \cdots, N$$

$\boldsymbol{D}_3 = (0.0455, 0.0455, 0.0455, 0.1667, 0.1667, 0.01667, 0.1060, 0.1060, 0.1060, 0.0455)$。被分错类的样本 3、4、5 的权值变大,其他被分对的样本的权值变小。

分类函数 $f_2(x) = 0.4236 \times G_1(x) + 0.6496 \times G_2(x)$。

此时,得到的第二个基本分类器 $\text{sign}(f_2(x))$ 在训练数据集上有 3 个误分类点(即 3、4、5)。

4. 迭代过程 3

对于 $m=3$,在权值分布为 $D_3 = (0.0455, 0.0455, 0.0455, 0.1667, 0.1667, 0.01667, 0.1060, 0.1060, 0.1060, 0.0455)$ 的训练数据上,经过计算可得:阈值 v 取 2.5 时误差率为 0.1060×3($x < 2.5$ 时取 1,$x > 2.5$ 时取 -1,则 6、7、8 分类错误,误差率为 0.1060×3)。阈值 v 取 5.5 时误差率最低为 0.0455×4($x > 5.5$ 时取 1,$x < 5.5$ 时取 -1,则 0、1、2、9 分类错误,误差率为 $0.0455 \times 3 + 0.0715$)。阈值 v 取 8.5 时误差率为 0.1667×3($x < 8.5$ 时取 1,$x > 8.5$ 时取 -1,则 3、4、5 分类错误,误差率为 0.1667×3)。

因此,阈值 v 取 5.5 时误差率最低,故第三个基本分类器为

$$G_3(x) = \begin{cases} 1 & x > 5.5 \\ -1 & x < 5.5 \end{cases}$$

依然还是如表 11-1 所示的样本,此时,被误分类的样本是 0、1、2、9,这 4 个样本所对应的权值皆为 0.0455,所以 $G_3(x)$ 在训练数据集上的误差率 $e_3 = P(G_3(x_i) \neq y_i) = 0.0455 \times 4 = 0.1820$。

计算 G_3 的系数:$\alpha_3 = \frac{1}{2} \log \frac{1 - e_3}{e_3} = 0.7514$。

更新训练数据的权值分布:

$$\boldsymbol{D}_{m+1} = (w_{m+1,1}, w_{m+1,2} \cdots w_{m+1,i} \cdots, w_{m+1,N})$$

$$w_{m+1,i} = \frac{w_{mi}}{Z_m} \exp(-\alpha_m y_i G_m(x_i)), i = 1, 2, \cdots, N$$

$\boldsymbol{D}_4 = (0.125, 0.125, 0.125, 0.102, 0.102, 0.102, 0.065, 0.065, 0.065, 0.125)$。被分错的样本"0、1、2、9"的权值变大,其他被分对的样本的权值变小。

分类函数 $f_3(x) = 0.4236 \times G_1(x) + 0.6496 \times G_2(x) + 0.7514 \times G_3(x)$。

5. 迭代分析

得到的第三个基本分类器 $\text{sign}(f_3(x))$ 在训练数据集上有 0 个误分类点。至此,整个训练过程结束。

综上,3 轮迭代后各样本权值和误差率的变化如下(其中,样本权值 D 中加了下画线的表示在上一轮中被分错的样本的新权值)。

训练之前,各个样本的权值被初始化为 $D_1 = (0.1, 0.1, 0.1, 0.1, 0.1, 0.1, 0.1, 0.1, 0.1, 0.1)$。

第一轮迭代中,样本"6、7、8"被分错类,对应的误差率为 $e_1 = P(G_1(x_i) \neq y_i) = 3 \times 0.1 = 0.3$,则第一个基本分类器在最终的分类器中所占的权重为 $\alpha_1 = 0.4236$。第一轮迭代过后,样本新的权值为 $D_2 = (0.0715, 0.0715, 0.0715, 0.0715, 0.0715, 0.0715, \underline{0.1666}, \underline{0.1666}, \underline{0.1666}, 0.0715)$。

第二轮迭代中,样本"3、4、5"被分错类,对应的误差率为 $e_2 = P(G_2(x_i) \neq y_i) = 0.0715 \times 3 = 0.2143$,则第二个基本分类器在最终的分类器中所占的权重为 $\alpha_2 = 0.6496$。第二轮迭代过后,样本新的权值为 $D_3 = (0.0455, 0.0455, 0.0455, \underline{0.1667}, \underline{0.1667}, \underline{0.01667}, 0.1060, 0.1060, 0.1060, 0.0455)$。

第三轮迭代中,样本"0、1、2、9"被分错类,对应的误差率为 $e_3 = P(G_3(x_i) \neq y_i) = 0.0455 \times 4 = 0.1820$,则第三个基本分类器在最终的分类器中所占的权重为 $\alpha_3 = 0.7514$。第三轮迭代过后,样本新的权值为 $D_4 = (\underline{0.125}, \underline{0.125}, \underline{0.125}, 0.102, 0.102, 0.102, 0.065, 0.065, 0.065, \underline{0.125})$。

从上述过程中可以发现,如果某些样本被分错类,它们在下一轮迭代中的权值将被增大,反之,其他被分对的样本在下一轮迭代中的权值将被减小。就这样,分错样本权值增大,分对样本权值变小,而在下一轮迭代中,总是选取让误差率最低的阈值来设计基本分类器,所以误差率 e(所有被 $G_m(x)$ 误分类样本的权值之和)不断降低。

6. 综合分析

将上面计算得到的 α_1、α_2、α_3 各值代入 $G(x)$ 中，$G(x) = \text{sign}(f_3(x)) = \text{sign}(\alpha_1 \times G_1(x) + \alpha_2 \times G_2(x) + \alpha_3 \times G_3(x))$，得到最终的分类器为 $G(x) = \text{sign}(f_3(x)) = \text{sign}(0.4236 \times G_1(x) + 0.6496 \times G_2(x) + 0.7514 \times G_3(x))$。

11.1.4 AdaBoost 的误差界

通过上面的例子可知，AdaBoost 在学习的过程中不断减少训练误差 e，直到各弱分类器组合成最终分类器，那这个最终分类器的误差界到底是多少呢？

事实上，AdaBoost 最终分类器的训练误差的上界为

$$\frac{1}{N} \sum_{i=1}^{N} I(G(x_i) \neq y_i) \leqslant \frac{1}{N} \sum_i \exp(-y_i f(x_i)) = \prod_m Z_m \tag{11-6}$$

下面通过推导来证明式(11-6)。

(1) 当 $G(x_i) \neq y_i$ 时，$y_i f(x_i) < 0$，因而 $\exp(-y_i f(x_i)) \geqslant 1$，因此式(11-6)等号前的部分得到证明。

关于 $\frac{1}{N} \sum_i \exp(-y_i f(x_i)) = \prod_m Z_m$，因为有

$$w_{m+1,i} = \frac{w_{mi}}{Z_m} \exp(-\alpha_m y_i G_m(x_i))$$

$$Z_m w_{m+1,i} = w_{mi} \exp(-\alpha_m y_i G_m(x_i)) \tag{11-7}$$

(2) 其完整的推导过程如下：

$$\begin{aligned}
\frac{1}{N} \sum_i \exp(-y_i f(x_i)) &= \frac{1}{N} \sum_i \exp\left(-\sum_{m=1}^{M} \alpha_m y_i G_m(x_i)\right) \\
&= w_{1i} \sum_i \exp\left(-\sum_{m=1}^{M} \alpha_m y_i G_m(x_i)\right) \\
&= w_{1i} \prod_{m=1}^{M} \exp(-\alpha_m y_i G_m(x_i)) \\
&= Z_1 \sum_i w_{2i} \prod_{m=2}^{M} \exp(-\alpha_m y_i G_m(x_i)) \\
&= Z_1 Z_2 \sum_i w_{3i} \prod_{m=3}^{M} \exp(-\alpha_m y_i G_m(x_i)) \\
&= Z_1 Z_2 \cdots Z_{M-1} \sum_i w_{Mi} \exp(-\alpha_M y_i G_M(x_i)) \\
&= \prod_{m=1}^{M} Z_m
\end{aligned} \tag{11-8}$$

(3) 式(11-8)所示结果说明，可以在每一轮选取适当的 G_m 使得 Z_m 最小，从而使训练误差下降最快。接下来继续求上述结果的上界。

对于二分类而言，有如下结果：

$$\prod_{m=1}^{M} Z_m = \prod_{m=1}^{M} (2\sqrt{e_m(1-e_m)}) = \prod_{m=1}^{M} \sqrt{(1-4\gamma_m^2)} \leqslant \exp\left(-2\sum_{m=1}^{M} \gamma_m^2\right) \tag{11-9}$$

其中，$\gamma_m = \dfrac{1}{2} - e_m$。继续证明式(11-9)所示的结论。

由之前 Z_m 的定义式跟式(11-6)得到的结论可知：

$$
\begin{aligned}
Z_m &= \sum_{i=1}^{N} w_{mi} \exp(-\alpha_m y_i G_m(x_i)) \\
&= \sum_{y_i = G_m(x_i)} w_{mi} \mathrm{e}^{-\alpha_m} + \sum_{y_i \neq G_m(x_i)} w_{mi} \mathrm{e}^{\alpha_m} \\
&= (1 - e_m) \mathrm{e}^{-\alpha_n} + e_m \mathrm{e}^{\alpha_m} \\
&= 2\sqrt{e_m(1 - e_m)} \\
&= \sqrt{1 - 4\gamma_m^2}
\end{aligned}
\tag{11-10}
$$

而这个不等式 $\displaystyle\prod_{m=1}^{M} \sqrt{(1 - 4\gamma_m^2)} \leqslant \exp\left(-2\sum_{m=1}^{M} \gamma_m^2\right)$，可先由 e^x 和 $\sqrt{1-x}$ 在点 x 的泰勒展开式推出。

值得一提的是，如果取 $\gamma_1, \gamma_2 \cdots$ 的最小值，记作 γ（显然，$\gamma \geqslant \gamma_i > 0, i = 1, 2, \cdots, m$），则对于所有 m，有：$\dfrac{1}{N}\displaystyle\sum_{i=1}^{N} I(G(x_i) \neq y_i) \leqslant \exp(-2M\gamma^2)$。

（4）这个结论表明，AdaBoost 的训练误差是以指数速率下降的。另外，AdaBoost 算法不需要事先知道下界 γ，AdaBoost 具有自适应性，它能适应弱分类器各自的训练误差率。

11.1.5　AdaBoost 指数损失函数推导

事实上，在 11.1.2 节 AdaBoost 的算法流程的第（3）步中，在构造的各基本分类器的线性组合 $f(x) = \displaystyle\sum_{m=1}^{M} \alpha_m G_m(x)$ 是一个加法模型，而 AdaBoost 算法其实是前向分步算法的特例。那么什么是加法模型，什么是前向分步算法呢？

$f(x) = \displaystyle\sum_{m=1}^{M} \beta_m b(x; \gamma_m)$ 便是一个加法模型，其中，$b(x; \gamma_m)$ 称为基函数，γ_m 称为基函数的参数，β_m 称为基函数的系数。

在给定训练数据及损失函数 $L(y, f(x))$ 的条件下，学习加法模型 $f(x)$ 成为经验风险极小化问题，即损失函数极小化问题：

$$
\min_{\beta_m, \gamma_m} \sum_{i=1}^{N} L\left(y_i, \sum_{m=1}^{M} \beta_m b(x_i; \gamma_m)\right)
\tag{11-11}
$$

随后，该问题可以作如此简化：从前向后，每一步只学习一个基函数及其系数，逐步逼近式(11-11)，即每步只优化如下损失函数：$\min\limits_{\beta_m, \gamma_m} \displaystyle\sum_{i=1}^{N} L(y_i, \beta b(x_i; \gamma_m))$。

这个优化方法就是所谓的前向分步算法。

下面具体介绍前向分步算法的算法流程。

输入：训练数据集 $T = \{(x_1, y_1), (x_2, y_2), \cdots, (x_n, y_n)\}$；

损失函数：$L(y, f(x))$；

基函数集：$\{b(x;\gamma)\}$；

输出：加法模型 $f(x)$。

算法步骤如下。

（1）初始化 $f_0(x)=0$。

（2）对于 $m=1,2,\cdots,M$：

① 极小化损失函数 $(\beta_m,\gamma_m)=\arg\min\limits_{\beta,\gamma}\sum\limits_{i=1}^{N}L(y_i,f_{m-1}(x_i)+\beta b(x_i;\gamma))$，得到参数 β_m 和 γ_m。

② 更新 $f_m(x)=f_{m-1}(x)+\beta_m b(x;\gamma_m)$。

（3）最终得到加法模型 $f(x)=f_M(x)=\sum\limits_{m=1}^{M}\beta_m b(x;\gamma_m)$。

前向分步算法将同时求解 m 从 1 到 M 的所有参数 (β_m,γ_m) 的优化问题简化为逐次求解各 (β_m,γ_m) 的优化问题。

AdaBoost 还有另外一种理解，即可以认为其模型是加法模型、损失函数为指数函数、学习算法为前向分步算法的二类分类学习方法。其实，AdaBoost 算法就是前向分步算法的一个特例，AdaBoost 中，各基本分类器就相当于加法模型中的基函数，且其损失函数为指数函数。

换句话说，当前向分步算法中的基函数为 AdaBoost 中的基本分类器时，加法模型等价于 AdaBoost 的最终分类器 $f(x)=\sum\limits_{m=1}^{M}\alpha_m G_m(x)$。

甚至可以说，这个最终分类器其实就是一个加法模型。只是这个加法模型由基本分类器 $G_m(x)$ 及其系数 α_m 组成，$m=1,2,\cdots,M$。前向分步算法逐一学习基函数的过程，与 AdaBoost 算法逐一学习各基本分类器的过程一致。

下面证明当前向分步算法的损失函数是指数损失函数 $L(y,f(x))=\exp(-yf(x))$ 时，其学习的具体操作等价于 AdaBoost 算法的学习过程。

假设经过 $m-1$ 轮迭代，前向分步算法已经得到 $f_{m-1}(x)$：
$$f_{m-1}(x)=f_{m-2}(x)+\alpha_{m-1}G_{m-1}(x)=\alpha_1 G_1(x)+\cdots+\alpha_{m-1}G_{m-1}(x)$$
而后在第 m 轮迭代得到 α_m、$G_m(x)$ 和 $f_m(x)$。其中，$f_m(x)$ 为
$$f_m(x)=f_{m-1}(x)+a_m G_m(x)$$

现在的目标是根据前向分步算法得到的 α_m 和 $G_m(x)$，使 $f_m(x)$ 在训练数据集 T 上的指数损失最小，即
$$(\alpha_m,G_m(x))=\arg\min\limits_{\alpha,G}\sum\limits_{i=1}^{N}\exp(-y_i(f_{m-1}(x_i)+\alpha G(x_i))) \tag{11-12}$$

如果令 $\bar{w}_{mi}=\exp(-y_i f_{m-1}(x_i))$，则式（11-12）可以表示为（后面要多次用到式（11-12），简记为

$$(\alpha_m^{\cdot},G_m(x))):(\alpha_m,G_m(x))=\arg\min\limits_{\alpha,G}\sum\limits_{i=1}^{N}\bar{w}_{mi}\exp(-y_i\alpha G(x_i)) \tag{11-13}$$

其中，$\bar{w}_{mi}$ 既不依赖 α 也不依赖 G，所以与最小化无关。但 $\bar{w}_{mi}$ 依赖于 $f_{m-1}(x)$，随着每一

轮迭代而发生变化。

接下来证明使得式(11-13)达到最小的 α_m^* 和 $G_m^*(x)$ 就是 AdaBoost 算法所求解得到的 α_m 和 $G_m(x)$。为求解式(11-13)，先求 $G_m^*(x)$ 再求 α_m^*。

首先求 $G_m^*(x)$，对于任意 $\alpha > 0$，使 $(\alpha_m, G_m(x))$ 最小的 $G(x)$ 由式(11-14)得到：

$$G_m^*(x) = \arg \min_G \sum_{i=1}^N \bar{w}_{mi} I(y_i \neq G(x_i)) \tag{11-14}$$

其中，$\bar{w}_{mi} = \exp(-y_i f_{m-1}(x_i))$。

跟 11.1.2 节所述的误差率的计算公式对比如下：

$$e_m = P(G_m(x_i) \neq y_i) = \sum_{i=1}^N w_{mi} I(G_m(x_i) \neq y_i) \tag{11-15}$$

综上可知，得到的 $G_m^*(x)$ 便是 AdaBoost 算法的基本分类器 $G_m(x)$，因为它是使第 m 轮加权训练数据时分类误差率最小的基本分类器。换言之，这个 $G_m^*(x)$ 便是 AdaBoost 算法所要求的 $G_m(x)$。注意，在 AdaBoost 算法的每一轮迭代中，都是选取让误差率最低的阈值来设计基本分类器。

然后求 α_m^*，还是回到式(11-15)的 $(\alpha_m, G_m(x))$ 上：

$$(\alpha_m, G_m(x)) = \arg \min_{\alpha, G} \sum_{i=1}^N \bar{w}_{mi} \exp(-y_i \alpha G(x_i))$$

这个式子的后半部分可以进一步简化得：

$$\sum_{i=1}^N \bar{w}_{mi} \exp(-y_i \alpha G(x_i)) = \sum_{y_i = G_m(x_i)} \bar{w}_{mi} e^{-\alpha} + \sum_{y_i \neq G_m(x_i)} \bar{w}_{mi} e^{\alpha}$$

$$= (e^{\alpha} - e^{-\alpha}) \sum_{i=1}^N \bar{w}_{mi} I(y_i \neq G(x_i)) + e^{-\alpha} \sum_{i=1}^N \bar{w}_{mi}$$

$$\tag{11-16}$$

接着将上面求得的 $G_m^*(x) = \arg \min_G \sum_{i=1}^N \bar{w}_{mi} I(y_i \neq G(x_i))$ 代入式(11-16)中，且对 α 求导，令其求导结果为 0，即得到使得 $(\alpha_m, G_m(x))$ 一式最小的 α，即

$$\alpha_m^* = \frac{1}{2} \log \frac{1 - e_m}{e_m} \tag{11-17}$$

这里的 α_m^* 跟 11.1.2 节中 α_m 的计算公式完全一致。

此外，毫无疑问，式(11-17)中的 e_m 便是误差率：

$$e_m = \frac{\sum_{i=1}^N \bar{w}_{mi} I(y_i \neq G(x_i))}{\sum_{i=1}^N \bar{w}_{mi}} = \sum_{i=1}^N \bar{w}_{mi} I(y_i \neq G_m(x_i))$$

即 e_m 就是被 $G_m(x)$ 误分类样本的权值之和。

就这样，由模型 $f_m(x) = f_{m-1}(x) + a_m G_m(x)$ 及 $\bar{w}_{mi} = \exp(-y_i f_{m-1}(x_i))$ 可以方便地得到：$\bar{w}_{m+1,i} = \bar{w}_{m,i} \exp(-y_i \alpha_m G_m(x))$。

与 11.1.2 节介绍的式(11-3)相比，只相差一个规范化因子，即后者多了一个式(11-4)。

所以，整个过程下来，我们可以看到，前向分步算法逐一学习基函数的过程，确实是与

AdaBoost 算法逐一学习各个基本分类器的过程一致,两者完全等价。

综上,本节不但提供了 AdaBoost 的另一种理解:加法模型,损失函数为指数函数,学习算法为前向分步算法,而且也解释了 11.1.2 节中基本分类器 $G_m(x)$ 及其系数 α_m 的由来,以及对权值更新公式的解释,可以认为本节就是对 11.1.2 节的补充解释。

通过上述学习,我们可以看出,AdaBoost 的优点是泛化错误率低,易编码,可以应用在大部分分类器上,无参数调整。缺点是对离群点敏感,其适用于数值型和标称型数据类型。

11.1.6　AdaBoost 代码实现

AdaBoost 的代码实现如下。

(1) 通过 loadSimpData()函数创建单层决策树的数据集,最后返回的 dataMat 表示数据矩阵,classLabels 表示数据标签。

```
def loadSimpData():
    datMat = matrix([[ 1. ,   2.1],
        [ 2. ,   1.1],
        [ 1.3,   1. ],
        [ 1. ,   1. ],
        [ 2. ,   1. ]])
    classLabels = [1.0, 1.0, -1.0, -1.0, 1.0]
    return datMat,classLabels
```

(2) 通过定义 loadDataSet()函数从文件中读取数据集。其中 fileName 为文件名。

```
def loadDataSet(fileName):
    numFeat = len(open(fileName).readline().split('\t'))    #get number of fields
    dataMat = []; labelMat = []
    fr = open(fileName)
    for line in fr.readlines():
        lineArr =[]
        curLine = line.strip().split('\t')
        for i in range(numFeat-1):
            lineArr.append(float(curLine[i]))
        dataMat.append(lineArr)
        labelMat.append(float(curLine[-1]))
    return dataMat,labelMat
```

(3) 通过 stumpClassify()函数这一单层决策树分类函数(软分类器、基分类器)来进行分类。其中 dataMatrix 为数据矩阵。dimen 表示第 dimen 列,也就是第几个特征。threshVal 为阈值。threshIneq 为标签。最后返回 retArray 为分类结果。

```
def stumpClassify(dataMatrix, dimen, threshVal, threshIneq): # just classify
    the data
    retArray = ones((shape(dataMatrix)[0],1))
```

```
    if threshIneq == 'lt':
        retArray[dataMatrix[:,dimen] <= threshVal] = -1.0
    else:
        retArray[dataMatrix[:,dimen] > threshVal] = -1.0
    return retArray
```

（4）通过 buildStump()函数来找到数据集上最佳的单层决策树,单层决策树是指考虑其中的一个特征,在该特征的基础上进行分类,寻找分类错误率最低的阈值即可。其中,dataArr 为数据矩阵,classLabels 表示数据标签,**D** 为样本权重。在最后的返回值中,bestStump 是最佳单层决策树信息,minError 为最小误差,bestClasEst 为最佳的分类结果。在函数中,最小误差初始化为无穷大。然后遍历所有特征,找到特征中的最小值和最大值。计算阈值查询的步长,在该阈值下,如果小于阈值,则分类为-1。大于和小于阈值的情况,均需要遍历所有特征。接下来计算阈值和分类结果。初始化误差矩阵,分类正确的,设为 0。基于权重向量 **D** 而不是其他错误计算指标来评价分类器,不同的分类器计算方法不一样。找到误差最小的分类方法,即找到当前最好的弱分类器。

```
def buildStump(dataArr,classLabels,D):
    dataMatrix = mat(dataArr); labelMat = mat(classLabels).T
    m,n = shape(dataMatrix)
    numSteps = 10.0; bestStump = {}; bestClasEst = mat(zeros((m,1)))
    minError = inf
    for i in range(n):
        rangeMin = dataMatrix[:,i].min()
        rangeMax = dataMatrix[:,i].max()

        stepSize = (rangeMax-rangeMin)/numSteps
        for j in range(-1,int(numSteps)+1):
            for inequal in ['lt', 'gt']:
                threshVal = (rangeMin + float(j) * stepSize)
                predictedVals = stumpClassify(dataMatrix,i,threshVal,inequal)
                errArr = mat(ones((m,1)))
                errArr[predictedVals == labelMat] = 0
                weightedError = D.T * errArr
                #print "split: dim %d, thresh %.2f, thresh ineqal: %s, the weighted
error is %.3f" % (i, threshVal, inequal, weightedError)
                if weightedError < minError:
                    minError = weightedError
                    bestClasEst = predictedVals.copy()
                    bestStump['dim'] = i
                    bestStump['thresh'] = threshVal
                    bestStump['ineq'] = inequal
    return bestStump,minError,bestClasEst
```

（5）定义 AdaBoost 的核心函数 AdaBoostTrainDS()设置训练过程,并使用 AdaBoost 算

法提升弱分类器的性能。其中，dataArr 为数据矩阵，classLabels 表示数据标签，numIt 为最大迭代次数。在最后的返回值中，weakclassArr 是训练好的分类器，aggClassEst 为类别估计累计值。在函数中，定义一个数组存储每一个弱分类器计算的结果，默认存储错误率全部为 0。构建单个单层决策树，计算弱学习算法权重 alpha，使得 error 不等于 0，因为分母不能等于 0。存储弱学习算法权重和单层决策树。计算 e 的指数项。根据样本权重公式，更新权重。计算 AdaBoost 误差，当误差为 0 的时候，退出循环。计算类别估计累计值，注意，这里包括了目前已经训练好的每一个弱分类器。计算目标的集成分类器分类错误率，如果错误率为 0，则整个集成算法停止，训练完成。

```python
def AdaBoostTrainDS(dataArr,classLabels,numIt=40):
    weakClassArr = []
    m = shape(dataArr)[0]
    D = mat(ones((m,1))/m)
    aggClassEst = mat(zeros((m,1)))
    for i in range(numIt):
        bestStump,error,classEst = buildStump(dataArr,classLabels,D)
        #print "D:",D.T
        alpha = float(0.5*log((1.0-error)/max(error,1e-16)))
        bestStump['alpha'] = alpha
        weakClassArr.append(bestStump)
        #print "classEst: ",classEst.T
        expon = multiply(-1*alpha*mat(classLabels).T,classEst)
        D = multiply(D,exp(expon))
        D = D/D.sum()
        aggClassEst += alpha*classEst
        #print "aggClassEst: ",aggClassEst.T
        aggErrors = multiply(sign(aggClassEst) != mat(classLabels).T,ones((m,1)))
        errorRate = aggErrors.sum()/m
        print("total error: ",errorRate)
        if errorRate == 0.0: break
    return weakClassArr,aggClassEst
```

（6）定义 AdaBoost 分类函数 adaClassify()。其中，datToClass 为带分类样例，classifierArr 是训练好的分类器。最后返回分类结果。

```python
def adaClassify(datToClass,classifierArr):
    dataMatrix = mat(datToClass) # do stuff similar to last aggClassEst
in AdaBoostTrainDS
    m = shape(dataMatrix)[0]
    aggClassEst = mat(zeros((m,1)))
    for i in range(len(classifierArr)):
        classEst = stumpClassify(dataMatrix,classifierArr[i]['dim'],\
                          classifierArr[i]['thresh'],\
                          classifierArr[i]['ineq'])#call stump classify
```

```
        aggClassEst += classifierArr[i]['alpha'] * classEst
        print(aggClassEst)
    return sign(aggClassEst)


if __name__ == '__main__':
    dataArr,classLabels = loadSimpData()
    weakClassArr,aggClassEst = AdaBoostTrainDS(dataArr,classLabels)
    print(adaClassify([[0,0],[5,5]],weakClassArr))
```

11.2　DBSCAN算法的基本原理

DBSCAN(Density-Based Spatial Clustering of Application with Noise)算法是一种典型的基于密度的聚类方法。它将簇定义为密度相连的点的最大集合,能够把具有足够密度的区域划分为簇,并可以在有噪声的空间数据集中发现任意形状的簇。

11.2.1　DBSCAN算法的基本概念

DBSCAN算法中有两个重要参数:Eps 和 MmPtS。Eps 是定义密度时的邻域半径,MmPts 为定义核心点时的阈值。

在 DBSCAN 算法中将数据点分为以下 3 类。

(1)核心点。如果一个对象在其半径 Eps 内含有超过 MmPts 数目的点,则该对象为核心点。

(2)边界点。如果一个对象在其半径 Eps 内含有点的数量小于 MinPts,但是该对象落在核心点的邻域内,则该对象为边界点。

(3)噪声点。如果一个对象既不是核心点也不是边界点,则该对象为噪声点。

通俗地讲,核心点对应稠密区域内部的点,边界点对应稠密区域边缘的点,而噪声点对应稀疏区域中的点。

在图 11-1 中,假设 MinPts=5,Eps 如图中箭头线所示,则点 A 为核心点,点 B 为边界点,点 C 为噪声点。点 A 因为在其 Eps 邻域内含有 7 个点,超过了 Eps=5,所以是核心点。

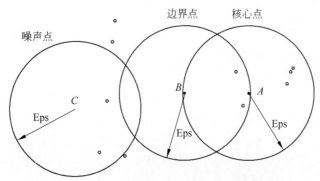

图 11-1　DBSCAN 算法数据点类型示意图

点 C 因为在其 Eps 邻域内含有点的个数均少于 5,所以不是核心点;点 B 因为落在了点 A 的 Eps 邻域内,所以点 B 是边界点;点 C 因为没有落在任何核心点的邻域内,所以是噪声点。

进一步来讲,DBSCAN 算法还涉及一些概念,如表 11-2 所示。

在图 11-2 中,点 a 为核心点,点 b 为边界点,并且因为 a 直接密度可达 b。但是 b 不直接密度可达 a(因为 b 不是一个核心点)。因为 c 直接密度可达 a,a 直接密度可达 b,所以 c 密度可达 b。但是因为 b 不直接密度可达 a,所以 b 不密度可达 c。但是 b 和 c 密度相连。

表 11-2　DBSCN 算法涉及的概念

名　　称	说　　明
Eps 邻域	简单来讲,就是与点的距离小于或等于 Eps 的所有点的集合
直接密度可达	如果点 p 在核心点 q 的 Eps 邻域内,则称数据对象 p 从数据对象 q 出发是直接密度可达的
密度可达	如果存在数据对象链 $p_1,p_2,\cdots,p_n$,p_{i+1} 是从 p_i 关于 Eps 和 MinPts 直接密度可达的,则数据对象 p_n 是从数据对象 p_1 关于 EpsMinPts 密度可达的
密度相连	对于对象 p 和对象 q,如果存在核心对象样本 o,使数据对象 p 和对象 q 均从 q 密度可达,则称 p 和 q 密度相连。显然,密度相连具有对称性
密度聚类簇	由一个核心点和与其密度可达的所有对象构成一个密度聚类簇

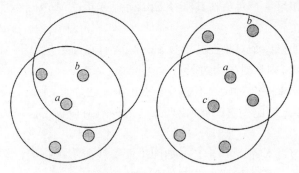

图 11-2　直接密度可达和密度可达示意图

11.2.2　DBSCAN 算法描述

DBSCAN 算法对簇的定义很简单,由密度可达关系导出的最大密度相连的样本集合,即为最终聚类的一个簇。

DBSCAN 算法的簇里面可以有一个或者多个核心点。如果只有一个核心点,则簇里其他的非核心点样本都在这个核心点的 Eps 邻域里。如果有多个核心点,则簇里的任意一个核心点的 Eps 邻域中一定有一个其他的核心点,否则这两个核心点无法密度可达。这些核心点的 Eps 邻域里所有的样本的集合组成一个 DBSCAN 聚类簇。

DBSCAN 算法的描述如下。

输入：数据集，邻域半径 Eps，邻域中数据对象数目阈值 MinPts；

输出：密度联通簇。

处理流程如下。

（1）从数据集中任意选取一个数据对象点 p；

（2）如果对于参数 Eps 和 MinPts 所选取的数据对象点 p 为核心点，则找出所有从 p 密度可达的数据对象点，形成一个簇；

（3）如果选取的数据对象点 p 是边缘点，选取另一个数据对象点；

（4）重复步骤（2）、（3），直到所有点被处理。

DBSCAN 算法的计算复杂度为 $O(n^2)$，n 为数据对象的数目。这种算法对于输入参数 Eps 和 MinPts 是敏感的。

11.2.3　DBSCAN 算法实例

下面给出一个样本数据集（见表 11-3），并对其用 DBSCAN 算法进行聚类，取 Eps＝3，MinPts＝3。

表 11-3　样本数据集

$p1$	$p2$	$p3$	$p4$	$p5$	$p6$	$p7$	$p8$	$p9$	$p10$	$p11$	$p12$	$p13$
1	2	2	4	5	6	6	7	9	1	3	5	3
2	1	4	3	8	7	9	9	5	12	12	12	3

样本数据集在二维空间内的表示如图 11-3 所示。

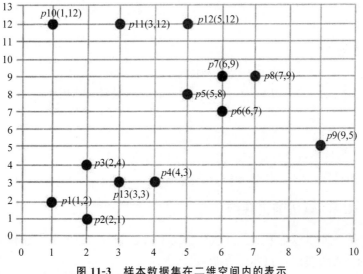

图 11-3　样本数据集在二维空间内的表示

（1）顺序扫描数据集的样本点，首先取到 $p1(1,2)$。

① 计算 $p1$ 的邻域，计算出每一点到 $p1$ 的距离，如 $d(p1,p2)=\mathrm{sqrt}(1+1)=1.414$。

② 根据每个样本点到 $p1$ 的距离,计算出 $p1$ 的 Eps 邻域为 $\{p1,p2,p3,p13\}$。

③ 因为 $p1$ 的 Eps 邻域含有 4 个点,大于 MinPts(3),所以,$p1$ 为核心点。

④ 以 $p1$ 为核心点建立簇 $C1$,即找出所有从 $p1$ 密度可达的点。

⑤ $p1$ 邻域内的点都是 $p1$ 直接密度可达的点,所以都属于 $C1$。

⑥ 寻找 $p1$ 密度可达的点,$p2$ 的邻域为 $\{p1,p2,p3,p4,p13\}$,因为 $p1$ 密度可达 $p2$,$p2$ 密度可达 $p4$,所以 $p1$ 密度可达 $p4$,因此 $p4$ 也属于 $C1$。

⑦ $p3$ 的邻域为 $\{p1,p2,p3,p4,p13\}$,$p13$ 的邻域为 $\{p1,p2,p3,p4,p13\}$,$p3$ 和 $p13$ 都是核心点,但是它们邻域的点都已经在 $C1$ 中。

⑧ $p4$ 的邻域为 $\{p3,p4,p13\}$,为核心点,其邻域内的所有点都已经被处理。

⑨ 此时,以 $p1$ 为核心点出发的那些密度可达的对象都全部处理完毕,得到簇 $C1$,包含点 $\{p1,p2,p3,p13,p4\}$。

(2) 继续顺序扫描数据集的样本点,取到 $p5(5,8)$。

① 计算 $p5$ 的邻域,计算出每一点到 $p5$ 的距离,如 $d(p1,p8)-\mathrm{sqrt}(4+1)=2.236$。

② 根据每个样本点到 $p5$ 的距离,计算出 $p5$ 的 Eps 邻域为 $\{p5,p6,p7,p8\}$。

③ 因为 $p5$ 的 Eps 邻域含有 4 个点,大于 MinPts(3),所以,$p5$ 为核心点。

④ 以 $p5$ 为核心点建立簇 $C2$,即找出所有从 $p5$ 密度可达的点,可以获得簇 $C2$,包含点 $\{p5,p6,p7,p8\}$。

(3) 继续顺序扫描数据集的样本点,取到 $p9(9,5)$。

① 计算出 $p9$ 的 Eps 邻域为 $\{p9\}$,个数小于 MinPts(3),所以 $p9$ 不是核心点。

② 对 $p9$ 处理结束。

(4) 继续顺序扫描数据集的样本点,取到 $p10(1,12)$。

① 计算出 $p10$ 的 Eps 邻域为 $\{p10,p11\}$,个数小于 MinPts(3),所以 $p10$ 不是核心点。

② 对 $p10$ 处理结束。

(5) 继续顺序扫描数据集的样本点,取到 $p11(3,12)$。

① 计算出 $p11$ 的 Eps 邻域为 $\{p11,p10,p12\}$,个数等于 MinPts(3),所以 $p11$ 是核心点。

② $p12$ 的邻域为 $\{p12,p11\}$,不是核心点。

③ 以 $p11$ 为核心点建立簇 $C3$,包含点 $\{p11,p10,p12\}$。

(6) 继续扫描数据的样本点,$p12$、$p13$ 都已经被处理过,算法结束。

11.2.4 DBSCAN 算法的优缺点

和传统的 k 均值算法相比,DBSCAN 算法不需要输入簇数 k 而且可以发现任意形状的聚类簇,同时,在聚类时可以找出异常点。

DBSCAN 算法的主要优点如下。

(1) 可以对任意形状的稠密数据集进行聚类,而 k 均值之类的聚类算法一般只适用于凸数据集。

(2) 可以在聚类的同时发现异常点,对数据集中的异常点不敏感。

（3）聚类结果没有偏倚，而 k 均值之类的聚类算法的初始值对聚类结果有很大影响。

DBSCAN 算法的主要缺点如下。

（1）样本集的密度不均匀、聚类间距差相差很大时，聚类质量较差，这时用 DBSCAN 算法一般不适合。

（2）样本集较大时，聚类收敛时间较长，此时可以对搜索最近邻时建立的 KD 树或者球树进行规模限制来进行改进。

（3）调试参数比较复杂时，主要需要对距离阈值 Eps，邻域样本数阈值 MinPts 进行联合调参，不同的参数组合对最后的聚类效果有较大影响。

（4）对于整个数据集只采用了一组参数。如果数据集中存在不同密度的簇或者嵌套簇，则 DBSCAN 算法不能处理。为了解决这个问题，有人提出了 OPTICS 算法。

（5）DBSCAN 算法可过滤噪声点，这同时也是其缺点，这造成了其不适用于某些领域，如对网络安全领域中恶意攻击的判断。

11.3　本 章 小 结

本章提供了 Adaboost 的另一种理解：加法模型，损失函数为指数函数，学习算法为前向分步算法，学习完本章可以知道 AdaBoost 的优点是泛化错误率低，易编码，可以应用在大部分分类器上，无参数调整。DBSCAN 和传统的 k 均值算法相比，DBSCAN 算法不需要输入簇数 k 而且可以发现任意形状的聚类簇，同时，在聚类时可以找出异常点。DBSCAN 算法的主要优点如下：可以对任意形状的稠密数据集进行聚类，而 k 均值之类的聚类算法一般只适用于凸数据集；可以在聚类的同时发现异常点，对数据集中的异常点不敏感；聚类结果没有偏倚，而 k 均值之类的聚类算法的初始值对聚类结果有很大影响。

第12章

综合案例

12.1 案例 12-1：信用卡虚假交易实例

北京计开公司的信用卡发卡部门，记录了 2021 年中某两天的信用卡刷卡活动。经过分析判断，在数据文件记录的 284807 次交易行为中，有 492 次虚假交易行为。为了维护商业机密和客户隐私，原始记录经过降维后提取出来，一共有 284807 条记录，每条记录对应一次交易的持卡人信息或者交易信息，如表 12-1 所示。

表 12-1 案例 12-1 数据集

序号	V1	V2	V3	…	交易金额	Class
1	−2.312226542	1.951992011	−1.609850732	…	0	1
2	−3.043540624	−3.157307121	1.08846278	…	529	0
⋮						

其中，Class 属性取 1，表示是一个虚假交易；取 0 则表示是正常交易。通过实验，选择 10000 条数据进行训练后得到模型，然后对剩下的数据进行预测，即预测该次交易是否为虚假交易。

12.1.1 实验原理

1. PCA 算法

1）PCA 的概念

PCA(Principal Component Analysis)，即主成分分析方法，是使用极广泛的数据降维算法之一。PCA 的主要思想是将 n 维特征映射到 k 维上，这 k 维是全新的正交特征，也被称为主成分，是在原有 n 维特征的基础上重新构造出来的 k 维特征。PCA 的工作就是从原始的空间中顺序地找一组相互正交的坐标轴，新坐标轴的选择与数据本身是密切相关的。其中，第一个新坐标轴选择的是原始数据中方差最大的方向，第二个新坐标轴选择的是与第一个坐标轴正交的平面中使得方差最大的，第三个轴是与第 1、2 个轴正交的平面中方差最大的，以此类推，可以得到 n 个这样的坐标轴。通过这种方式获得的新坐标轴，大部分方差都包含在前面 k 个坐标轴中，后面的坐标轴所含的方差几乎为 0。于是，可以忽略余下的坐标轴，只保留前面 k 个含有绝大部分方差的坐标轴。事实上，这相当于只保留包含绝大部分方差的维度特征，而忽略包含方差几乎为 0 的维度特征，实现对数据特征的降维处理。

接下来介绍协方差和散度矩阵。

样本均值：

$$\bar{x} = \frac{1}{n} \sum_{i=1}^{N} x_i \tag{12-1}$$

样本方差：

$$S^2 = \frac{1}{n-1} \sum_{i=1}^{n} (x_i - \bar{x})^2 \tag{12-2}$$

样本 X 和样本 Y 的协方差：

$$\mathrm{Cov}(X,Y) = E\big[(X - E(X))(Y - E(Y))\big]$$
$$= \frac{1}{n-1} \sum_{i=1}^{n} (x_i - \bar{x})(y_i - \bar{y}) \tag{12-3}$$

由上面的公式可以得到以下结论：方差的计算公式是针对一维特征的，即针对同一特征不同样本的取值来进行计算得到；而协方差则要求至少满足二维特征；方差是协方差的特殊情况。方差和协方差的除数是 $n-1$，这是为了得到方差和协方差的无偏估计。协方差为正时，说明 X 和 Y 是正相关关系；协方差为负时，说明 X 和 Y 是负相关关系；协方差为 0 时，说明 X 和 Y 是相互独立的。$\mathrm{Cov}(X,X)$ 就是 X 的方差。当样本是 n 维数据时，它们的协方差实际上是协方差矩阵（对称方阵）。例如，对于三维数据 (x,y,z)，计算它的协方差就是：

$$\mathrm{Cov}(X,Y,Z) = \begin{bmatrix} \mathrm{Cov}(x,x) & \mathrm{Cov}(x,y) & \mathrm{Cov}(x,z) \\ \mathrm{Cov}(y,x) & \mathrm{Cov}(y,y) & \mathrm{Cov}(y,z) \\ \mathrm{Cov}(z,x) & \mathrm{Cov}(z,y) & \mathrm{Cov}(z,z) \end{bmatrix} \tag{12-4}$$

对于多维数据 $\boldsymbol{X}$ 的散度矩阵为 $\boldsymbol{XX}^{\mathrm{T}}$。其实协方差矩阵和散度矩阵关系密切，散度矩阵就是协方差矩阵乘以（总数据量-1）。因此，它们的特征值和特征向量是一样的。这里值得注意的是，散度矩阵是 SVD 奇异值分解的一步，因此 PCA 和 SVD 是有很大联系的。

2）特征值分解矩阵原理

（1）特征值与特征向量。

如果一个向量 v 是矩阵 $\boldsymbol{A}$ 的特征向量，则一定可以表示成下面的形式：$\boldsymbol{A}v = \lambda v$，其中，$\lambda$ 是特征向量 v 对应的特征值，一个矩阵的一组特征向量是一组正交向量。

（2）特征值分解矩阵。

对于矩阵 $\boldsymbol{A}$，有一组特征向量 v，将这组向量进行正交化、单位化，就能得到一组正交单位向量。特征值分解，就是将矩阵 $\boldsymbol{A}$ 分解为下式：$\boldsymbol{A} = \boldsymbol{Q}\boldsymbol{\Sigma}\boldsymbol{Q}^{-1}$，其中，$\boldsymbol{Q}$ 是矩阵 $\boldsymbol{A}$ 的特征向量组成的矩阵，$\boldsymbol{\Sigma}$ 则是一个对角矩阵，对角线上的元素就是特征值。

3）SVD 分解矩阵原理

奇异值分解是适用于任意矩阵的一种分解方法，对于任意矩阵 $\boldsymbol{A}$ 总存在一个奇异值分解：$\boldsymbol{A} = \boldsymbol{U}\boldsymbol{\Sigma}\boldsymbol{V}^{\mathrm{T}}$。假设 $\boldsymbol{A}$ 是一个 $m \times n$ 的矩阵，那么得到的 $\boldsymbol{U}$ 是一个 $m \times m$ 的矩阵，$\boldsymbol{U}$ 里面的正交向量被称为左奇异向量。$\boldsymbol{\Sigma}$ 是一个 $m \times n$ 的矩阵，$\boldsymbol{\Sigma}$ 除了对角线外其他元素都为 0，对角线上的元素称为奇异值。$\boldsymbol{V}^{\mathrm{T}}$ 是 v 的转置矩阵，是一个 $n \times n$ 的矩阵，它里面

的正交向量被称为右奇异向量。一般来讲，可以将 Σ 上的值按从大到小的顺序排列。

SVD 分解矩阵 A 的步骤如下。

（1）求 AA^T 的特征值和特征向量，用单位化的特征向量构成 U。

（2）求 $A^T A$ 的特征值和特征向量，用单位化的特征向量构成 V。

（3）将 AA^T 或者 $A^T A$ 的特征值求平方根，然后构成 Σ。

2. 互信息特征选择

1）特征选择

特征选择是去除无关紧要或冗余的特征，仍然还保留其他原始特征，从而获得特征子集，从而以最小的性能损失更好地描述给出的问题。特征选择方法可以分为如下 3 个系列：过滤式选择、包裹式选择和嵌入式选择。互信息即为过滤式的特征选择算法。

2）互信息

两个随机变量的互信息是变量间相互依赖性的量度。互信息度量两个随机变量共享的信息，知道随机变量 X，对随机变量 Y 的不确定性减少的程度（或者知道随机变量 Y，对随机变量 X 的不确定性减少的程度），用 $I(X;Y)$ 表示。

引用熵的概念，可以便于理解随机变量。通过一系列数学公式的推导，可以得到互信息的定义式为

$$I(X;Y) = \sum_{x,y} p(x,y) \log \frac{p(x,y)}{p(x)p(y)} \tag{12-5}$$

其中，$p(x)$ 表示 $X=x_1$ 出现的概率，$p(y)$ 表示 $Y=y_1$ 出现的概率。$p(x,y)$ 表示 $X=x_1$，$Y=y_1$ 同时出现的概率，即联合概率。其中 $\log$ 的底数可以为 e 或者 2，若为 2 的话，互信息的单位是比特。

3）特征选择中的互信息

互信息具有一个重要的性质——对称性，即 $I(X;Y)=I(Y;X)$。

在特征选择中，互信息是特征与标签类相互依赖程度的度量。互信息值越大，那么特征与标签类相互的依赖程度越大，即某个特征和某个标签的互信息越大，说明知道某个特征后，某个标签的不确定性减少得越多，说明两者"相关性越强"，反之亦然。简单来说，特征与标签类的互信息越大，特征与标签"相关性越强"，这个特征更有可能属于此类标签。反之的极端情况是，若两者互信息为 0，说明两者独立，几乎没什么关系。

3. 决策树

1）决策树原理

决策树是数据挖掘的一项主要分析工具。决策树能从一个或多个预测变量中，针对类别因变量的选项，预测出个例的趋势变化关系等，也可以由结果来反推原因。决策树是一种树状结构，其中每个内部结点表示在一个属性上的测试，每个分支代表一个测试输出，每个叶结点代表一种类别。决策树学习采用的是自顶向下的递归方法，其基本思想是以信息熵为度量构造一棵熵值下降最快的树，到叶结点处的熵值为零，此时每个叶结点中的实例都属于同一类。

2）ID3 算法的数学原理

（1）信息熵。在概率论中，信息熵提供了一种度量不确定性的方式，它是用来衡量随机变量不确定性的，熵就是信息的期望值。若待分类的事物可能划分在 N 类中，分别是 $x_1, x_2, \cdots, x_n$，每一种取到的概率分别是 $P_1, P_2, \cdots, P_n$，那么 X 的熵就定义为

$$H(X) = -\sum_{i=1}^{n} p_i \log p_i \tag{12-6}$$

从定义中可知：$0 \leqslant H(X) \leqslant \log n$ 当随机变量只取两个值时，即 X 的分布为 $P(X=1)=p, p(X=0)=1-p, 0 \leqslant p \leqslant 1$，则熵为 $H(X) = -p\log_2(p) - (1-p)\log_2(1-p)$。熵值越高，则数据混合的种类越高，其蕴含的含义是一个变量可能的变化越多（反而跟变量具体的取值没有任何关系，只和值的种类多少以及发生概率有关），它携带的信息量就越大。熵在信息论中是一个非常重要的概念，很多机器学习的算法都会用到这个概念。

（2）条件熵。假设有随机变量 (X, Y)，其联合概率分布为

$$P(X=x_i, Y=y_i) = p_{ij}, \quad i=1,2,\cdots,n; j=1,2,\cdots,m \tag{12-7}$$

则条件熵 $H(Y|X)$ 表示在已知随机变量 X 的条件下随机变量 Y 的不确定性，其定义为 X 在给定条件下 Y 的条件概率分布的熵对 X 的数学期望：

$$H(Y \mid X) = \sum_{i=1}^{n} p_i H(Y \mid X = x_i) \tag{12-8}$$

4. XGBoost

1）基础知识

XGBoost 是在 GBDT（Gradient Boosting Decision Tree）的基础上对 Boosting 算法进行的改进，内部决策树使用的是回归树，GBDT 过程可以用图 12-1 表示。

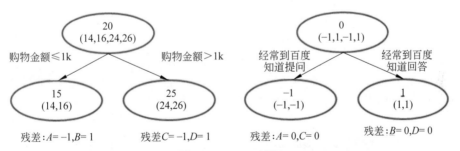

图 12-1　GBDT 过程

回归树的分裂结点对于平方损失函数，拟合的就是残差；对于一般损失函数（梯度下降），拟合的就是残差的近似值，分裂结点划分时枚举所有特征的值，选取划分点。最后预测的结果是每棵树的预测结果相加。

2）XGBoost 算法原理

（1）定义树的复杂度（见图 12-2）。

把树拆分成结构部分 q 和叶子权重部分 w。树的复杂度函数样例如图 12-3 所示。

定义树的结构和复杂度的原因很简单，这样就可以衡量模型的复杂度了，从而可以有效控制过拟合。

$$f_t(x) = w_q(x), \quad \boldsymbol{w} \in \mathbf{R}^T, \ q: \mathbf{R}^d \rightarrow \{1, 2, \cdots, T\}$$

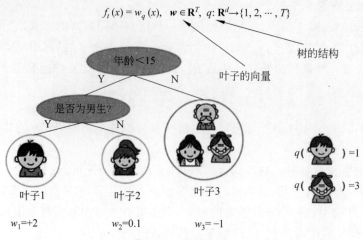

图 12-2　树的生成

$$\Omega(f_t) = \gamma T + \frac{1}{2}\lambda \sum_{j=1}^{T} w_j^2$$

叶子结点的数量　　叶子结点的L2范式权重

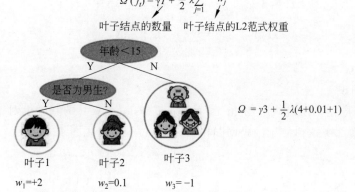

图 12-3　树的复杂度函数样例

（2）XGBoost 中的 boosting tree 模型（见图 12-4）。

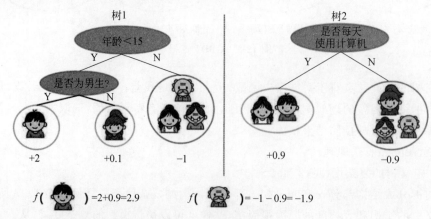

整棵树的预测结果是每个分支子树的预测值之和

图 12-4　boosting tree 模型

和传统的 boosting tree 模型一样，XGBoost 的提升也是采用残差（或梯度负方向），不同的是分裂结点选取的时候不一定是最小平方损失。

$$\mathcal{L}(\phi) = \sum_i l(\hat{y}_i, y_i) + \sum_k \Omega(f_k)$$

$$\Omega(f) = \gamma T + \frac{1}{2}\lambda \parallel w \parallel^2$$

（12-9）

（3）对目标函数的改写如下。

- **目标**　$\text{Obj}^{(t)} = \sum_{i=1}^{n} l\left(y_i, \hat{y}_i^{(t-1)} + f_t(x_i)\right) + \Omega(f_t) + \text{constant}$
  - 上式中除了平方损失函数之外，看起来仍然很复杂
- 那么可以尝试对目标函数进行泰勒展开
  - **召回率**　$f(x + \Delta x) \approx f(x) + f'(x)\Delta x + \frac{1}{2}f''(x)\Delta x^2$
  - **定义**　$g_i = \partial_{\hat{y}^{(t-1)}} l(y_i, \hat{y}^{(t-1)}), \quad h_i = \partial^2_{\hat{y}^{(t-1)}} l(y_i, \hat{y}^{(t-1)})$

$$\text{Obj}^{(t)} \approx \sum_{i=1}^{n} \left[l(y_i, \hat{y}_i^{(t-1)}) + g_i f_t(x_i) + \frac{1}{2}h_i f_t^2(x_i) \right] + \Omega(f_t) + \text{constant}$$

最终的目标函数只依赖于每个数据点在误差函数上的一阶导数和二阶导数。由于之前的目标函数求最优解的过程中只对求平方损失函数比较方便，对于求其他的损失函数则很复杂，通过二阶泰勒展开式的变换，求解其他损失函数变得可行了。

当定义了分裂候选项集的时候，$I_j = \{i \mid q(x_i) = j\}$可以进一步改进目标函数。分裂结点的候选项集是很关键的一步，这是 XGBoost 算法可以快速计算的保证。

12.1.2　实验步骤

1. 总体设计方案

总体设计方案如图 12-5 所示。首先对数据进行预处理，使用 Python 对缺失值进行填充，将数据和标签分离。利用 PCA 将数据降维到 21 组特征。利用互信息特征选择算法，实现互信息特征选择，将特征列与标签列进行互信息计算，挑选出 21 组特征。对处理好的数据，使用决策树、XGBoost 算法进行分类。最后得到分类结果，并进行分析。

2. 决策树实现流程

决策树实现流程如图 12-6 所示。

XGBoost 实现流程如图 12-7 所示。

12.1.3　实验结果

1. 源程序清单

```
"""
数据预处理
"""
import pandas as pd
import matplotlib.pyplot as plt
import numpy as np
```

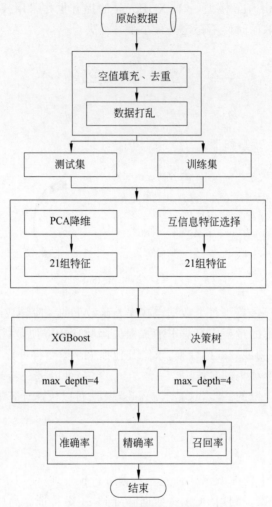

图 12-5 总体设计方案

```
from pylab import mpl
mpl.rcParams['font.sans-serif']=['SimHei']                    #修改为中文字体
#导入数据
data = pd.read_csv("creditcard.csv")
data.head()
#标准化处理
from sklearn.preprocessing import StandardScaler
data['normAmount'] = StandardScaler().fit_transform(data['Amount'].values.
reshape(-1, 1))
data = data.drop(['Time','Amount'],axis=1)
data.head()
#样本不平衡
count_classes = pd.value_counts(data['Class'], sort = True).sort_index()
#查看 Class 字段值的类别
```

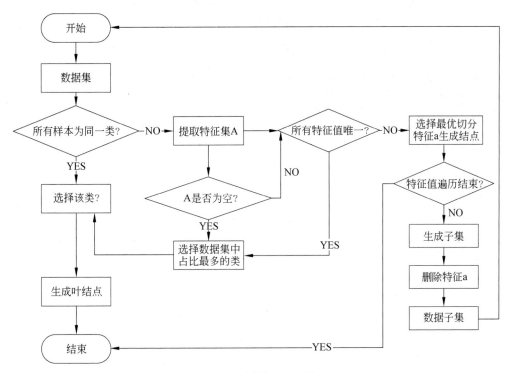

图 12-6 决策树实现流程

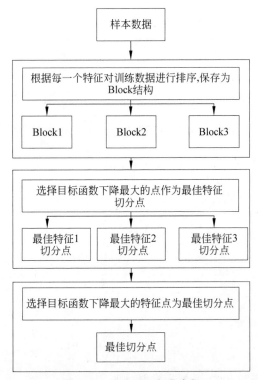

图 12-7 XGBoost 实现流程

```
count_classes.plot(kind = 'bar',rot=0)
plt.xlabel("Class")
plt.ylabel("频数")
for a, b in zip(count_classes.index, count_classes.values):
    plt.text(a, b,b,ha='center', va='bottom', fontsize=10)


"""模型训练"""
#欠采样平衡样本
X = data.loc[:, data.columns != 'Class']                        #特征变量数据集
y = data.loc[:, data.columns == 'Class']                        #响应变量数据集


number_records_fraud = len(data[data.Class == 1])               #欺诈记录的数量
fraud_indices = np.array(data[data.Class == 1].index)           #欺诈记录的索引
normal_indices = data[data.Class == 0].index                    #正常记录的索引


#从正常记录中随机抽取与欺诈记录相同数量的数据
random_normal_indices = np.random.choice(normal_indices, number_records_
fraud, replace = False)
random_normal_indices = np.array(random_normal_indices)
under_sample_indices = np.concatenate([fraud_indices,random_normal_indices])
                                            #将正常记录索引和欺诈记录索引合并


under_sample_data = data.iloc[under_sample_indices,:]   #下采样得到的样本数据
X_undersample = under_sample_data.iloc[:, under_sample_data.columns != 'Class']
                                            #下采样的特征变量数据集
y_undersample = under_sample_data.iloc[:, under_sample_data.columns == 'Class']
                                            #下采样的相应变量数据集


print("正常交易的数量占比: ", len(under_sample_data[under_sample_data.Class ==
0])/len(under_sample_data))
print("欺诈交易的数量占比 ", len(under_sample_data[under_sample_data.Class ==
1])/len(under_sample_data))
print("下采样的交易数据数量: ", len(under_sample_data))
from sklearn.model_selection import train_test_split
#将整个样本数据集划分为训练数据集和测试数据集
##test_size=0.3,表示测试数据集占总样本数据集的30%
X_train, X_test, y_train, y_test = train_test_split(X,y,test_size = 27/28,
random_state = 0)
print("训练数据集长度: ", len(X_train))
print("测试数据集长度: ", len(X_test))
print("整个数据集长度: ", len(X_train)+len(X_test))


#将下采样数据集划分为训练数据集和测试数据集
X_train_undersample, X_test_undersample, y_train_undersample, y_test_
```

```
undersample = train_test_split(X_undersample

                ,y_undersample

                ,test_size = 0.3

                ,random_state = 0)
print("")
print("下采样训练数据集长度: ", len(X_train_undersample))
print("下采样测试数据集长度: ", len(X_test_undersample))
print("整个下采样数据集长度: ", len(X_train_undersample)+len(X_test_undersample))
"""
构建模型
"""
from sklearn.linear_model import LogisticRegression
from sklearn.model_selection import KFold, cross_val_score
from sklearn.metrics import confusion_matrix, recall_score, classification_
report

def printing_Kfold_scores(x_train_data, y_train_data):
    #k折交叉验证
    #会得到一个可迭代对象(可以用 for 循环遍历取出),可以遍历 5 次,每次遍历出来的会
    #是一个 2 值列表
    #存放每一次的训练集和验证集的索引
    fold = KFold(n_splits=5, shuffle=False)
    #不同的 C 参数
    c_param_range = [0.01, 0.1, 1, 10, 100]
    results_table = pd.DataFrame(index = range(len(c_param_range)), columns =
['C_parameter','Mean recall score'])
    results_table['C_parameter'] = c_param_range
    #k折操作将会给出两个列表:train_indices = indices[0], test_indices = indices[1]
    j = 0
    for c_param in c_param_range:
        print('-------------------------------------------')
        print('C parameter: ', c_param)
        print('-------------------------------------------')
        print('')
        recall_accs = []                        #存放召回率
        #enumerate 函数用于将一个可遍历的数据对象(如列表、元组或字符串)组合为一个
        #索引序列,同时列出数据和数据下标,一般用在 for 循环中
        for iteration, indices in enumerate(fold.split(x_train_data)):
            #把 c_param_range 代入逻辑回归模型中,并使用了 L1 正则化
            lr = LogisticRegression(C = c_param, penalty = 'l1', solver='liblinear')
            #使用 indices[0]的数据进行曲线拟合
```

```
            lr.fit(x_train_data.iloc[indices[0],:],y_train_data.iloc[indices
[0],:].values.ravel())                          #ravel 函数将多维数组转换为一维数组
            #在 indices[1]数据上预测值
            y_pred_undersample = lr.predict(x_train_data.iloc[indices[1],:].
values)
            #根据不同的 c_parameter 计算召回率
            recall_acc = recall_score(y_train_data.iloc[indices[1],:].values,
y_pred_undersample)
            recall_accs .append(recall_acc)
            print('Iteration ', iteration,': recall score = ', recall_acc)
        #求出想要的召回平均值
        results_table.loc[j,'Mean recall score'] = np.mean(recall_accs)
        j += 1
        print('')
        print('Mean recall score ', np.mean(recall_accs))
        print('')
    best_c = results_table.loc[results_table['Mean recall score'].values.
argmax()]['C_parameter']
    #最后选择最好的 C 参数
    print('*********************************************************************')
    print('Best model to choose from cross validation is with C parameter = ', best_c)
    print('*********************************************************************')
    return best_c
#下采样—训练数据集—召回率
best_c = printing_Kfold_scores(X_train_undersample,y_train_undersample)


#绘制混淆矩阵
import itertools
def plot_confusion_matrix(cm, classes, title='Confusion matrix',cmap=plt.cm.
Blues):
    '''这个方法用来输出和画出混淆矩阵'''
    #cm 为混淆矩阵数据,interpolation='nearest'使用最近邻插值,cmap 颜色图谱
    # (colormap), 默认绘制为 RGB(A)颜色空间
    plt.imshow(cm,interpolation='nearest',cmap=cmap)
    plt.title(title)
    plt.colorbar()
    tick_marks = np.arange(len(classes))
    #xticks(刻度下标,刻度标签)
    plt.xticks(tick_marks, classes, rotation=0)
    plt.yticks(classes)
    plt.ylim([1.5,-0.5])
    #text 命令可以在任意的位置添加文字
    thresh = cm.max() / 2
    for i, j in itertools.product(range(cm.shape[0]), range(cm.shape[1])):
```

```
        plt.text(j, i, cm[i, j],
                horizontalalignment="center",
                color="white" if cm[i, j] > thresh else "black")
    plt.tight_layout()                              #自动紧凑布局
    plt.ylabel('True label')
    plt.xlabel('Predicted label')
#计算模型指标
from sklearn.metrics import f1_score,precision_score,recall_score,roc_auc_
score,accuracy_score,roc_curve
def metrics_score(y_test,y_pred):
    Recall=recall_score(y_test,y_pred)             #召回率
    Pre=precision_score(y_test,y_pred)             #精确率
    F1_score=f1_score(y_test,y_pred)               #F1_score
    AUC=roc_auc_score(y_test,y_pred)               #AUC 面积
    return Recall,Pre,F1_score,AUC
#使用下采样数据进行训练
lr = LogisticRegression(C = best_c, penalty = 'l1',solver='liblinear')
lr.fit(X_train_undersample,y_train_undersample.values.ravel())
y_pred_undersample = lr.predict(X_test_undersample.values)
#计算混淆矩阵:使用下采样测试数据
cnf_matrix = confusion_matrix(y_test_undersample,y_pred_undersample)
np.set_printoptions(precision=2)                   #输出精度为保留小数点后两位

#画出非标准化的混淆矩阵
class_names = [0,1]
plt.figure()
plot_confusion_matrix(cnf_matrix,classes=class_names,title='Confusion matrix')
plt.show()

#计算指标得分
Recall, Pre, F1_score, AUC = metrics_score(y_test_undersample, y_pred_
undersample)
print(' 召回率:{:.2%} | 精确率:{:.2%} | F1_score:{:.2f} | AUC:{:.2f}'.format
(Recall,Pre,F1_score,AUC))
#ROC 曲线图
y_pred_proba=lr.predict_proba(X_test_undersample.values)
lr_fpr0,lr_tpr0,lr_thresholds0=roc_curve(y_test_undersample,y_pred_proba[:,1])
                                          #计算 AUC 的值,lr_thresholds 为阈值
plt.title("ROC 曲线(AUC={:.2f})".format(AUC))
plt.xlabel('误检率')
plt.ylabel('召回率')
plt.plot(lr_fpr0,lr_tpr0)
plt.show()
lr = LogisticRegression(C=best_c, penalty='l1', solver='liblinear')
```

```python
lr.fit(X_train_undersample, y_train_undersample.values.ravel())
y_pred_undersample_proba = lr.predict_proba(X_test_undersample.values)
thresholds = [0.1, 0.2, 0.3, 0.4, 0.5, 0.6, 0.7, 0.8, 0.9]
plt.figure(figsize=(10, 10))
j = 1
for i in thresholds:
    y_test_predictions_high_recall = y_pred_undersample_proba[:, 1] > i
    plt.subplot(3, 3, j)
    j += 1
    #计算混淆矩阵
    cnf_matrix = confusion_matrix(y_test_undersample, y_test_predictions_high_
recall)
    #输出精度为保留小数点后两位
    np.set_printoptions(precision=2)

    #画出非标准化的混淆矩阵
    class_names = [0, 1]
    plot_confusion_matrix(cnf_matrix, classes=class_names, title='Threshold
>= %s' % i)
    #计算指标得分
    Recall, Pre, F1_score, AUC = metrics_score(y_test_undersample, y_test_
predictions_high_recall)
    print('阈值:{} | 召回率:{:.2%} | 精确率:{:.2%} | F1_score:{:.2f} AUC{:.2f}'.
format(i, Recall, Pre, F1_score, AUC))
lr = LogisticRegression(C = best_c, penalty = 'l1',solver='liblinear')
lr.fit(X_train_undersample,y_train_undersample.values.ravel())
y_pred = lr.predict(X_test.values)
#计算混淆矩阵
cnf_matrix = confusion_matrix(y_test,y_pred)
#输出精度为保留小数点后两位
np.set_printoptions(precision=2)
np.set_printoptions(precision=2)
Recall=cnf_matrix[1,1]/(cnf_matrix[1,0]+cnf_matrix[1,1])          #召回率
Pre=cnf_matrix[1,1]/(cnf_matrix[0,1]+cnf_matrix[1,1])            #精确率
F1_score=2 * Recall * Pre/(Recall+Pre)                          #F1_score
print('召回率:{:.2%}'.format(cnf_matrix[1,1]/(cnf_matrix[1,0]+cnf_matrix[1,
1])), '|',
      '精确率:{:.2%}'.format(cnf_matrix[1,1]/(cnf_matrix[0,1]+cnf_matrix[1,
1])),'|',
      'F1_score:{:.2%}'.format(F1_score))
#画出非标准化的混淆矩阵
class_names = [0,1]
plt.figure()
plot_confusion_matrix(cnf_matrix,classes=class_names,title='Confusion matrix')
```

```
plt.show()
#使用原始数据进行交叉验证
best_c2 = printing_Kfold_scores(X_train,y_train)
lr = LogisticRegression(C = best_c2, penalty = 'l1',solver='liblinear')
lr.fit(X_train,y_train.values.ravel())
y_pred_undersample = lr.predict(X_test.values)
#计算混淆矩阵
cnf_matrix = confusion_matrix(y_test,y_pred_undersample)
np.set_printoptions(precision=2)                        #输出精度为保留小数点后两位
#画出混淆矩阵图
class_names = [0,1]
plt.figure()
plot_confusion_matrix(cnf_matrix
                    , classes=class_names
                    , title='Confusion matrix')
plt.show()
#计算指标得分
Recall,Pre,F1_score,AUC=metrics_score(y_test,y_pred_undersample)
print(' 召回率:{:.2%} | 精确率:{:.2%} | F1_score:{:.2f} | AUC:{:.2f}'.format
(Recall,Pre,F1_score,AUC))
#画出 ROC 曲线
y_pred_proba=lr.predict_proba(X_test.values)
lr_fpr,lr_tpr,lr_threasholds=roc_curve(y_test,y_pred_proba[:,1])
                                        #计算 AUC 的值,lr_threasholds 为阈值
plt.title("ROC 曲线(AUC={:.2f})".format(AUC))
plt.xlabel('误检率')
plt.ylabel('召回率')
plt.plot(lr_fpr,lr_tpr)
plt.show()


#导入相关库
import pandas as pd
import numpy as np
import matplotlib.pyplot as plt
from imblearn.over_sampling import SMOTE
from sklearn.model_selection import KFold, cross_val_score
from sklearn.ensemble import RandomForestClassifier    #随机森林分类器
from sklearn.metrics import confusion_matrix
from sklearn.model_selection import train_test_split
from sklearn.metrics import confusion_matrix,recall_score,classification_
report
from sklearn.linear_model import LogisticRegression
from pylab import mpl
mpl.rcParams['font.sans-serif']=['SimHei']             #修改为中文字体
```

```python
#导入数据
credit_cards=pd.read_csv('creditcard.csv')
columns=credit_cards.columns

features_columns=columns.delete(len(columns)-1)
                                          #为了获得特征列,移除最后一列标签列
features = credit_cards[features_columns]          #特征数据
labels=credit_cards['Class']                       #响应变量

#划分训练集和测试集
features_train, features_test, labels_train, labels_test = train_test_split
(features, labels, test_size=27/28, random_state=0)
#过采样
oversampler = SMOTE(random_state=0)
os_features, os_labels = oversampler.fit_resample(features_train, labels_
train)
print('过采样后 1 的样本的个数为:',len(os_labels[os_labels==1]))
os_features = pd.DataFrame(os_features)            #特征数据
os_labels = pd.DataFrame(os_labels)               #响应变量
def printing_Kfold_scores(x_train_data,y_train_data):
    #k折交叉验证
    #会得到一个可迭代对象(可以用 for 循环遍历取出),可以遍历 5 次,每次遍历出来的会
    #是一个 2 值列表
    #存放每一次的训练集和验证集的索引
    fold = KFold(n_splits=5,shuffle=False)
    #不同的 C 参数
    c_param_range = [0.01,0.1,1,10,100]
    results_table = pd.DataFrame(index = range(len(c_param_range)), columns =
['C_parameter','Mean recall score'])
    results_table['C_parameter'] = c_param_range
    #k折操作将会给出两个列表:train_indices = indices[0], test_indices = indices[1]
    j = 0
    for c_param in c_param_range:
        print('-------------------------------------------')
        print('C parameter: ', c_param)
        print('-------------------------------------------')
        print('')
        recall_accs = []                          #存放召回率
        #enumerate 函数用于将一个可遍历的数据对象(如列表、元组或字符串)组合为一个
        #索引序列,同时列出数据和数据下标,一般用在 for 循环中
        for iteration,indices in enumerate(fold.split(x_train_data)):
            #把 c_param_range 代入逻辑回归模型中,并使用了 L1 正则化
            lr = LogisticRegression(C = c_param,penalty = 'l1',solver='liblinear')
            #使用 indices[0]的数据进行曲线拟合
```

```
            lr.fit(x_train_data.iloc[indices[0],:],y_train_data.iloc[indices
[0],:].values.ravel())                    #ravel 将多维数组转换为一维数组
            #在 indices[1]数据上预测值
            y_pred_undersample = lr.predict(x_train_data.iloc[indices[1],:].
values)
            #根据不同的 C 参数计算召回率
            recall_acc = recall_score(y_train_data.iloc[indices[1],:].values,
y_pred_undersample)
            recall_accs .append(recall_acc)
            print('Iteration ', iteration,': recall score = ', recall_acc)
        #求出想要的召回平均值
        results_table.loc[j,'Mean recall score'] = np.mean(recall_accs)
        j += 1
        print('')
        print('Mean recall score ', np.mean(recall_accs))
        print('')
    best_c = results_table.loc[results_table['Mean recall score'].values.
argmax()]['C_parameter']
    #最后选择最好的 C 参数
    print('*************************************************************************')
    print('Best model to choose from cross validation is with C parameter = ', best_c)
    print('*************************************************************************')
    return best_c
best_c = printing_Kfold_scores(os_features,os_labels)

lr = LogisticRegression(C = best_c, penalty = 'l1',solver='liblinear')
lr.fit(os_features,os_labels.values.ravel())
y_pred = lr.predict(features_test.values)
#计算混淆矩阵
cnf_matrix = confusion_matrix(labels_test,y_pred)
np.set_printoptions(precision=2)
#画出非规范化的混淆矩阵
import itertools
class_names = [0,1]
plt.figure()
def plot_confusion_matrix(cm, classes, title='Confusion matrix', cmap=plt.cm.
Blues):
    '''这个方法用来输出和画出混淆矩阵'''
    #cm 为混淆矩阵数据,interpolation='nearest'使用最近邻插值,cmap 颜色图谱
    #(colormap), 默认绘制为 RGB(A)颜色空间
    plt.imshow(cm,interpolation='nearest',cmap=cmap)
    plt.title(title)
    plt.colorbar()
    tick_marks = np.arange(len(classes))
```

```
#xticks(刻度下标,刻度标签)
plt.xticks(tick_marks, classes, rotation=0)
plt.yticks(classes)
plt.ylim([1.5,-0.5])
#text命令可以在任意的位置添加文字
thresh = cm.max() / 2
for i, j in itertools.product(range(cm.shape[0]), range(cm.shape[1])):
    plt.text(j, i, cm[i, j],
            horizontalalignment="center",
            color="white" if cm[i, j] > thresh else "black")
plt.tight_layout()                               #自动紧凑布局
plt.ylabel('True label')
plt.xlabel('Predicted label')
plot_confusion_matrix(cnf_matrix
                    , classes=class_names
                    , title='Confusion matrix')
plt.show()
#计算指标得分
from sklearn.metrics import f1_score,precision_score,recall_score,roc_auc_
score,accuracy_score,roc_curve
def metrics_score(y_test,y_pred):
    Recall=recall_score(y_test,y_pred)          #召回率
    Pre=precision_score(y_test,y_pred)          #精确率
    F1_score=f1_score(y_test,y_pred)            #F1_score
    AUC=roc_auc_score(y_test,y_pred)            #AUC面积
    return Recall,Pre,F1_score,AUC
Recall,Pre,F1_score,AUC=metrics_score(labels_test,y_pred)
print('召回率:{:.2%} | 精确率:{:.2%} | F1_score:{:.2f} | AUC:{:.2f}'.format
(Recall,Pre,F1_score,AUC))
#画出ROC曲线图
y_pred_proba=lr.predict_proba(features_test.values)
lr_fpr,lr_tpr,lr_thresholds=roc_curve(labels_test,y_pred_proba[:,1])
                                      #计算AUC的值,lr_thresholds为阈值
plt.title("ROC曲线(AUC={:.2f})".format(AUC))
plt.xlabel('误检率')
plt.ylabel('召回率')
plt.plot(lr_fpr,lr_tpr)
plt.show()
```

2. 程序结果

将原始数据经过数据清洗、归一化等预处理操作后,使用 XGBoost 和决策树分类模型进行预测,其分类结果如图 12-8 所示(彩图可扫描图右侧二维码获取)。对比发现,XGBoost 预测结果更好,正类样本较负类样本分类结果略差。

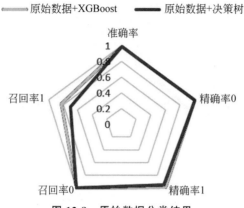

图 12-8　原始数据分类结果

将原始数据经过数据清洗、归一化等预处理操作后,使用 PCA 进行降维,提取特征,之后使用 XGBoost 和决策树分类模型进行预测,其分类结果如图 12-9 所示(彩图可扫描图右侧二维码获取)。对比发现,XGBoost 预测结果更好,正类样本较负类样本分类结果略差。

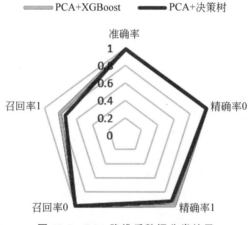

图 12-9　PCA 降维后数据分类结果

将原始数据经过数据清洗、归一化等预处理操作后,使用互信息特征选择法,挑选与标签互信息最大的 21 组特征,之后使用 XGBoost 和决策树分类模型进行预测,其分类结果如图 12-10 所示(彩图可扫描图左侧二维码获取)。对比发现,两种模型预测结果相似,正类样本较负类样本分类结果略差。

12.1.4　实验总结

在实验过程中由于数据没有归一化处理,导致分类效果较差。为了处理这个问题,首先需要平衡分类数据,用召回率、F1-score 等作为评价指标。一般来说,使用 PCA 算法进行降维的时候,可以考虑使用零均值标准化方法将原始数据集归一化为均值为 0、方差为 1 的数据集。在本实验的数据预处理中,使用 PCA 算法对缺失值填充并对数据进行降维,

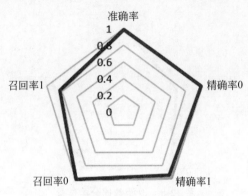

图 12-10　互信息特征选择后分类结果

提取数据的主要特征分量。

实验过程按照以下步骤进行。

（1）设有 m 条 n 维数据，将原始数据按列组成 n 行 m 列矩阵 $\boldsymbol{X}$。

（2）将 $\boldsymbol{X}$ 的每一行进行零均值化，即减去这一行的均值。

（3）求出协方差矩阵的特征值及对应的特征向量。

（4）将特征向量按对应特征值大小从上到下按行排列成矩阵，取前 k 行组成矩阵 $\boldsymbol{PY}=\boldsymbol{PX}$，即为降维到 k 维后的数据。

实验过程中总结出的 PCA 算法的性质如下。

（1）缓解维度灾难。

（2）PCA 算法通过舍去一部分信息之后能使得样本的采样密度增大（因为维数降低了），这是缓解维度灾难的重要手段。

（3）降噪：当数据受到噪声影响时，最小特征值对应的特征向量往往与噪声有关，将它们舍弃能在一定程度上起到降噪的效果。

（4）过拟合：PCA 保留了主要信息，但这个主要信息只是针对训练集的，而且这个主要信息未必是重要信息。有可能舍弃了一些看似无用的信息，但是这些看似无用的信息恰好是重要信息，只是在训练集上没有很大的表现，所以 PCA 也可能加剧了过拟合。

（5）特征独立：PCA 不仅将数据压缩到低维，也使得降维之后的数据各特征相互独立。

实验后总结的 PCA 的缺点如下：主成分解释其含义往往具有一定的模糊性，不如原始样本完整；贡献率小的主成分往往可能含有对样本差异的重要信息；特征值矩阵的正交向量空间是否唯一有待讨论。

对处理好的数据进行分类，使用了决策树和 XGBoost 算法。从决策树算法的维度剖析 XGBoost，它本质上属于树状算法，可以说决策树是 XGBoost 的基础。决策树算法简单易懂、可解释性强，但是过拟合的风险很大，应用场景有限。进一步地，随机森林基于决策树的实现，采用 Bagging 采样＋随机属性选择＋模型集成的方法一定程度上解决了决策树容易过拟合的问题，但是牺牲了可解释性。在此基础上，出现了 GBDT 算法，GBDT

融合 Boosting 的思想建立树与树之间的联系,使森林不再是互相独立的树存在,进而成为一种有序集体决策体系。XGBoost 更进一步,是 GBDT 类算法中的佼佼者。它将每轮迭代的目标函数中加入正则项,进一步降低过拟合的风险,相对于 GBDT 启发式的迭代原则,XGBoost 的优化准则完全基于目标函数的最小化推导,并采用了二阶泰勒展开,使自定义损失函数成为可能。除此之外,XGBoost 同样继承了随机采样、随机属性选择、学习率等算法实用技巧,与此同时,实现了属性计算级别的并行化。

12.2　案例 12-2:房价租金预测

北京计开公司的房屋销售部,为了能够在客户出租房屋时,第一时间给出合理的租金价格,现对房屋租住市场进行调研,得到租房价格数据集。租房价格可以根据房间规格(面积、房间数、租赁方式等),在已有的市场价格数据集里查找相近规格的房子,并给出相似户型的房租价格。数据格式示例如表 12-2 所示。

表 12-2　案例 12-2 数据格式示例

序号	区域	房屋楼层	卧室	客厅	卫生间	电梯	面积(m²)	租金(元)
1	7	0	3	1	1	0	81	2200
2	1	2	1	1	1	0	60	4200
3	8	1	2	1	1	1	78	4300
⋮								

其中,"区域"中的 0 表示东城区,1 表示西城区,2 表示朝阳区,3 表示丰台区,4 表示石景山区,5 表示海淀区,6 表示门头沟区,7 表示房山区,8 表示通州区,9 表示顺义区,10 表示昌平区,11 表示大兴区,12 表示怀柔区,13 表示平谷区,14 表示密云区,15 表示延庆区;"房屋楼层"中 0 表示低楼层,1 表示中楼层,2 表示高楼层;"电梯"中 0 表示没有电梯,1 表示有电梯。

接下来需要根据已有的 3330 条房租信息,建造符合上述数据格式的数据模型,并对剩下的数据进行房租价格预测。

12.2.1　实验原理

1. 数据预测方法

梯度下降法简单来说就是一种寻找目标函数最小化的方法。从数学的角度来看,梯度的方向是函数增长速度最快的方向,那么梯度的反方向就是函数减少最快的方向。那么,如果想计算一个函数的最小值,就可以使用梯度下降法的思想。假设希望求解目标函数 $f(\boldsymbol{x})=f(x_1,\cdots,x_n)$ 的最小值,可以从一个初始点 $\boldsymbol{x}^{(0)}=(x_1^{(0)},\cdots,x_n^{(0)})$ 开始,基于学习率 $\eta>0$ 构建一个迭代过程:当 $i\geqslant0$ 时,计算: $x_1^{(i+1)}=x_1^{(i)}-\eta\cdot\dfrac{\partial f}{\partial x_1}(\boldsymbol{x}^{(i)}),\cdots,$ $x_n^{(i+1)}=x_n^{(i)}-\eta\cdot\dfrac{\partial f}{\partial x_n}(\boldsymbol{x}^{(i)})$ 。

其中，$\boldsymbol{x}^{(i)} = (x_1^{(i)}, \cdots, x_n^{(i)})$，一旦达到收敛条件的话，迭代就结束。从梯度下降法的迭代公式来看，下一个点的选择与当前点的位置及它的梯度相关。反之，如果要计算函数 $f(x) = f(x_1, \cdots, x_n)$ 的最大值，沿着梯度的反方向前进即可，也就是说：$x_1^{(i+1)} = x_1^{(i)} + \eta \cdot \dfrac{\partial f}{\partial x_1}(x^{(i)}), \cdots, x_n^{(i+1)} = x_n^{(i)} + \eta \cdot \dfrac{\partial f}{\partial x_n}(x^{(i)})$。

其中，$x^{(i)} = (x_1^{(i)}, \cdots, x_n^{(i)})$。从整体来看，无论是计算函数的最大值或者最小值，都需要构建一个迭代关系 g 的函数：

$$x^{(0)} \xrightarrow{g} x^{(1)} \xrightarrow{g} x^{(2)} \xrightarrow{g} \cdots$$

也就是说，对于所有的 $i \geqslant 0$，都满足迭代关系 $x^{(i+1)} = g(x^{(i)})$。所以，在以上的两个方法中，可以写出函数 g 的表达式为

$$g(x) = \begin{cases} x - \eta \, \nabla f(x) & \text{梯度下降法} \\ x + \eta \, \nabla f(x) & \text{梯度上升法} \end{cases}$$

随机梯度下降法是在梯度下降法的基础上展开的，在每次更新时用一个样本，"随机"就是用样本中的一个例子来近似所有样本用于调整 θ，因而随机梯度下降方法计算得到的并不是准确的一个梯度。对于最优化问题、凸问题，虽然不是每次迭代得到的损失函数都向着全局最优方向，但是大的、整体的方向是向全局最优解的，最终的结果往往是在全局最优解附近。相比于批量梯度等其他梯度下降法得到的结果，这样的方法更快收敛，虽然不是全局最优，但是其结果在可以控制的范围之内。其算法如图 12-11 所示。

Algorithm 1 随机梯度下降法

Require: 学习率 η 和初始参数 θ

  repeat

    从训练集中选择 m 个样本 $\{x^{(1)}, \cdots, x^{(n)}\}$，其中 $x^{(i)}$ 所对应的目标为 $y^{(i)}$;

    梯度计算: $g \leftarrow \nabla_\theta \sum_i L(f(x^{(i)}; \theta), y^{(i)})/m$;

    参数更新: $\theta \leftarrow \theta - \eta g$。

  until 达到收敛条件

图 12-11　随机梯度下降法

其公式更新如下：

Loop{

    for i=1 to m,{

        $\theta_j := \theta_j + \alpha(y^{(i)} - h_\theta(x^{(i)}))x_j^{(i)}$　(for every j).

    }

}

给定学习率或步长，在样本函数上通过一定的学习率，不断迭代与计算，从而得到函数的梯度，函数的计算范围为该起始点与目标点的距离。当该函数在目标距离上移动时，该函数与目标距离上的某点沿着梯度方向最陡时，也就是变化率最快时，则该点处的梯度为函数上升得最快的方向，沿着梯度方向就能找到最大值。本案例研究的是最小房价，所以应该是沿着梯度相反的方向，最后得出最小损失函数和迭代次数等相关参数。此处用

到的是随机梯度下降法,因为用于房屋价格预测的数据集较少,样本数据不具有更大的说明性,所以采用随机梯度法。该方法就是在抽取训练用的数据时随机选择 mini batch(小批量)数据。随机梯度下降法一般由名为 SGD(Stochastic Gradient Descent,随机梯度下降)的函数来实现。首先通过回归分析确定影响房价因素自变量与房价本身因变量之间的关系,确定函数曲线。通过在训练集上训练,得出模型,在测试集上测试,完成房价预测。

特征缩放以及均值归一化的方法都是为了保证特征的取值在合适的范围内。其中,特征缩放大致的思路是这样的:梯度下降算法中,在有多个特征的情况下,如果能确保这些不同的特征都处在一个相近的范围,梯度下降法就能更快地收敛。执行特征缩放时,通常的目的是将特征的取值约束到 $[-1,1]$。其中,特征 x_0 总是等于 1,因此这已经是在这个范围内了,但对于其他的特征,可能需要通过除以不同的数来让它们处于同一范围内。除了在特征缩放中将特征除以最大值以外,有时候可以进行均值归一化。如果有一个特征 x_i,就用 $x_i - u_i$ 来替换。这样做的目的是让特征值具有为 0 的平均值。特征缩放其实并不需要太精确,目的是让梯度下降能够运行得更快,让梯度下降收敛所需的循环次数更少。

2. 数据预处理方法

1)独热编码

独热编码,即 one-hot 编码,又称为一位有效编码,其方法是使用 N 位状态寄存器来对 N 个状态进行编码,每个状态都有它独立的寄存器位,并且在任意时候,其中只有一位有效。对于每一个特征,如果它有 m 个可能值,那么经过独热编码后,就变成了 m 个二元特征(如成绩这个特征由好、中、差变成 one-hot 就是 100,010,001)。并且,这些特征互斥,每次只有一个激活。因此,数据会变成稀疏的。独热编码大部分算法是基于向量空间中的度量来进行计算的,为了使非偏序关系的变量取值不具有偏序性,并且到圆点是等距的。使用 one-hot 编码,将离散特征的取值扩展到了欧氏空间,离散特征的某个取值就对应欧氏空间的某个点。将离散型特征使用 one-hot 编码,会让特征之间的距离计算更加合理。离散特征进行 one-hot 编码后,编码后的特征,其实每一维度的特征都可以看作连续的特征。就可以跟对连续型特征的归一化方法一样,对每一维特征进行归一化。如归一化到 $[-1,1]$ 或归一化到均值为 0,方差为 1。由于独热编码的值只有 0 和 1,不同的类型存储在垂直的空间,解决了分类器不好处理属性数据的问题,在一定程度上也起到了扩充特征的作用。

2)LabelEncoder 标签编码

在数据处理过程中,有时需要对不连续的数字或者文本进行数字化处理。在使用 Python 进行数据处理时,用编码器来转化虚拟数据非常简便,编码器可以将数据集中的文本转化成 0 或 1 的数值。而 LabelEncoder 是 scikit-learn 包中的一个功能,可以实现上述的转化过程。

在使用回归模型和机器学习模型时,所有的考查数据都是数值更容易得到好的结果。因为回归和机器学习都是基于数学函数方法的,所以当我们要分析的数据集中出现了类别数据(categorical data),此时的数据是不理想的,因为不能用数学的方法处理它们。例如,在处理男和女两个性别数据时,可以用 0 和 1 代替,再进行分析。由于这种情况的出现,我们需要可以将文字数字化的现成方法。所以,可以使用 LabelEncoder 将一列文本数据转化成数值。

12.2.2 实验结果

1. 源程序清单

```
import pandas as pd
import re
import numpy as np
import seaborn as sns
from keras import Sequential
from keras.layers import Dense, Dropout
from matplotlib import pyplot as plt
from matplotlib.font_manager import FontProperties
from sklearn.model_selection import StratifiedShuffleSplit
from sklearn.preprocessing import LabelEncoder, StandardScaler, OneHotEncoder
from tensorflow import keras

def makeModel():
    '''
    函数说明:
        搭建全连接模型
    ---------------
    参数:
        无
    ---------------
    返回值:
        model:Sequential List 类型,为 Keras 模型列表
    '''
    #定义一个模型容器
    model = Sequential()
    #添加一个输出维度为 120 的全连接层,激活函数为 ReLU,并使用归一化
    model.add(Dense(120, activation='relu',
                kernel_initializer='he_normal',
                input_shape=(X_train.shape[1],)))
    #添加一个随机 0.2 的 Dropout①,防止过拟合
```

① Dropout 正则化是最简单的神经网络正则化方法。它不改变网络本身,而是随机地删除网络中的一般隐藏的神经元,并且让输入层和输出层的神经元保持不变。每次使用梯度下降时,只使用随机的一般神经元进行更新权值和偏置,因此神经网络是在一半的隐藏神经元被丢弃的情况下学习的。可以理解为,当 Dropout 不同神经元集合时,有点像在训练不同的神经网络。而不同的神经网络会以不同的方式过拟合,所以 Dropout 就类似于不同的神经网络以投票的方式降低过拟合。

随机 0.2 表示在每个权重更新周期中,按照给定概率(20%),随机选择要丢弃的结点,以实现 Dropout。

```
    model.add(Dropout(0.2))
    #添加一个维度为 120 的全连接层,激活函数为 ReLU,并使用归一化
    model.add(Dense(120, activation='relu',
                    kernel_initializer='he_normal'))
    #添加一个随机 0.2 的 Dropout,防止过拟合
    model.add(Dropout(0.2))
    #添加一个输出维度为 1 的全连接层作为最后一层
    model.add(Dense(1))
    #打印网络结构
    model.summary()
    return model


def get_num(row):
    '''
    函数说明:
        清洗数据,楼层、租期、面积都是字符串,提取出来,转换成数字类型
    --------------
    参数:
        row: DataFrame 类型,数据集中的每一行数据
    --------------
    返回值:
        row:DataFrame 类型,扩充抽取结果的数据集
    '''
    #通过正则表达式找到楼层
    floor = re.findall(r'\d+', row['楼层'])
    row['楼层'] = int(floor[0]) if floor else np.nan
    #通过正则表达式找到租期
    area = re.findall(r'\d+', row['租期'])
    row['租期'] = int(area[0]) if area else np.nan
    #通过正则表达式抽取面积
    mianji = re.findall(r'\d+', row['面积'])
    row['面积'] = int(mianji[0]) if mianji else np.nan
    return row


def get_house_type(row):
    '''
    函数说明:
        提取房型,即几室几厅几卫
    --------------
    参数:
        row: 见 get_num()
    --------------
    返回值:
        row:见 get_num()
```

```python
    '''
    #通过正则表达式抽取房屋类型
    room = re.findall(r'\d*室', row['房屋类型厅室'])
    #尝试通过正则表达式抽取几室几厅几卫
    try:
        #通过正则表达式抽取几室
        room_num = re.findall(r'\d+', room[0])
        row['室'] = int(room_num[0]) if room_num else np.nan
        #通过正则表达式抽取几厅
        hall = re.findall(r'\d+厅', row['房屋类型厅室'])
        hall_num = re.findall(r'\d+', hall[0])
        row['厅'] = int(hall_num[0]) if hall_num else np.nan
        #通过正则表达式抽取几卫
        rest_room = re.findall(r'\d+卫', row['房屋类型厅室'])
        rest_room_num = re.findall(r'\d+', rest_room[0])
        row['卫'] = int(rest_room_num[0]) if rest_room_num else np.nan
    #如果有问题则报索引错误
    except IndexError:
        pass
    return row


def main():
    '''
    函数说明:
        主函数,读取文件、数据处理、训练模型
    ---------------
    参数:
        无
    ---------------
    返回值:
        history: 训练结果模型
    '''
    #读取文件
    data = pd.read_csv("房租信息.csv", encoding='ANSI')
    #首先看数据类型
    data.info()
    #对 data 使用 get_sum() 函数调用
    data = data.apply(get_num, axis=1)
    #对 data 使用 get_house_type() 函数调用
    data = data.apply(get_house_type, axis=1)
    #提取所属区
    data['区'] = data['区域'].map(lambda x: x.split(' ')[0])
    #提取朝向
    data['东'] = data.朝向.map(lambda x: 1 if '东' in x else 0)
```

```python
data['西'] = data.朝向.map(lambda x: 1 if '西' in x else 0)
data['南'] = data.朝向.map(lambda x: 1 if '南' in x else 0)
data['北'] = data.朝向.map(lambda x: 1 if '北' in x else 0)
#存储整理后的数据到 data.csv 文件
save = pd.DataFrame(data)
save.to_csv('data.csv', encoding='ANSI')
#输出租金
print(data.corr()["租金"].sort_values(ascending=False))
#价格与面积线性相关系数较高,而面积则与房间数息息相关
model_data = data
#训练集拆分为数值型、分类型、文本型 3 类特征
num = model_data[['面积', '室', '厅', '卫', '楼层']]
onehot = model_data[['区', '朝向', '房屋类型精装修', '燃气', '采暖', '用水',
'用电', '电梯', '车位', '入住', '租期', '付款方式']]
#声明一个标准化工具
scaler = StandardScaler()
#将 num 拟合然后转换为标准形式
data_num = scaler.fit_transform(num)
#将租金作为预测目标,并将类型转换为 numpy,单位为万
y_data = model_data['租金'].to_numpy() / 10000
#y_data = (y_data - y_data.min()) / (y_data.max() - y_data.min())  #normalized
#分类变量 OneHotEncoder 编码
enc = OneHotEncoder(sparse=False)
#将 onehot 编码拟合然后转换为标准形式
data_onehot = enc.fit_transform(onehot)
#拼接 data_num 和 data_onehot
X_data = np.concatenate((data_num, data_onehot), axis=1)
#使用 0 代替数据集中的空值和 nan
X_data = np.nan_to_num(X_data)
#拆分数据集
model_data['面积'].hist(bins=1000)
plt.xlim(0, 200)
#plt.show()
#为了减少抽样的不均匀,采用分层随机抽样,由于房租与面积最相关,按照面积将数据集
#拆分为 4 层
model_data['area_cut'] = pd.cut(model_data['面积'], [0, 50, 100, 150, np.inf], labels=False)
model_data['area_cut'].hist()
#定义一个分层抽样工具
sss = StratifiedShuffleSplit(n_splits=1, random_state=27)
#对数据集分层抽样
for train_index, test_index in sss.split(model_data, model_data['area_cut']):
    X_train = X_data[train_index]
    y_train = y_data[train_index]
```

```
        X_test = X_data[test_index]
        y_test = y_data[test_index]
    model = makeModel()
    #批大小设置为 128
    batch_size = 128
    #最大训练 10000 轮
    epochs = 10000
    #初始化 RMSprop 优化器
    opt = keras.optimizers.RMSprop(learning_rate=0.0001, decay=1e-6)
    #利用 RMSprop 来训练模型
    model.compile(loss='mae', optimizer='RMSprop', metrics=['mae'])
    #开始拟合
    history = model.fit(X_train, y_train,
                        batch_size=batch_size,
                        epochs=epochs,
                        validation_data=(X_test, y_test),
                        shuffle=True)
    #保存模型参数
    model.save("my_model")
    return history


def plot(history):
    '''
    函数说明：
        绘制结果
    ---------------
    参数：
        history:见 main()
    ---------------
    返回值：
        无
    '''
    #读取字体
    font = FontProperties(fname=r"simsun.ttf")
    #绘制训练轮数-MSE 的曲线图
    plt.cla()
    plt.plot(history.history['mae'])
    plt.plot(history.history['val_mae'])
    plt.title('Model ACC')
    plt.ylabel('MSE')
    plt.xlabel('Epoch')
    plt.legend(['Train', 'Test'])
    plt.savefig('平均绝对误差.jpg')
    plt.show()
```

```
#测试结果效果图
pred = model.predict(X_test)
plt.plot(y_test * 10000, label='True')
plt.plot(pred * 10000, label='Predict')
plt.legend()
plt.savefig('预测效果.jpg')
#plt.show()
#绘制测试散点图
fig, ax = plt.subplots(figsize=(10, 10))
sns.regplot(x=y_test * 10000, y=pred * 10000, ax=ax)
ax.set_xlabel('True')
ax.set_ylabel('Predict')
plt.show()
fig.savefig('预测值散点图.jpg')

if __name__ == '__main__':
    history = main()
    plot(history)
```

2. 进行实验结果分析

呈现的数据结果如图 12-12～图 12-14 所示,彩图可扫描二维码获取。

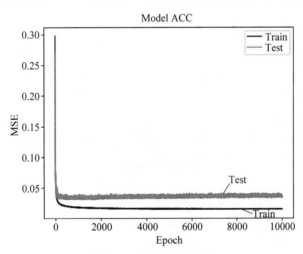

图 12-12　平均绝对误差

12.2.3　实验总结

本实验中,从提供的房源信息中,挑选出房屋面积、房屋所属区、房屋朝向、房屋卧室数量等特征,首先对数据进行可视化统计分析,对这些特征对于最终房租价格的影响进行了相关分析。对这些代表因素进行相关分析后可以发现,房屋租赁价格与房屋面积、房屋卧室数量等特征存在着高度关联,而与某些特征关联性不大。由此可见,房租价格的影响

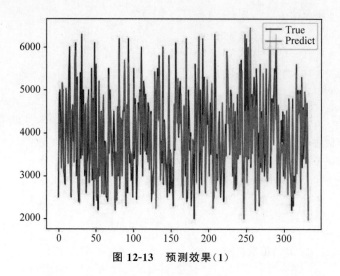

图 12-13　预测效果（1）

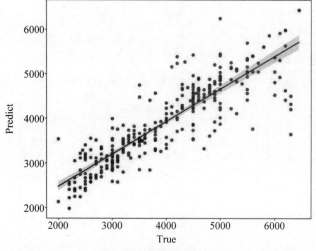

图 12-14　预测效果（2）

因素与给出的各类特征之间关联性并不相同。本实验要做的正是通过这些数据寻找出各个特征对房屋价格的关联性大小，并根据数据最终实现房屋价格的预测。

在房屋价格预测方法部分，经过查阅资料，常用于房屋价格预测的算法包括 BP（反馈）神经网络、多项式回归、随机森林、人工神经网络、遗传算法、灰色理论、逻辑向归等，还可以通过最小二乘法进行模型拟合，从而确定基本的影响要素，然后利用分析后得到的数据，各自进行 BP 神经网络、灰色神经网络和支持向量机（SVM）算法的拟合。随着人工智能的迅速发展，已经可以采用拟合效果更优秀的 XGBoost、支持向量回归（SVR）等机器学习算法对房屋租赁价格进行分析。本实验采用的是随机梯度下降法进行房屋价格的预测。

12.3 案例 12-3：金融客户贷款违约预测实例

北京计开公司的金融借贷部门，为了更好地管理用户的贷款情况，统计了如表 12-3 所示的客户贷款数据。该贷款违约数据，因为是客户个人的金融交易数据，所以进行了标准化和匿名处理，包括 200000 个样本的 800 个属性变量，每个样本之间互相独立。每个样本被标注为违约或未违约，如果是违约则同时标注损失，损失为 0～100，意味着贷款的损失率。未违约的损失率为 0，通过样本的属性变量值对个人贷款的违约损失进行预测建模。

表 12-3 客户贷款数据

ID	f1	f2	f3	...	f778	损失
1	126	10	0.686841901	...	5	0
2	121	10	0.782775931	...	5	1
⋮						

请对客户贷款数据集（test）中的 2500 条数据进行预测。

12.3.1 实验结果

源程序清单如下。

```
from cgi import test
import pandas as pd
import numpy as np
from sklearn.model_selection import train_test_split
from sklearn.preprocessing import StandardScaler
from sklearn.linear_model import LogisticRegression
from sklearn.metrics import classification_report

#加载训练集
cancer = pd.read_csv("train_v2.csv")
print(cancer.head(5))
cancer.replace(np.inf, 0)
cancer.replace('NA',0,inplace=True)
cancer.fillna(0)
print("特征值名称:", list(cancer.columns))
#提取特征值和目标值
feature = cancer[list(cancer.columns)[1:]]
target = cancer[list(cancer.columns)[-1]]
#将目标值进行 0、1 化
target[target>0]=1
#划分数据集
```

```python
x_train, x_test, y_train, y_test = train_test_split(feature, target, test_size=0.25)
x_train, x_val, y_train, y_val = train_test_split(x_train, y_train, test_size=0.25)
print("训练集:", x_train.shape, y_train.shape)
print("验证集:", x_val.shape, y_val.shape)
print("测试集:", x_test.shape, y_test.shape)

#标准化
std = StandardScaler()
x_train = std.fit_transform(x_train)
x_val = std.transform(x_val)
x_test = std.transform(x_test)
#数据清洗
x_train = np.nan_to_num(x_train)
x_val =  np.nan_to_num(x_val)
x_test =  np.nan_to_num(x_test)
#建立模型
lg = LogisticRegression()
#训练
lg.fit(x_train, y_train)
#验证
score_val = lg.score(x_val, y_val)
print("在验证集上的得分:", score_val)
#测试
score_test = lg.score(x_test, y_test)
print("在测试集上的得分:", score_test)
#预测
predict = lg.predict(x_test)
print(predict)

#加载测试集
df = pd.read_csv("test_v2.csv")
df = df.sample(2500)
#数据清洗
df.replace(np.inf, 0)
df.replace('NA', 0, inplace=True)
df.fillna(0)
#X 值读取值
test_feature = df[list(df.columns)[:]]
test_feature = test_feature.values
#标准化
test_feature = std.transform(test_feature)
#数据清洗
test_feature =  np.nan_to_num(test_feature)
#对测试集数据进行预测
```

```
test_predict = lg.predict(test_feature)
print(test_predict)
```

12.3.2　实验总结

本实验中,从提供的 800 个特征信息中,挑选出关联规则系数最大的 10 个特征,并对这些特征对最终是否违约的影响进行了相关分析。对这些代表因素进行相关分析后,通过选择存在高度关联的数据特征来进行预测。本实验正是通过找出这些数据,寻找出各个特征对最终结果的关联性大小,并根据数据最终实现是否违约的预测。

12.4　本 章 小 结

通过学习本章设置的 3 个应用实例,读者可以更好地理解数据挖掘技术在金融和商务智能领域的应用,同时还可以更好地巩固前文所学的机器学习算法的原理和代码逻辑,本章的 3 个实验有着不同的解决算法,读者学习完本书后,可以选择自己感兴趣的算法不断地练习 3 个实例,比较到底哪一个算法的性能更好,表现效果更好的原因是什么。

参 考 文 献

[1] 杨磊. 数字媒体技术概论[M]. 北京：中国铁道出版社，2017.

[2] 蔡晓妍，杨黎斌，张晓婷，等. 商务智能与数据挖掘[M].2 版.北京：清华大学出版社，2018.

[3] 鄂大伟. 软件工程[M]. 北京：清华大学出版社，2010.

[4] 王占波. BI：提升企业洞察力[J]. 中国计算机用户，2009,1：20-21.

[5] 黄卫东. 企业资源规划[M]. 2 版.北京：人民邮电出版社，2016.

[6] 张莉，班晓娟. 商务智能基础及应用[M]. 北京：化学工业出版社，2013.

[7] 薛云. 商务智能[M]. 北京：人民邮电出版社，2019.

[8] 廖开际. 数据仓库与数据挖掘[M]. 北京：北京大学出版社，2008.

[9] Han J W，Kamber M，Pei J. 数据挖掘：概念与技术[M]. 范明，孟小峰，译. 原书第 3 版.北京：机械工业出版社，2007.

[10] 赵泉. 信息检索[M]. 北京：机械工业出版社，2008.

[11] 向阳. 信息系统分析与设计[M]. 北京：机械工业出版社，2014.

[12] 王飞，刘国峰. 商业智能深入浅出——大数据时代下的架构规划与案例[M].2 版.北京：机械工业出版社，2014.

[13] 梅姝娥，陈伟达. 管理信息系统[M]. 2 版.北京：北京师范大学出版社，2008.

[14] 肖南峰. 企业信息化[M]. 北京：清华大学出版社，2011.

[15] 周志华. 机器学习[M]. 北京：清华大学出版社，2016.

[16] Harrington P. 机器学习实战[M]. 李锐，李鹏，曲亚东，等译.北京：人民邮电出版社，2013.

[17] Sharda R，Delen D，Turban E. 商务智能：数据分析的管理视角[M]. 赵卫东，译.北京：机械工业出版社，2015.

[18] Raschka S，Mirjalili V. Python 机器学习 [M]. 陈斌，译.原书第 3 版. 北京：机械工业出版社，2021.

[19] 顾明. 客户关系管理应用[M].3 版. 北京：机械工业出版社，2021.

[20] 朱明. 数据挖掘[M]. 2 版.合肥：中国科学技术大学出版社，2010.

[21] 朱晓峰. 大数据分析概论[M]. 南京：南京大学出版社，2018.

[22] 宋万清，杨寿渊，陈剑雪，等. 数据挖掘[M]. 北京：中国铁道出版社，2019.

[23] 贾宁. 大数据爬取、清洗与可视化教程[M]. 北京：电子工业出版社，2021.

[24] 赵晔光，赵勇. 大数据·数据管理与数据工程[M]. 北京：清华大学出版社，2017.

[25] 梁亚声，徐欣. 数据挖掘原理、算法与应用[M]. 北京：机械工业出版社，2015.

[26] 陈燕，李桃迎，张金松. 非结构化数据处理技术及应用[M]. 北京：科学出版社，2017.

[27] 孙水华，赵钊林，刘建华. 数据仓库与数据挖掘技术[M]. 北京：清华大学出版社，2012.

[28] 王振武. 大数据挖掘与应用[M]. 北京：清华大学出版社，2017.

[29] 陈明. 大数据技术概论[M]. 北京：中国铁道出版社，2019.

[30] 肖慎勇. 数据库开发与管理(SQL Server 版)[M]. 北京：清华大学出版社，2013.

[31] 王晖，王琪，何琼. 数据挖掘理论与实例[M]. 北京：经济科学出版社，2012.

[32] 耿会君. 管理信息系统[M]. 北京：电子工业出版社，2018.

[33] 王能斌. 数据库系统教程(上册)[M]. 北京：电子工业出版社，2002.

[34] 张大斌. 电子商务技术基础[M]. 北京：高等教育出版社，2008.

［35］　李蔚田,杨雪,杨丽娜.网络金融与电子支付［M］.北京:北京大学出版社,2009.

［36］　蔡淑琴,夏火松,梁静.物流信息系统［M］.3 版.北京:中国财富出版社,2010.

［37］　张兴会.数据仓库与数据挖掘技术［M］.北京:清华大学出版社,2011.

［38］　姜承尧.MySQL 技术内幕:SQL 编程［M］.北京:机械工业出版社,2012.

［39］　孙践知.计算机网络应用技术教程［M］.北京:清华大学出版社,2006.

［40］　齐佳音,万岩,尹涛.客户关系管理［M］.北京:北京邮电大学出版社,2009.

［41］　甘利人.企业信息化建设与管理［M］.北京:北京大学出版社,2003.

［42］　李建平,潘俊辉,王辉.物联网与嵌入式导论［M］.哈尔滨:哈尔滨工程大学出版社,2012.

［43］　王惠民,赵振兴.工程流体力学［M］.南京:河海大学出版社,2005.

［44］　刘志敏.Oracle 数据库应用管理解决方案［M］.北京:电子工业出版社,2002.

［45］　王伟.计算机科学前沿技术［M］.北京:清华大学出版社,2012.

［46］　陈安,陈宁,周龙骧.数据挖掘技术及应用［M］.北京:科学出版社,2006.

［47］　丁跃潮.计算机导论［M］.北京:高等教育出版社,2010.

［48］　李海生.知识管理技术与应用［M］.北京:北京邮电大学出版社,2012.

［49］　黄金国.计算机应用基础学习指导［M］.南京:东南大学出版社,2008.

［50］　陈立潮.数据库技术及应用(SQL Server):面向计算思维和问题求解［M］.2 版.北京:高等教育出版社,2018.

［51］　元昌安.数据挖掘原理与 SPSS Clementine 应用宝典［M］.北京:电子工业出版社,2009.

［52］　谢新洲.企业信息化与竞争情报［M］.北京:北京大学出版社,2006.

［53］　赵泉,等.信息检索［M］.北京:机械工业出版社,2008.

［54］　刘腾红,宋克振,张凯.经济信息管理［M］.北京:清华大学出版社,2005.

［55］　杨月江,王晓菊,于咏霞,等.计算机导论［M］.2 版.北京:清华大学出版社,2017.

［56］　梁云,刘艳.实用管理决策教程［M］.北京:北京理工大学出版社,2010.

［57］　Chollet F.Python 深度学习［M］.张亮,译.2 版.北京:人民邮电出版社,2022.

［58］　钟雪灵,侯昉,张红霞,等.Python 金融数据挖掘［M］.北京:高等教育出版社,2020.

［59］　郑捷.机器学习算法原理与编程实践［M］.北京:电子工业出版社,2015.

［60］　刘明堂.模式识别［M］.北京:电子工业出版社,2021.

［61］　段红,魏俊民.现代测试信号处理理论与实践［M］.北京:中国纺织出版社,2005.

［62］　张建林.MATLAB & Excel 定量预测与决策:运作案例精编［M］.北京:电子工业出版社,2012.

［63］　文常保,茹锋.人工神经网络理论及应用［M］.西安:西安电子科技大学出版社,2019.

［64］　徐晓岭,王蓉华,顾蓓青.概率论与数理统计［M］.2 版.上海:上海交通大学出版社,2021.

［65］　谢邦昌.商务智能与数据挖掘 Microsoft SQL Server 应用［M］.北京:机械工业出版社,2008.